破局

東萊博議教你洞察盲點的職場智慧與人情世故

吳尚昆　李河泉　著

推薦序

我讀《東萊博議》

范立達

《東萊博議》被稱為古代最佳刀筆文章，大凡想當訟師之人，都必須詳細並反覆研讀《東萊博議》，方能明白如何把死的說成活的，把黑的說成白的。

我和《東萊博議》結緣甚早。大概在國中時代，我從父親書房裡翻到了一本《刀筆精華》，讀了幾篇，似懂非懂，對書中訟師撰狀的功力大為驚嘆，但也對文章中的某些觀點感覺困惑。後來，父親知道了，馬上把書收走，說《刀筆精華》講太多歪理，心術不正。他換了一本《東萊博議》給我，並告訴我，要看真正的刀筆文章，就得讀這一本。

所以，我在很小的時候，便已把《東萊博議》讀完。但憑良心說，當年的我，思辯能力並不強，而且對於《東萊博議》主要取典的《左傳》，更是毫無所悉，讀來讀去，很多歷史脈絡還是搞不太明白。

等到長大之後，再回頭重讀《東萊博議》，這時，心性已定，而且也有了自己的觀點，對於南宋大儒呂祖謙所撰的這一本書，就不再那麼照單全收，反而覺得他許多觀點太「誅心」，心中時有批判及辯駁之聲。我更覺得，閱讀《東萊博議》，不一定要全盤接受作者東萊先生的觀點，而是要學習他的巧辯以及分析能力，否則，學其形而不學其神，不過是鴝鵒學舌，獲益不大。

舉例來說，《東萊博議》提到「齊大非偶」歷史故事。東萊先生認為鄭太子忽兩度婉拒迎娶齊國的公主，是很有骨氣的行為。但古今中外，異國聯姻，本來就是鞏固邦誼的互利交易，而且事實證明，「和蕃」政策的確也是杜絕爭戰，確保邊境和平的好方法之一。除非歷史能證明，採取政治聯姻的策略都沒有好下場，否則，僅從鄭太子忽的個人拒婚行為，就歌頌他的腰桿子硬，再武斷的上綱到男兒當自強，不能憑恃外力、外人不可依，這也未免太以偏概全了。

再說，如果鄭太子忽拒婚是有骨氣的行為，那麼，他該如何評價晉文公娶了自己姪子晉懷公的老婆這件事？妙的是，《東萊博議》裡，東萊先生沒有非難晉文公，只說先後嫁過晉懷公、晉文公姪伯二人的女子懷嬴是「二嬖之辱」，這顯然是更嚴重的性別歧視了。

不僅如此，《東萊博議》一書中也有很多觀點其實是自相矛盾的。

例如，在「鄭伯克段于鄢」這件事上，東萊先生認為，鄭莊公太狡詐，他對他的弟弟共叔段根本是採取「養、套、殺」的手段，把自己的弟弟放任到無法無天的地步後，再予誅滅。所以他也嘆息說：「釣者負魚，魚何負於釣？獵者負獸，獸何負於獵？」此處所指的釣者和獵者，就是鄭莊公，魚和獸，指的是共叔段。

但在另一篇「齊公孫無知弒襄公」的文章裡，東萊先生提出化解妒恨的方法是「釋懷大度、厚待加恩」，認為「得大位者如果願意開放自己的心胸，善待因心中不平而生的仇敵，讓他以為原本會受到仇恨，沒想到得到恩寵，那麼很有可能會得到意想不到的報答。」兩相對照，我不禁想問東萊先生，鄭莊公當年得大位時，對他的弟弟難道不是「釋懷大度、厚待加恩」？但他弟弟妄自尊大，最後導致殺身之禍，豈非咎由自取？為何反而會認為是鄭莊公做得不對呢？東萊先生雖然自圓其說：「愛之，必欲全之。授之以權，而長其惡，是致之於死地也。焉得愛？」但，我施惠於人，又如何能保證受惠者不生二心？能否不長其惡？這絕非我所能控制之事。說到底，得大位者該怎麼做才對呢？

在〈舟之僑奔晉〉這篇文章中，東萊先生認為，舟之僑之所以惹上殺身之禍，是聰明反被聰明誤，並就他的觀點作了一篇文章。這篇文章當然寫得很精彩，但立論基礎實在過於薄弱。因為，任何一個資深將領都不可能笨到在主帥親征並凱旋歸國時，自己反而提前落跑。會如此行事，一定大有內情或隱情，但東萊先生不去探究，反而逕將舟之僑奔晉一事說成是他過於托大，自誤一生，實在是太過簡略，也太過牽強。

再談到介之推不言祿這件事，東萊先生認為介之推是在沒有得到賞賜的前提下，說了批評晉文公的話，所以是借正義以泄私怨，以現代的話語來說，就是酸葡萄心理。但我卻從另一個角度來看，批評君上，是很容易惹上殺頭之禍的，介之推如果貪生，應該一言不發，但他竟敢披逆龍鱗，能說他不是一條漢子嗎？

在另一件歷史故事上，魯國大夫穆伯為堂弟襄仲作媒娶親，結果最後竟把堂弟的妻子給娶走了。襄仲本來打算翻臉，但被勸阻後與堂兄和好如初。東萊先生評論這件事時，認為襄仲與穆伯能夠化解恩怨，是因為兄弟間天生親情與生俱來，不可分離。這樣的論點讓我當場笑出聲來。因為，如果東萊先生的論點能夠成立，唐朝立國之初就不會發生玄武門之變了。帝王之家，父子相殘、手足相爭，司空見慣，哪有親情可言呢？

不過，讀《東萊博議》，也會有意外收穫。記得很多年前，有一則很優美的廣告詞「鑽石恆久遠，一顆永流傳」，這句文案的典故源自於《東萊博議》中的〈衛禮至殺邢國子〉，原文是「金石永流傳乎？君子之論恆久遠！」當時讀到這段文字時，不免會心一笑。我猜想，想出這句廣告文案的高手，一定也讀過《東萊博議》。

而事實上，〈衛禮至殺邢國子〉也是我認為《東萊博議》全書中寫得最好的文章之一。這篇文章提到衛國的禮至兩兄弟，混到邢國當臥底，趁著衛國守城官國子巡城時，把他扔到城外摔死，並引衛國公進城滅了邢國。事後，禮至還得意洋洋的銅器上刻鑄銘文「余掖殺國子，莫於敢止」。對此，東萊先生評道，「衛禮至行險僥幸而取其國，恬不知恥，反勒其功於銘，以章示後。」但「可恥者何嘗自以為辱哉！」

當我讀到這句「可恥者何嘗自以為辱哉！」時，忍不住從椅子上跳起來，我真的覺得這句話說得實在太對又太好了。古今中外，有多少惡人幹了壞事之後還洋洋自得，深怕他人不知。而這些惡人的情狀，之所以能流傳百世，靠的並不是刻鑄的金石，而是史書的記載與後人的口耳相傳。如此說來，孔子著春秋而亂臣賊子懼，還真有道理。惡人再怎麼巧言令色、粉飾太平，也難杜眾人的攸攸之口啊。

我常覺得，讀書是一件很寂寞的事情。因為閱讀是非常私密的行為，一個人在孤燈下仔細的將前人的心血結晶一字一字的啃到腦海裡時，心中的感動、愉悅、震撼、悲痛，都很難跟其他人分享。若有人在讀完之後，還願意無私的將自己的心得與體會化為文字，絕對是大功一件。而本書作者吳尚昆律師、李河泉教授便是如此具有佛心之人。他們在讀完《東萊博議》一百六十八篇文章後，還精選其中七十篇精彩好文，以「歷史故事」、「東萊博議」、「讀史見人心」、「古學如何今用」四個區塊寫出自己的心得，分享給所有讀者，這已經是接近傳道人的奉獻精神了。

當然，讀者在閱讀本書後，如因此而對《東萊博議》激發興致，不妨也可購入原典對照詳讀，應該能得到更大的體會。

典籍能夠流傳千古，必有它的道理。文言文在今日台灣雖然示微，但大家若願意多多吸取老祖宗的心血結晶，往古籍尋找，其實亦不失為一個方向。

本文作者為資深媒體人

推薦序

吳志光

東萊博議主要是評述以春秋時代為背景的左傳，而對於東萊博議一書的討論歷來不絕如縷，可見其歷久彌堅的價值。

兩位作者與本人均就讀東吳大學法律系，我們在大學時即已熟識。吳尚昆大律師事業有成，在智慧財產權領域尤有研究及創見。在本書中對東萊先生的議論，亦有不少評論甚或批評，且非僅是單純的「以今非古」而已，誠可謂已係成一家之言。而面對本書中古今不同意見的對話，格外能體會大陸國寶級演員李雪健在陸劇「少帥」扮演張作霖的名言：「江湖不是打打殺殺，江湖是人情世故。能應對就不容易，要懂全了那絕對不可能！」也正因為人情世故懂全了不可能，方有再三玩味及論辯的必要。至於李河泉老師是我的高中老同學，如今是專業的領導管理講師，聽過其演講可謂遍佈公私部門、各行各業。其就領導管理藝術的循循善誘（或告誡），看似自明之理，其實知易行難，值得再三品味。

而針對東萊博議，本人也提出一點感想。左傳不僅是史書，更重要的是聚焦統治階層的關係。春秋與戰國仍是貴族政府，而非漢以降的士人政府。但當時社會結構的複雜化導致了更專門化的知識文化角色和群體的產生，官學失守而學下民間。由孔子師徒始，一個流動而自立於民間的士階層出現了。士大夫的角色在左傳雖非其核心議題，但已儼然指引了士代表的道統與君主的政統間的競合。所以孔子說：「天下有道則見，無道則隱」（論語泰伯篇）。孟子也說：「天下有道，以道殉身；天下無道，以身殉道」（孟子，盡心（上））。這也是東萊先生不時會以孔孟學說博議左傳人物的背景，畢竟士不可以不弘毅，任重而道遠。

總之，本書精采可期，實樂為之薦。

本文作者為輔仁大學法律學院特聘教授兼院長

作者序

讀書筆記的起心

吳尚昆

自筆者於一九八六年讀大學法律系開始，《東萊博議》在法律系學生界就是一本大名鼎鼎的書，堪稱議論文的典範，對於寫作或辯論，都很有幫助。但我一直到二〇一五年承蒙呂理胡大律師賜贈《東萊博議今譯》一書，才開始細讀。

《東萊博議》的作者是南宋大儒呂祖謙，已故的呂理胡大律師有感呂祖謙為台灣呂姓宗親之先祖，於二〇一一年創立〈中華呂祖謙學術研究協會〉，同年九月於浙江師範大學與梅新林書記、黃靈庚、陳年福、陳玉蘭三位教授商談，正式合作新譯《東萊博議》一書，並定名為《東萊博議今譯》。呂理胡大律師對本書付出很多心力，甚至在多篇文章後面加上律師觀點的評論，令人佩服。

筆者一向對歷史、心理學及管理學都有業餘興趣，深覺《東萊博議》一書不僅僅是雄辯之書，更對於現代人的成長、關係、組織經營與管理，都能提供不少的智慧及啟發；尤其筆者執業律師接近三十年，益發覺得《東萊博議》中的思考與辯論方式，在工作及學習上頗值參考。

呂理胡大律師贈書時曾囑咐筆者應推廣本書，並多分享讀書心得，加上當時筆者子女正面對大學入學考試，為了告訴孩子們「語言精鍊的重要」、「歷史就是人心」及「作文就是思辨」，我開始了《東萊博議》讀書筆記的寫作，寫了六年，累積了七十篇。李河泉老師與我亦師亦友，將其多年對於跨世代領導與管理的研究與心得，與本書中各個歷史故事及評論結合，我們希望這本書不但可以幫助思考、寫作、辯論，更可以幫助大家在社會關係及職場環境中有更正面、健康的發展。

呂大律師於二〇一九年仙逝，哲人日已遠，典型在夙昔，出版本書是對呂大律師的追思與致敬。

本文作者為大成台灣律師事務所高級合夥人、中華保護智慧財產權協會會長

作者序

李河泉

除了陽明交大的EMBA課程以外，我更多的時間是在企業協助教育訓練課程的分享，慢慢發現無論是EMBA或是企業，最在乎的就是實際案例。

包括商戰的直接交鋒，管理手法的上下互動，人情世故的你來我往或爾虞我詐。這些上課的企業的領導人、各階層的主管，乃至EMBA的學生，對於從故事當中學習，總是擁有高度的興趣和意願。

所以自己在閒暇之餘，很喜歡「向古人學習智慧」，春秋戰國更是歷史史上百花齊放、故事輩出的年代，《東萊博議》就是我常常閱讀的歷史經典之一。

吳尚昆大律師是我多年的好友，兩人在閒暇之餘，常常也會引經據典的討論許多古籍和時事，雙方聊久了，自然會想將一些想法形於文字，是故以吳大律師為主筆，在下執鞭墜鐙、亦步亦趨，也就合作完成了這本書，歡迎各位細細品味。

本文作者為陽明交大EMBA副教授、台積電和英特爾「跨世代領導」指定講座、商周CEO學院課程教練

楔子

先介紹一下《東萊博議》這本書，以下內容完全引自《東萊博議今譯》一書：

《東萊博議》一書是南宋大儒呂祖謙所著，呂祖謙祖籍河南開封，曾祖父呂好問曾受恩封為東萊郡侯（今山東境內），後因而尊稱呂祖謙為東萊先生。東萊先生於浙江武義明招山守母喪時，為其學生上課及參加科舉考試所需而寫成此書。

《東萊博議》為議論文典範，其評論內容採本於《左傳》，是當時學子上課、科舉考試的必備用書，經宋、元、明、清歷代流傳不息，迄今仍為大學授課、各級考試及公務員考試的重要教材。其文章旁徵博引，能啟發思路，利於議論與翻案文章之撰擬。論理分明，處處是驚人之筆，說理頭頭是道，筆鋒犀利，辯駁有力。成書時東萊先生正當三十八歲年富力強之時，故其文章氣盛辭嚴，理富思精。全書二十五卷，凡一百六十八篇。自從南宋面世以來，人們稱譽不絕，故能留傳至今。

《東萊博議》厲害在何處？

《東萊博議》把一篇篇歷史，正氣凜然的評論一番，而且許多觀點與古人或是大多數人不同，卻極具說服力，讀著讀著會覺得，這個人的筆怎麼這麼厲害。每篇文章都有很多警句、佳句，學習理解一下他寫作的架構跟思維，相信一定會讓文筆進步很多，對於學寫議論文，幫助太大了。

東萊先生寫文章的觀點鮮明，是非黑白立場堅定，沒有什麼甲說、乙說、丙說的，他的譬喻簡單，用大自然實例或普通常識就能說服人。

《東萊博議》在「議」什麼？

呂祖謙與朱熹、張栻、陸九淵並列為南宋理學四大家，論學主張「明理居敬」，反對空談陰陽性命之說，基本上以理學家的角度評論歷史，對於左丘明的筆法頗為不滿。

而呂祖謙在臧否春秋人物時，也大都從「心性」出發，反覆檢討其動機、目的及手段以定人物的功過。這兩個態度在書中處處可見，當然也不免引來過於主觀或譁眾之議，但這樣的文章看起來，確實是過癮！

讀《東萊博議》的方法

《東萊博議》文章不難，不是艱深的文言文，但是如果不知道《春秋》、《左傳》，就不知道東萊先生呂祖謙在「議」什麼事了。

《春秋》作者或未有定論，但傳統認為《春秋》是孔子依魯史記作，相信大家都記得這句：「孔子作春秋而亂臣賊子懼」。

《左傳》全稱《春秋左氏傳》，原名《左氏春秋》，則是左丘明為《春秋》而作，一般來說，被認為是替《春秋》做註解的一部史書。

姑且不論《春秋》與《左傳》間的關係，還有很多的爭論；但如果不知道《春秋》寫的歷史故事，不知道《左傳》敘事、描寫的筆法與內容，看東萊先生的文章會搔不到癢處。筆者身邊放著一部楊伯峻先生的《春秋左傳注》及三民書局版的《新譯左傳讀本》，幫助很大。了解事件背景後，再看東萊先生的文章，看看他評論的論點，思索一下各種觀點，同時學一下文章的結構跟詞句的鍛鍊。

本書要點

本書的每篇文章，首先於「歷史故事」敘述說明歷史故事的背景；然後解說「東萊博議」的寫作方式及內容，著重於東萊先生看歷史人物及事件的獨特論點，並標示文章佳句、金句；對於較複雜的歷史事件，本書另製作圖表解說；「讀史見人心」，則就本篇主題以東萊先生的思辨風格來思考人心；最後「古學如何今用」則提出實用建議，希望大家能在今天如何活用、實用古人的智慧。

目錄
CONTENTS

推薦序——范立達 002
推薦序——吳志光 006
作者序——吳尚昆 008
作者序——李河泉 010
楔　子 011
罪就埋伏在門前 019
命運掌握在自己的手上 024
天理常存？ 028
接班警語八字 032
勇敢與怯懦 035
見怪不怪的QBQ 038
如何化解因妒忌而生的仇恨 041
背骨仔的逆襲 045
對邪惡沈默中立，罪惡比背叛還大 049
搞清楚該擔憂的是什麼 052

迷信的謬誤 055
偏愛非真愛 059
驕疑懦弱足以亡國 063
驚世駭俗的言論？ 068
如何攻擊他人取巧 072
民間風俗的力量 076
聰明與功勞都不可靠 079
王道與霸道 082
勸諫溝通無效的無奈 085
怎麼找個恰當的「出師之名」？ 088
浮誇的善行 094
如何設定目標 097
慎始很重要，但一開始就做錯了怎麼辦？ 100
效法偶像也要有自知之明 105
施與受的學問 111

親人的建議比較真切？ 114
假領袖與真領袖 117
得意忘形 121
名器當慎重珍惜 124
換位思考 127
走出舒適圈與莫忘初心 130
擇善固執？ 135
愛恨的一念之間 139
一個古代無間道的故事 144
形勢 148
Something bigger than yourself 156
你可以好好說話的 161
用權詐成就的霸業 166
懺悔與改正 171
心意與際遇 176

我為何而戰？ 180
如何面對個人與國家的榮辱 184
孔門相術？ 189
當個厲害的事後諸葛 197
自省比指責他人重要 200
計畫周詳的智慧 203
矯情的不只是賤人，更是惡人 207
從閨月談無用之用 211
勸諫的本心 215
抱團取暖不見得是好事 218
奪妻之恨與兄弟天性 223
妄議中央還是用心良苦？ 226
從容的說服術 230
當個忠臣好難 233
嫉妒是雜草，不應該澆水 236

旁觀者清 239
為何鬼神之說不可採 242
僥倖獲取名聲會帶來災害 245
落後使人驕傲 249
是非對錯的抉擇 252
成大事者不拘小節？ 256
不負責將失去權柄 260
可疑的改過 263
禮與儀 267
憤怒與勇敢 270
一場厲害的政治表演 273
易喜者必易厭 276
正直忠誠還是用心險惡？ 279
親疏有別的學問 282
給予恩惠的學問 285

罪就埋伏在門前

大概每個人都翻過《古文觀止》，所以理論上都知道《古文觀止》第一篇就是〈鄭伯克段于鄢〉，《東萊博議》第一篇就是評論這個故事，作為全書的第一句，是個非常有力的起筆：

釣者負魚，魚何負於釣？獵者負獸，獸何負於獵？

歷史故事

這是鄭莊公與他弟弟共叔段的故事。《春秋》的文字簡潔，且戲劇性十足：

隱公元年夏五月　鄭伯克段于鄢。

《左傳》再對「鄭伯克段于鄢」這六個字，把故事說清楚：

當初，鄭武公在申國娶妻，叫武姜，生了莊公和共叔段（依照《史記》記載，兩兄弟差三歲）。莊公出生時難產，武姜受到驚嚇，因此給他取名叫「寤生」，而且很厭惡他。武姜偏愛共叔段，想立他為太子，多次向武公請求，武公不答應。

莊公即位時，武姜請求將制地做共叔段的封制。莊公說：「制地形勢險峻，從前虢叔就死在那裏，制地不能給弟弟，若是封給其它城邑，都可以照辦。」武姜便請求改封京城，莊公答應了，讓共叔段住在那裏，稱他為京城大叔。

大夫祭仲勸莊公說：「凡屬國都，如果城牆超過三百丈，會給國家帶來禍害。先王的制度規定，大的地方城牆不超過國都的三分之一；中等的，不得超過五分之一；小的，不超過九分之一。現在京城的城牆不合法度，您會受不了的。」

莊公說：「姜氏想要這樣，我躲不了禍害的。」（莊公稱母為姜氏是當時習慣，倒沒有不敬之意）

祭仲說：「姜氏哪有滿足的時候！不如及早處置，別讓禍根滋長蔓延，一滋長蔓延就難辦了。蔓草猶不可除，況君之寵弟乎？」

這裡鄭莊公給我們貢獻了一句成語，他說：

多行不義必自斃，子姑待之。

不久，太叔命西部及北部的邊境不僅聽莊公命令，也要遵從自己的命令。

公子呂又勸莊公說：「國家不能有兩個國君，現在您打算怎麼辦？您如果打算把鄭國交給太叔，那麼我就去服侍他；如果不給，那麼就請除掉他，不要讓百姓不安。」莊公說：「不用，他自己會倒楣的。」

太叔又把兩屬的邊邑改為自己統轄的地方，一直擴展到廩延。

公子呂再勸莊公：「可以動手了嗎？土地擴大了，他會爭得民心。」莊公說：「不用擔心，沒有正義，號召不了人的，勢力雖大，反而會崩潰。」

太叔繼續修理城廓，儲備糧草，補充武器，充實兵馬戰車，準備發動偷襲鄭國，武姜則打算開城門作內應。

這時莊公聽到共叔段準備偷襲計畫，下令「可以動手了」，命令子封率領戰車二百乘前往討伐。京城的人民背叛共叔段，共叔段於是逃到鄢城。莊公又追到鄢城。接著，共叔段逃到共國。（依照《左傳》，莊公沒有殺共叔段，不過公羊、穀梁都說鄭伯殺段。）

《春秋》記載：「鄭伯克段於鄢」。《左傳》認為依照微言大義，用字遣詞的意思是：

書曰：「鄭伯克段于鄢」。段不弟，故不言弟。如二君，故曰克。稱鄭伯，譏失教也。謂之鄭志。不言出奔，難之也。

共叔段的作為不像兄弟，所以不說他是「弟」；兄弟相爭，如同兩國君爭鬥，所以用「克」字；用爵位稱莊公為「鄭伯」，是譏諷他未對弟弟盡教誨之責（筆者認為記載「鄭伯」似乎沒有譏諷的意味，參考隱公十年時，鄭莊公「以王命討不庭」，也是記載「鄭伯」）；《春秋》如此記載，表示趕走共叔段就是出於鄭莊公的本意。不寫共叔段「出奔」，因為「出奔」是有罪之詞，如果寫「段出奔共」，是專罪於段，但顯然莊公也有罪，所以史官下筆為難。

東萊博議

大部分的人看完這故事，除了感慨共叔段這位媽寶的愚昧外，一定都會覺得鄭莊公心機太深、太險惡了，而且也有不少人在檢討鄭莊公與共叔段這兩兄弟誰比較壞？《左傳》的寫法已經讓讀者覺得鄭莊公、共叔段及兩人的媽媽都有不小的問題。

東萊先生對鄭莊公批判則更深入，一開始就先用簡單的譬喻，來看看他如何做文章：

釣者負魚，魚何負於釣？獵者負獸，獸何負於獵？

共叔段就像魚、獸，而鄭莊公就像釣者、獵人，是誰對不起誰呢？

接著一大段就是說鄭莊公雄猜陰狠，對自己的弟弟一定要置其於死地，所以隱匿自己的殺機，一步一步的讓冥頑不靈的共叔段掉入陷阱。

《左傳》說鄭莊公對弟弟是「失教」，但東萊先生更認為莊公是：

導之以逆而反誅其逆，教之以叛而反討其叛。

鄭莊公的心態大概是認為一開始就把共叔段除掉，難免有人不服，等到他罪孽深重時，眾人就無話可說了。東萊先生就批評：

殊不知，叔段之惡日長，而莊公之惡與之俱長；叔段之罪日深，而莊公之罪與之俱深。

如果起了一個殺人的念頭，便是殺了一個弟弟，那麼鄭莊公這一路下來，可能殺弟的念頭，已成千上萬了，這種罪惡上天無法覆蓋，大地也無法承載啊。從這個角度看，難道莊公的罪惡不比共叔段大嗎？

東萊先生認為鄭莊公的心機是全天下最險惡的，但最後卻也認為他是全天下最愚笨的人。因為欺騙了別人，必先欺騙自己了良心，心死可是比身死還嚴重的！一個人良心毀壞了，則他的喪亡也不遠。就如同：

釣者自吞鉤餌，獵者自投陷阱。

讀史見人心

手足相殘的故事自古到今都有，從聖經舊約創世紀就看到了該隱殺害亞伯、以掃追殺雅各、約瑟被兄長出賣等故事，都印證著「罪就埋伏在門前」。

一般律師，不用執業多年，就會遇到各式各樣親人間互相的爭執訴訟，每位當事人也大多認為對方用心險惡，甚至陌生人間可以理解的情形，在親人間卻造成無法跨越的鴻溝，無論案件最後如何，親情大概都回不來了，大家都表示「哀莫大於心死」。

有好多專家在討論「為何親人間更難相處？」無論是因為不自覺的期待、親近的壓力、情緒勒索、單線思維……等理論的探討，在實際生活中，又難免陷入明知故犯的困境中。

古學如何今用

心理學上有所謂的「破窗效應」，就像是一群小男生將一面窗子砸破，如果沒有被制止，就會接二連三引發想要仿效的效應。如果用在職場上，主管必須注意的是「看到同仁初期的犯錯沒有加以制止或處理，後面就會開始有樣學樣。」甚至動搖組織安定，造成人心疑慮。

年輕主管初上手犯錯在所難免，領導者必須耐著性子，觀察年輕主管接下來的表現，並且給予支持和鼓勵，才有機會帶到他們的心。但如果用「包容」來包裝「惡計」，則成本顯然過大。

從帶人帶心出發，領導者可以用以下三個方式，來協助年輕主管培養實力：

一、先和年輕主管溝通，雙方訂定目標、做法以及達成的期限。

二、用「多次的短期目標」勝過「單次的中長期目標」，一邊找出年輕主管的強項，也避免久攻不下摧信心。

三、在雙方談妥的期間內，觀察年輕主管的進度和執行做法，盡可能用「認同支持」的手法取代「批評數落」。

命運掌握在自己的手上

有句玩笑話說娶了富家女，可以少奮鬥三十年，不過《左傳》警惕我們「齊大非偶」。

歷史故事

春秋時期，齊僖公本來就很喜歡鄭國太子忽，早想把女兒文姜嫁給他，並正式向鄭國提過親。但太子忽不願意。有人勸太子說，您雖然是長子，但您父親的寵姬很多，所生之子都有可能爭奪君位啊，齊國是大國，您娶了文姜，不就有了一個大靠山嗎？太子忽卻說：

人各有耦（偶），齊大，非我耦（偶）也。詩云：「自求多福」在我而已，大國何為？

後來，西元前七〇六年，北戎攻打齊國，鄭太子忽率軍救援，把北戎兩個大將給逮了，還斬了敵軍三百顆腦袋獻給齊僖公，這下子齊僖公更中意太子忽了，再次要把女兒嫁給他（這次應該是要嫁另外一個女兒，因為文姜已在西元前七〇九年嫁給魯桓公）。

但是太子忽仍然堅辭，太子忽說，以前我沒做什麼，我都不敢娶人家女兒了，現在齊國有難，我來幫忙，解危後把人家女兒娶回去，百姓將如何看我？人家會不會笑我「原來是看中人家女兒啊，難怪這麼英勇。」（此時太子忽已娶正妻，即西元前七一五年迎娶陳國女子。）

很多人批評太子忽太過自信，如果當時當了齊僖公的女婿，接下來就不會因為國力微弱而招致禍害。不過東萊先生卻不以為然，對於鄭太子忽辭婚的作為大為讚賞。

如果只是說要自立自強，不要依靠別人之類的話，這不算什麼的，我們小學作文就很會寫了。東萊先生詳細說明了為何不要「依人以為重」？為何「人之不足依」？

東萊先生認為，就算當時太子忽娶了文姜，能擔保文姜以後不會為他帶來殺身之禍？換句話說，這時候太子忽的判斷是正確的，心態是可取的。

如果把文姜後來的經歷考慮進去，東萊先生的意見是有道理的。文姜大概是《左傳》中排名很前面的「禍水」。文姜的故事連當今連續劇都不敢演。

文姜與她的哥哥亂倫私通，也許是因為這樣，齊僖公急著要把女兒嫁出去，文姜沒嫁給鄭太子忽，後來嫁給了魯桓公。十八年後齊僖公死了，與文姜亂倫的哥哥即位為齊襄公，魯桓公帶著文姜去齊國祝賀，文姜與齊襄公又舊情復燃，且一發不可收拾，紙包不住火，連魯桓公都知道了。齊襄公乾脆派公子彭生殺了魯桓公，再把彭生當替罪羔羊給殺了，彭生死後甚至變成野豬來攻擊齊襄公。齊襄公行為低劣，引發叛亂，在他殺死魯桓公八年後，被叛軍殺死。

東萊先生也舉了很多實例說明，外物的變化是無窮盡的，依靠外物作為保障的人，他的禍患根由更不止一種。

非惟人之不可依，而禍實生於所依。外物之變，不可勝窮。恃外以為安者，其患夫豈一端耶？

讀史見人心

依照太子忽的講法，看來他很有志氣。不過，太子忽不想娶齊國的女人，會不會是因為齊國女子淫亂名聲在外？其實，太子忽的名聲也不是太好。西元前七一五年太子忽迎娶陳國女子，返回鄭國後，就直接同居，而未先依照禮節祭祖，被批評為：

是不為夫婦，誣其祖矣，非禮也，何以能育？

太子忽在齊國當完英雄後，接下來的人生並不是太順利。西元前七〇一年，太子忽即位成為鄭昭公後，沒多久就被逼流亡到魯國，四年後又復位，但兩年後被暗殺身亡。

曾經聽過國內的大企業，針對有技術實力的下游廠商下大量訂單，這些廠商無不喜不自勝，將全部產能投入，以該大企業專業代工廠為榮、為傲。一段時間經過後，這廠商除了大企業以外，沒有其他交易對象了。再過一段時間，大企業突然抽單或不下單了，令這廠商措手不及、無法應變，這時候大企業再出面用很低的價格把這家依賴度極高的廠商買下來。

天下並沒有真正的對手，也沒有真正的幫手，如何掌控命運，全在自己，正所謂：

天下無對，制命於內！

古學如何今用

職場上主管面對年輕人，常常選擇妥協或是威脅，但這容易有下列兩種後遺症：妥協容易造成年輕人繼續依賴、不斷擺爛，或者得寸進尺、自以為是；威脅容易造成年輕人開始抱怨、向外求援，或者集體反抗、選擇離開。

此時最好的方式，就是請主管扮演「旁觀者」，「旁觀者」這角色要避免和年輕人「一同站在舞台上」，反而要選擇站在舞台下，扮演引導舞台主角入戲的角色。「旁觀者」不會用第一人稱去指責或糾正舞台上的年輕人，但以第三人的角色來協助或引導。

「旁觀者」的主管不用說太多，只要引導就好，讓年輕人說出自己的想法和結論，他會更開心接受自己想做的事情。「旁觀者」主管最重要的是，別讓自己進入戲碼被主角的情緒牽動，反而讓事情更複雜。

天理常存？

《左傳》常常描述我們現在難以想像的忤逆倫常世界，這到底是天理不在？還是彰顯天理？

歷史故事

衛宣公在歷史舞台上提供了很多醜聞。他早年還未即位時，就跟他的繼母夷姜私通，還生下一子，不知是否因為這位兒子太急著出生了，所以被取名為「伋」（「急」之意），伋出生後，由當時右公子職扶養。

衛宣公即位後，把伋立為太子，讓他到齊國娶妻（沒錯，就是素有淫亂名聲的齊國。可參見上篇中提到文姜的故事），沒想到衛宣公覬覦這位太子妃的美色，就自己娶了她，本來的兒媳婦變成了夫人，這位齊國美女就是宣姜。宣姜生了兩個兒子：公子壽跟公子朔，壽由當時左公子洩扶養，宣姜自己扶養朔。衛宣公的「前」繼母夷姜被逼得上吊自殺。

衛宣公或許是因為對自己的兒子伋有心結（衛宣公逼迫伋的生母自殺），再加上宣姜與公子朔挑撥陷害，宣公打算對伋下毒手。

衛宣公派遣伋出使齊國，但預先命殺手在路上埋伏，伋的弟弟壽知道後，力勸哥哥逃走，伋拒絕，壽就把伋灌醉，在車上插著太子的旗號先前往目的地，殺手認旗殺人，公子壽就這樣為了哥哥喪命，伋匆忙趕到後，跟賊人說，要殺的是我吧，請殺了我，兩兄弟就這樣死了。

一般評論認為，伋跟壽兩兄弟為人正直，毫不貪生怕死，跟他們那位貪色兇殘的父親，形成了強烈的對比。

東萊博議

衛宣公算是壞的有名了，《東萊博議》這樣評價衛宣公：

衛宣公之無道，昏縱悖亂，腥聞於天……

東萊先生認為在衛宣公這麼淫亂的家中，竟然出現了兩位人品這麼好的人，並不是天理不公，反而是天理存在的原因，上天用伋跟壽的存在來彰顯天理還未滅亡。接著話鋒一轉，您看，上天給了伋跟壽這麼好的賢良稟賦，卻仍然不能阻止兩位兄弟的死亡及衛國後續的禍害，所以我們可以知道天資不可憑藉。

觀二子之生，則知天理之不可滅；觀二子之死，則知天資之不可恃

在東萊先生的天人觀來看，天理用祥瑞及災異來提醒或彰顯正道，必須洞察天人之際、通曉生命本質才能瞭解天道。

讀史見人心

筆者認為伋跟壽的人品恐怕與天賦無關，因為這兩位兄弟分別由右、左公子扶養長大，顯然後天的環境重要多了；公子朔在宮中長大，每天與衛宣公及宣姜相處，會想殺害自己的兄長，一點也不奇怪，這跟天理或天賦有什麼關係？

伋跟壽間的兄弟義氣跟不怕死心態，如果從另一個角度來看，也許不是發揚人性光明面，反而是很絕望的。這兩位兄弟的出生，本質就是醜聞的延伸，伋是衛宣公與繼母通姦所生，壽是衛宣公強奪媳婦所生，想想看當時人們如何對他們指指點點，而在親族的垂直認同上，一定有很大的問題。而且，兩位兄弟從小就交由外人扶養，欠缺父母家人關愛，長大後父親還要殺害自己，不要說親情了，將來的即位也將成為泡影。

當時的伋跟壽可能認為上天為何讓我出生在這個家庭？他們臨死之際，恐怕一點也不以為自己是因為義氣，更不是英雄，天理常存？

古學如何今用

有些人受到原生家庭或學校影響，從小處在被欺負的地位，曾被霸凌、不受重視，被冤枉無處申訴，長期出現「被剝奪感」和「被害者心態」為數並不少。如果主管面臨同仁的負面情緒影響了工作，建議可以用下列方法試試看：

一、讓他練習說出不公平的感覺

許多員工從小只要說出對不公平的比較，就會被打壓或責罵，完全沒有宣洩的管道。主管不妨耐著性子，聽聽看他對比較或計較的點在哪裡，很多時候會發現，他們需要的只是上面的傾聽，以及和藹的說明。

二、同理心和他聊聊自己碰過的不公平

職場的不公平所在多有，「天底下最公平的，就是每個人都會遭遇不公平」。主管不妨先別急著給答案，可以和他聊聊自己以前在職場碰過的遭遇和狀況，很多人聽到別人更悲慘，自己就會感覺好多了。

三、營造部門文化，讓同仁願意互相扶持的職場氛圍

愛比較的同仁，前面談過有其心理因素，在部門的成員當中，他們擔心被邊緣化，需要被肯定和關懷。有經驗的主管，通常會營造和諧的部門氛圍，讓前輩照顧新人，在進來至少第一年給予協助和打氣支持，就能儘快融入，有效地降低比較和計較的抱怨，以及負面情緒的傳播。

四、讓他看清別人得到好處，背後「不為人知的苦處」

同仁很容易只看到表面的好，而疏忽了背後的辛苦。主管可以用「委婉而誠懇」的態度，客觀描述同仁

沒看到的背後辛苦之處，接著開玩笑問他「還是你願意過去那邊試試？」就可以引導回你要的答案了。

五、鼓勵同仁拿比較的對象當標竿，只要能超越對方，也有機會獲得同樣的獎勵

大多數的新進同事對於工作，起初都會欠缺相關的工作技能，經過指導和提攜，慢慢地會熟悉相關的工作技能。此時主管記得提醒同仁，如果要提高自己的價值，就必須學習更多工作技能，熟悉並強化，直到自己成為這個領域的頂尖專業人士。

接班警語八字

看古代中國王室處理家事的故事，很容易令人聯想到近來國內企業接班問題引發的爭論。

歷史故事

周公黑肩獨掌周王室的朝政時，想殺周莊王，另立王子克為王，當時一位周王室大夫名叫辛伯就勸過周公黑肩，這段話很有名：

并后，匹嫡，兩政，耦國，亂之本也。

寵妾的地位等同於王后，庶子的地位等同於嫡子，兩個高官掌握同等權力，其他城市規模跟國都一樣大，這些都是禍亂的根源！

東萊博議

東萊先生評論上開「辛伯諫周公黑肩」，文章氣勢磅礴。

東萊先生認為辛伯的勸諫之詞太厲害了，同時感慨不要忽略語言的力量，因為：

萬乘之君，犯之者，未必接得禍。士君子之一言，雖千百載之後，稍犯之，則其禍立至。

關於妻兒子女的受寵造成國家敗亡，東萊先生還舉了好多例子：

漢高祖寵愛戚夫人及小兒子，結果呂后發威，小兒子被毒死，戚夫人變成人彘，慘死於廁所。

唐高宗寵愛武則天，後果大家都知道了。

晉獻公寵愛驪姬，結果太子申生被害死，重耳、夷吾兩位兒子流亡，驪姬想要讓小兒子奚齊即位，但也被大臣殺死。

隋文帝的兩個兒子互相對抗，最終太子楊勇被弟弟楊廣取而代之，更被處死。

齊簡公的兩位大臣田恆和闞止兩人互相對峙，結果導致齊簡公逃亡時被田恆的追兵殺死。

唐玄宗寵信安祿山，導致「六軍不發無奈何，宛轉蛾眉馬前死」。

東萊先生的文章舉完一些歷史案例後，說「并后，匹嫡，兩政，耦國」這八個字力量太大了，太有道理了：

尊之者，王；畏之者，霸；慢之者，危；棄之者，亡。

還說這八個字簡單，勝過千言萬語，就算有五車的書本，也找不到這麼有道理得話，真可當為國君的座右銘。

讀史見人心

「因果關係」在法律領域是一個重要的概念，是認定行為人是否承擔法律責任的一個重要考慮因素。行為人的行為應與結果之間存在因果關係，才能為其行為承擔法律責任。

因果關係在寫作上也有重要的地位，尤其是議論文，能夠有條理地找出問題的原因，說明解決方案的可行，文章會很有說服力。

嚴格論因果關係，東萊先生舉的例子，未必可以證明出行為與結果間的必然關係，我們也可以說國君好色或腦袋不清楚引發禍害，要說都是專制惹的禍也無不可，用一堆歷史教訓說明「因果關係」，恐怕還太快了。

不過，看了這八個字，想想近來國內大企業接班引發的紛爭，也頗有啟發。

古學如何今用

為了維持部門互動的穩定性，並且能夠一致完成公司交代的任務，部門主管有制定遊戲規則的必要性。當然，部門遊戲規則不能違反法律或公司規章。如何制定主管想要的部門遊戲規則呢？主管必須先根據自己的價值觀，以及公司的背景習慣，思考自己部門的「部門文化」，接著，把這些文化轉換成具體的做法。比如：

一、「積極主動」的文化

（一）被交付的任務，請主動回報進度。

（二）如果希望工作上自主，就先展現自律。

二、「態度禮貌」的文化

（一）工作上的對象請主動招呼，表示善意是一種格局。

（二）展現自己的親和力，贏得好感。

三、「互助合作」的文化

（一）工作上需要對方協助，請事先提醒，不要臨時催促。

勇敢與怯懦

一直覺得，要準備作文考試或是辯論比賽的學生，可以多翻閱《東萊博議》，東萊先生的翻案文章，很有用的。像他討論〈魯莊公圍郕〉，一開題就說：

> 事之相反者，莫如勇怯；而相近者，亦莫如勇怯。

勇敢和怯懦這兩者，看來相反，其實也相似。因為，「奮然勁悍」與怯懦相反，這是小勇；「退然溫克」與怯懦相近，但這是大勇。

一般學生寫文章，能寫到這樣，再舉個例子說說就不錯了。《東萊博議》正是用歷史翻案文章來思辯，同時展現出文筆及辯才。

歷史故事

這個故事跟不講道義有關。西元前六八六年，齊、魯兩國聯合攻打郕國，齊襄公不講道義，單方面接受郕國投降，魯莊公的臣子就勸魯莊公攻打齊國，但魯莊公拒絕，他說：「是我德行不夠，齊國沒有錯啊，錯的是我，我還是好好加強自己的德行等待時機吧！」《左傳》就此事稱讚了魯莊公。

東萊博議

東萊先生在文章中先說明「大勇」是戰勝憤恨、私欲這些心敵，世人未必看得到功績。同樣是不與人計較，大勇者是不願意去計較，但是怯懦者只是不能去計較。

魯莊公行為是怯懦，絕對不是大勇。

魯莊公是魯桓公之子，齊襄公與魯桓公夫人文姜私通，進而在十八年前害死了魯桓公，換言之，在魯莊公眼裡，齊襄公應該是弒君殺父、不共戴天的大仇人。在此大義上，你魯莊公不計較，你還要計較什麼呢？很明顯的，魯莊公根本是害怕齊國的強大，不敢去跟齊襄公計較，只能假託「罪己修德」來跟大家交代，這豈是「大勇」？對於《左傳》說「君子是以善魯莊公」，頗不以為然。

文章做到這還不夠，東萊先生繼續說，也許有人會說難道要魯莊公自不量力的去以弱犯強嗎？東萊先生認為，論到「大義」，就不要考慮力量的大小，如果為了義而不敵，不會有人笑你的。更何況，魯莊公一開始忘記殺父之仇，而與齊國合作去攻打郕國，就大錯特錯了，等到進退兩難時更麻煩，所以東萊先生提出了警告：

君子作事謀始

這句話其實是呼應引用了《易經》的「訟」卦（天水訟），《大象傳》：

天與水違行，訟。君子以作事謀始。

要預防紛爭，就要懂得防患於未然，在事情一開始，就考好好的思考計畫，才能防止紛爭。

讀史見人心

魯莊公的心態確實可議，他先說齊襄公沒做錯什麼（齊師何罪），卻又接著說「姑務修德以待時」，請問是要待何種時機？待時機來了要打「齊師何罪」的齊國？再回頭看魯莊公一開始跟殺父仇人合作去欺負弱小，更是可鄙，魯莊公分明只是投機小人，《左傳》稱他「善」，真不知從何而來？

東萊先生提出的「君子作事謀始」，不僅僅是只計畫周詳，更是提醒我們動機與目的比手段更為重要。成功的行動始於周密的規劃，卻以動機的純正和目的的高尚為基石。手段的合理合法、全局的把握和道德的遵循，使得君子行事能夠長期不衰、為人信任。

古學如何今用

以往許多企業習慣開個會來宣達政策，這是最常用的溝通手法，但是並非最好的方式。尤其是，通常同仁對於這樣形式的會議興趣缺缺，認為主管只會說明公司的政策，也聽不進同仁的建議，所有的同仁表面坐在一起，卻各有各的不同想法。

建議主管，在接到任何政策時，先不要直接往下傳達，最好先了解這個政策的背景，是「哪個高層的想法？」、「是不是有爭取的空間？」、「背後的動機和目的？」、「執行的程度如何拿捏？」。

整合了上面內容，主管就可以在開會前先拿捏「如何保持開會討論彈性？」以及「高層底線是否能夠爭取？」，才能思考「該如何對底下說？」。

想要帶領新世代的主管們，不能只扮演「傳聲筒」，更必須扮演「翻譯機」的角色。只有將公司的政策，翻譯成同仁能夠接受，並且聽得進去的內容，才是主管們能夠贏得人心的地方。

見怪不怪的QBQ

東萊先生評論《左傳》中寫很多神怪之事很有意思，而且他也懂QBQ（The Question Behind The Question，問題背後的問題）。

《左傳》中的神怪之事

《左傳》到底記載了多少神怪之事？《東萊博議今議》很貼心的把《左傳》中關於神怪記述的原文都整理出來：

齊侯見豕（莊公八年）
蛇鬭於鄭（莊公十四年）
神降於莘（莊公三十二年）
卜偃童謠（僖公五年）
狐突遇申生（僖公十年）
隕石鷁退飛（僖公十六年）
柩有聲如牛（僖公三十二年）
蛇出泉宮（文公十六年）
魏顆見老人（宣公十五年）
鳥鳴亳社（襄公三十年）

鄭人夢伯有（昭公七年）
石言於晉（昭公八年）
當璧而拜（昭公十三年）
鄭龍鬭（昭公十九年）
玉化為石（昭公二十四年）
鸜鴿來巢（昭公二十五年）
龍見於絳（昭公二十九年）

東萊博議

東萊先生對這些怪異的立論基礎是「見怪不怪」。

人們會覺得有些事物怪異，那只是因為罕見，人們不習慣而已。東萊先生認為左丘明在《左傳》寫了很多荒誕神怪之事，當然有毛病，甚至連駁斥這些荒誕事物的人也有毛病。他舉孔夫子為例，認為孔子不談論怪異，並不是怕妖言惑眾，而是本來就沒什麼怪異可談論。

講到孔子論神怪，一定會提到《論語》中這一段（《論語．先進十一》）：

子路問事鬼神。子曰：「未能事人，焉能事鬼？」；曰：「敢問死？」曰：「未知生，焉知死？」

很多人認為孔子拒絕回答子路的問題，但東萊先生卻認為孔子已經正確的教導了子路：「未能事人，焉能事鬼？」、「未知生，焉知死？」。

讀史見人心

東萊先生是從QBQ來討論子路與孔子的對談。子路會問鬼神、問死，想必子路自以為人的事情我都了解了，生存的問題我也清楚了。東萊先生說：

至理無二，知者俱知，惑者俱惑，安有知此而不知彼者哉！

所以看子路問鬼神，就可以知道子路不懂人，看子路問死，就知道他不懂生。而孔子的回答正如同滋潤萬物的雨水一般，沖消各種疑慮。子路生命的最後，遇到衛國暴亂，臨死不懼，「結纓正冠不改其操」，這時候子路應該知道夫子所教誨死生鬼神的界線了吧。孔子聽到子路殉難的消息，在中庭大哭，其對生命的傷痛不捨，顯然也超越了理性禮儀。

古學如何今用

新人進來公司的第一周，是所謂的「報到黃金七十二小時」，因為這段期間新進公司的員工，不停的在拿他們心中的一把尺，在評估公司所有的狀況，這一週是「穩定新人的心」最重要的時候。為新人入職時找一位導師，會讓公司與「新世代」的相處極有助益。這不是指任意找個前輩，而必須找個「有能力且有意願的Mentor（導師），並經訓練，內容包括：

一、告知新人公司的願景和方向。

二、練習和新人培養良好平行的互動關係。

三、讓新人學習工作職務需要的能力。

四、讓同仁願意說出真實想法的諮商技巧。

如何化解因妒忌而生的仇恨

中國古代常有君王較喜歡的、或是較有才華的兒子未能繼大位，這種情形往往導致手足仇恨、宮廷血腥、人倫悲劇。現代社會職場上也常看到有人被排擠、最有才華或是最受愛戴的人沒有被選為企業接班人，被打入冷宮、憤而退休或出走的戲碼不斷上演。

除了忽視、排擠、殺戮、鬥爭以外，得大位者，有沒有其他辦法去化解這種因為妒忌、不平而生的仇恨？

歷史故事

齊襄公有位弟弟叫公孫無知，本來也受到父親僖公的寵愛，他的衣物服飾和待遇等級都跟太子一樣，但襄公即位後，降低了對公孫無知的待遇。加上齊襄公一連串的不當施政，引發了不滿臣子結合公孫無知的叛亂，襄公被殺，公孫無知立為國君。但公孫無知即位一年後，就因暴虐而被殺。

東萊博議

呂祖謙在評論「齊公孫無知弒襄公」時，提出了一個化解妒恨的方法：

釋懷大度、厚待加恩。

很多人評論宮廷喋血事件發生的原因，都指向最早的領導者沒有好好規劃接班問題，不過東萊先生說：

> 樂論病而憚治病，此人之通患也。

論病而不治病，沒太大意義，因為：

> 禍患已成，則防患之術，既往而不必論。

一般人的心裡總是以為恩與怨、親與讎，無法並存，所以總是想剷除異己，恩怨分明的後果總是引發更多的仇恨與不幸。但東萊先生說：

> 殊不知易恩者，莫如怨；易親者，莫如讎。

得大位者如果願意開放自己的心胸，善待因心中不平而生的仇敵，讓他以為原本會受到仇恨，沒想到得到恩寵，那麼很有可能會得到意想不到的報答。

> 始以為虎，今乃吾之父；始以為狼，今乃吾之兄。既得望外之施，亦必思望外之報矣。然則向之怨，所以彰今日之恩也；向之讎，所以彰今日之親也。

所以，用愛心來對待敵人，可以。

> 變悖逆之心為忠義之心，非徒可以除患，抑又可以召福矣。

不過，不要以為東萊先生是腐儒，只知以德報怨，他老人家提這個觀點，是從權術出發，他自詡：

> 天下無不可為之時，而無不可除之患。未然之前，吾則有防患之術；已然之後，吾則有救患之術。

最後還不忘再來一個回馬槍，自己提出一個問題：如果領導者用愛來感化仇敵，卻放任他們的欲求而不節制，最後釀成災難，怎麼辦？東萊先生說：

愛之，必欲全之。授之以權，而長其惡，是致之於死地也。焉得愛？

所以不是無條件的溺愛，而是出於保全大家，要考量愛的「術」啊！

讀史見人心

「權術」常受到負面評價，好像不是君子應有的作為。不過，如果心存善念，用符合君子之道來化解仇恨，把「權術」當作「正確的做事方法」，又有何不可呢？

將「權術」視為做事的正確方法，這個觀點確實值得探討。在傳統上，「權術」或許帶有一定的負面意涵，常被視為操縱或狡猾的策略。然而，若從一個更寬廣的角度來看，「權術」可以是關於靈活運用策略與技巧來達成目的的藝術。

如果「權術」被運用於正義與善意的目的，並且在執行中保持道德與倫理的原則，它可以是解決問題和化解衝突的有效工具。例如，在政治或商業領域，合理運用策略性思維和靈活應對可以幫助達成共識，推動正面變革。

重要的是要確保使用「權術」的動機和手段都是正當的，並且在行動時考慮到對他人的影響和後果。如此，「權術」不僅僅是一種求生的手段，而是成為推動事業發展和社會進步的一種智慧方法。

古學如何今用

過去公司的習慣，都是由上面制定出考核標準，在制定考核標準時，許多主管會費心思考，但是在進行考核的時候，卻發現同仁並不認同這樣的作法，反而紛紛提出質疑，不然就認為這樣的考核不公平。

主管面對同仁，可以參考以下方法：主管先表示認同他願意提出意見，問他為什麼這樣覺得？進而問他覺得不公平的點是什麼？希望公司怎麼調整？接著可以蒐集其他同仁想法，過程中讓部屬覺得是關懷了解而不是摸頭安撫。坦誠告訴大家調整需要時間，但是會盡力。調整過程中，讓同仁看到自己和上面溝通的努力，即使不如所願，至少同仁也能諒解。

背骨仔的逆襲

當今時代，權威很容易被打破，但是造神運動也從來沒有間斷過。就算權威說得對，如果不自己思考理解，疑惑就算解開了嗎？

《東萊博議》中評論「齊桓公入齊」，管仲到底是名教罪人還是有功之人？盲從權威與深度思辨的區別何在？被罵為「背骨仔」的人可以參考一下。

歷史故事

春秋五霸之首齊桓公的故事，大家應該都知道。齊襄公晚年時國政混亂，公子糾的師傅管仲與公子小白的師傅鮑叔牙都預感將發生大亂，各自保護兩位公子到魯國與莒國。後來在一陣血腥內亂之後，公孫無知被殺，齊國無君。齊國多位大夫秘密迎回人在莒國的公子小白，這時小白的哥哥公子糾也在魯國的護送下趕回齊國，而且管仲還帶兵攔截小白。據說管仲一箭射中小白衣帶，小白倒地裝死，公子糾就慢慢地回國，六日方抵。殊不知小白早已兼程趕回齊國，立為國君，就是齊桓公。

小白即位齊桓公後，隨即發兵擊敗了護送公子糾的魯國。齊桓公聽從鮑叔牙的建議，要求魯國殺了公子糾，並將公子糾的老師召忽、管仲送回齊國。公子糾被殺，召忽自殺，管仲到齊國之後，在鮑叔牙強烈推薦下（兩人的交情，有一句成語：管鮑之交），齊桓公拜管仲為相，甚至尊為「仲父」，管仲大展身手，倡尊王攘夷，促成齊桓公成就霸業。

對於管仲該如何評價？世人一直有爭論，子路及子貢就曾經向孔子提出質疑：

《論語》憲問篇：

子路曰：「桓公殺公子糾，召忽死之，管仲不死。曰未仁乎？」子曰：「桓公九合諸侯，不以兵車，管仲之力也。如其仁！如其仁！」

子貢曰：「管仲非仁者與？桓公殺公子糾，不能死，又相之。」子曰：「管仲相桓公，霸諸侯，一匡天下，民到于今受其賜。微管仲，吾其被髮左衽矣。豈若匹夫匹婦之為諒也，自經於溝瀆，而莫之知也。」

從《論語》中孔子的回答，孔子似乎是以人生結果論來評價管仲。

東萊博議

東萊先生評論管仲到底是名教罪人還是有功之人？不是盲從孔子這位權威，而是用他一貫的思辨文章，示範了如何從各種角度思考問題。

東萊先生首先從仇恨的種類下手，說明殺父之仇不可忘，但殺身之仇可以忘。忘了殺父之仇，是罪人；忘了殺身之仇是道義。但是，管仲忘了殺主之仇，是罪人還是道義？

孔子雖然已經對管仲做出了評價，難道不能有不同的議論嗎？東萊先生說：

無所見者而苟異聖人者，狂也；無所見而苟同聖人者，愚也。

如果我們只會說「伯樂所譽，其馬必良；孔子所譽，其人必賢」，而說不出到底馬良在何處？人賢在何處？這根本稱不上智慧。

前面提到，孔子似乎是以人生結果論來評價管仲，甚至是以所犯過錯與所立功勞放在人生的天平上衡量。東萊先生說，大家誤會了孔子的本意。

孔子之意，豈以管仲所枉者寡，而所直者眾耶？所詘者小，而所伸者大耶？枉尺直尋，在聖門中無是事也，又況事讎之枉不得為寡；詘到信身，在聖門中無是事也，又況事讎之詘不得為小。

東萊先生對於「忠誠」的立論，要從源頭講起。

齊襄公死的時候，公子糾與小白都不是嫡長子，如果在進入齊國之前，小白就殺了糾，那麼管仲仇恨小白是有道理的；但是，小白即位成齊桓公之後，名位已定，人民已有歸依，一國之君就是齊桓公，這時候公子糾還要回齊國爭位，就是冒犯正統了，齊桓公以君王名義殺公子糾，管仲以臣子屬下身份，難道應該仇恨國君齊桓公嗎？既然管仲不應該仇視齊桓公，怎麼能說管仲事奉他的仇敵呢？

讀史見人心

東萊先生的這篇翻案文章，對那些在社會上常被貶低為「背骨仔」、「反骨」或「牆頭草」的人來說，提供了重要的啟發。這些標籤往往隱含著對個人選擇和立場變化的批判。

東方社會常常期望個人能保有高度忠誠度和一致性，但人的行為和決策常受到多種內外在因素的影響，包括個人的價值觀、過去的經驗、當前的情境壓力及未來的預期。

我們經常引用的成語「識時務者為俊傑」，雖然在某些情況下被視為有負面含義，實則反映了一種對時代變遷的敏感與應對的智慧。事實上，從更寬廣的歷史和道德視角來看，有時確實需要承認「過去的策略未必適用於現在，未來的路徑也許需要不同的選擇」。這種認識不僅促進了對過去行為的理解，同時也為當下和未來的決策提供了靈活性的考量，引導我們在不斷變化的世界中，尋找合適的行動方針。

古學如何今用

現在公司花在找大客戶的成本很高，而找尋新員工的成本更高。公司對穩定同仁心情不妨這麼作：設法投其所好，吸引新人願意投入公司；隨時滿足，避免同仁移情別戀；對於新人的抱怨，第一時間解決。

許多主管常常責怪這一代的年輕人「沒有忠誠度」，根據我多年來的觀察，其實他們不是沒有忠誠度，只是「忠於誰？」過去的主管絕對忠於公司，以公司的指示為絕對依歸，對公司的責任使命必達，現在的年輕人選擇忠於自己。面對新世代不斷出現的狀況，永遠沒有最好的解法，只有不斷修正的解法。

對邪惡沈默中立，罪惡比背叛還大

東萊先生評論鄭厲公殺傅瑕原繁，講了有名的金句：

國不亡於外寇，而亡於內寇；惡不成於有助，而成於無助。禍莫甚於內叛，姦莫甚於中立。二者之罪，孰為大？曰：中立之罪為大。

這段話比二次世界大戰後的名言「對邪惡沈默，等同於共犯」早了一千多年。

歷史故事

鄭厲公在流亡期間，歷經多年辛苦，等到了鄭國重臣祭足死後，發兵攻打鄭國，擒獲（或誘劫）守將傅瑕。傅瑕在鄭厲公的威脅利誘下，答應協助厲公殺死當時鄭國國君子儀。傅瑕回到鄭國後便把子儀和他的兩個兒子都殺死，迎接厲公回國即位。厲公復位後，指責傅瑕反覆不忠，將傅瑕處死。（這根本是殺人滅口，忘恩負義。）

鄭厲公把傅瑕弄死了後，又怪罪責備同族長輩原繁，找個人去跟原繁說：「我流亡期間你不曾協助我，現在我復位了，你又不來表示效忠，這樣我好傷心啊！」

原繁心裏有數，知道鄭厲公要找他麻煩了，就跟來人說：「國家有主人時，國內人民都不應該有二心吧，您老爹鄭莊公還有八位兒子，若每個人都用官爵來賄賂勸叛成功，您該怎麼辦啊？不過，我知道您的意思了」，原繁就自殺了。

東萊博議

東萊先生評論上面這段故事時，認為傅瑕背叛故主子儀，未被鄭厲公當忠臣，還被處死，算是犯罪活該。而且就原繁來說，東萊先生也說他活該有此下場。

東萊先生認為，鄭莊公過世之後，在當時重量級政治人物祭足的影響下，鄭國政治動盪，多次內亂，但原繁一點都沒受影響，表現得非常中立，完全沒有捲入政治鬥爭。這種明哲保身，看似中立的作為，實在是大奸大惡，所以上天藉著鄭厲公的惡劣手段來殺原繁，以給後世警惕。

《左傳》這篇原文，林紓先生分析了其文字技巧，下圖將之以東萊先生的論點比對，更可以幫助理解論辯觀點：

讀史見人心

東萊先生文章的結論是很有力，但我覺得東萊先生拿鄭厲公殺原繁來當例子，指摘原繁因為奸詐想要中立，但仍惹來殺身之禍，實在是誅心之論啊！

這實在太強人所難了吧！先前我們在看東萊先生在評論管仲時，他認為小白即位成齊桓公之後，名位已定，人民已有歸依，一國之君就是齊桓公，這時候公子糾還要回齊國爭位，就

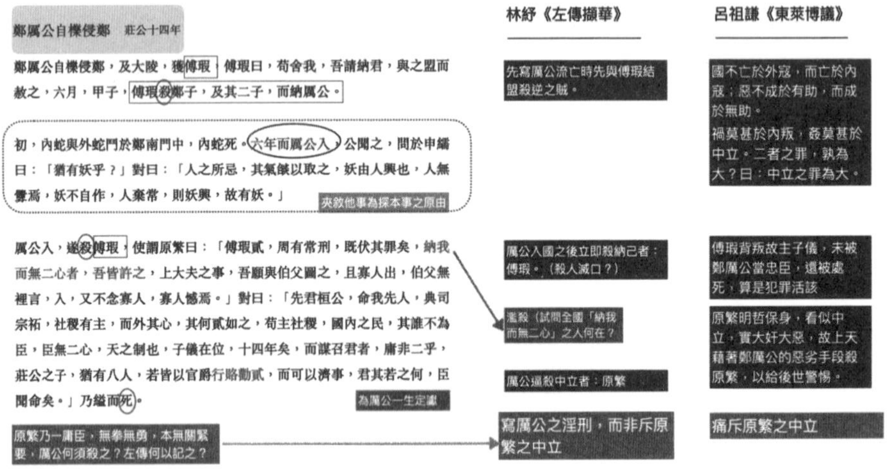
鄭厲公自櫟侵鄭　莊公十四年
鄭厲公自櫟侵鄭，及大陵，獲傅瑕，傅瑕曰，苟舍我，吾請納君，與之盟而赦之，六月，甲子，傅瑕殺鄭子，及其二子，而納厲公。
初，內蛇與外蛇鬥於鄭南門中，內蛇死。六年而厲公入，公聞之，問於申繻曰：「猶有妖乎？」對曰：「人之所忌，其氣燄以取之，妖由人興也，人無釁焉，妖不自作，人棄常，則妖興，故有妖。」
夾敘他事為探本事之原由
厲公入，遂殺傅瑕，使謂原繁曰：「傅瑕貳，周有常刑，既伏其罪矣，納我而無二心者，吾皆許之，上大夫之事，吾願與伯父圖之，且寡人出，伯父無裡言，入，又不念寡人，寡人憾焉。」對曰：「先君桓公，命我先人，典司宗祏，社稷有主，而外其心，其何貳如之，苟主社稷，國內之民，其誰不為臣，臣無二心，天之制也，子儀在位，十四年矣，而謀召君者，庸非二乎，莊公之子，猶有八人，若皆以官爵行賂勸貳，而可以濟事，君其若之何，臣聞命矣。」乃縊而死。
為厲公一生定讞
原繁乃一庸臣，無拳無勇，本無關緊要，厲公何須殺之？左傳何以記之？
林紓《左傳擷華》
先寫厲公流亡時先與傅瑕結盟殺逆之賊。
厲公入國之後立即殺納己者：傅瑕。（殺人滅口？）
濫殺（試問全國「納我而無二心」之人何在？
厲公逼殺中立者：原繁
寫厲公之淫刑，而非斥原繁之中立
呂祖謙《東萊博議》
國不亡於外寇，而亡於內寇；惡不成於有助，而成於無助。
禍莫甚於內叛，姦莫甚於中立。二者之罪，孰為大？曰：中立之罪為大。
傅瑕背叛故主子儀，未被鄭厲公當忠臣，還被處死，算是犯罪活該
原繁明哲保身，看似中立，實大奸大惡，故上天藉著鄭厲公的惡劣手段殺原繁，以給後世警惕。
痛斥原繁之中立

是冒犯正統了，所以管仲事奉桓公不算背叛，怎麼到原繁就不論正統了呢？

我不懂東萊先生希望原繁在面對鄭國政治動盪時該怎麼做？自己跳出來「主持正義」、「扶亂導正」？這不是造反了嗎？還是要遵守孔子說的「危邦不入，亂邦不居。天下有道則見，無道則隱。」？所以原繁早應該辭官退隱了？

如果原繁真的早就辭官引退，難道鄭厲公回來就不會找他麻煩？辭官引退就不算中立而大姦？就不是對邪惡而沈默？東萊先生指責原繁長期中立，看似明哲保身，實際上對國家是大奸大惡，但原繁面對鄭厲公的刁難，還能理直氣壯的回嘴，膝蓋與背骨很硬的，他可沒跟鄭厲公討饒示弱過，他的死亡明明就是動亂時代的悲劇，是鄭厲公刀下冤魂，給原繁冠上一個「表面中立，實質大姦」這麼大的帽子，好像有失厚道。

或許東萊先生應該直接告訴我們，這種情況就該革命了？正如孟子說的：

賊仁者謂之「賊」，賊義者謂之「殘」；殘賊之人，謂之「一夫」。聞誅一夫紂矣，未聞弒君也。

古學如何今用

適應新時代的主管，應該設法摒除上述「離職叛將」的觀念，開始建立「好聚好散」的心態。無論員工因為什麼樣的原因要離開，企業或主管都必須練習去尊重他的決定，而且往長遠來看，每一位離開的員工，都是企業口碑的播種者，對於曾經任職過的企業，這些員工都有資格說出「好的觀點」或者「壞的想法」。

與其讓離職員工帶著「壞的想法」離開，不如在他離開之前釋出高度善意，暖化員工的想法，大家做到「好聚好散」，自古以來「君子絕交不出惡言」，老祖宗的說法不是沒有道理。

搞清楚該擔憂的是什麼

東萊先生評論〈鬻拳兵諫〉，提出了很有意思的觀點，不只是政治，在教育、訴訟，甚或很多人際關係上都有用。

歷史故事

西元前六七五年，楚文王發兵抵禦巴軍，在津地被巴軍打得大敗。回國，鬻拳不開城門接納，楚文王就轉而進攻黃國，在踖陵打敗了黃國的軍隊。楚文王回國染病過世。鬻拳把他安葬在夕室，然後自己也自殺身亡，死後被安葬在地下宮殿的前院裏。

當初，鬻拳堅決勸阻楚文王，楚文王不聽從。鬻拳拿起武器對準楚文王，楚文王害怕而被迫聽從。鬻拳說：「我用武器威脅國君，沒有比這再大的罪過了。」於是就自己砍去兩腳。楚國人讓他擔任衛戍楚都城門的官職，稱之為太伯，並且讓他的後代執掌這個官職。

《左傳》評論說：

鬻拳可謂愛君矣，諫以自納於刑，刑猶不忘納君於善。

東萊博議

東萊先生說：

古今以人君拒諫為憂，吾以為未知所憂也。君有君之憂，臣有臣之憂，未聞舍己之憂而憂人之憂者也。

古今以來作臣子的，都擔憂國君不肯聽自己的勸諫，這是搞錯擔憂的對象了。東萊先生認為，國君不聽臣子的規勸，臣子不應該擔憂國君不聽從，而應該擔憂自己的進諫不完善啊。他說勸諫的難處至少有以下幾點：

一、誠心不至，這不算完善。
二、說理不明，這不算完善。
三、辭不達意，這不算完善。
四、心氣不平，這不算完善。
五、行止不被重視，這不算完善。
六、說話不被信任，這不算完善。

所以臣子要擔憂的是自己根本還沒善盡勸諫的本事，哪有時間去擔憂國君是聽從還是拒絕？就像醫生要擔憂的不是疾病難治，而應擔憂自己醫術不精。如果臣子只擔憂國君不聽自己的規勸，最後就會出現脅迫國君聽從這種事情了。

讀史見人心

在職業生涯中，許多人往往不願意從自我出發進行必要的改變與提升。例如，有些老師可能不願意創新他們的教學方法和提高教學熱情，卻經常歸咎於學生不夠認真；一些律師也可能忽略改善自己的溝通技巧和思維方式，反而批評客戶缺乏理解力或是法官過於嚴苛；同樣的，當一位領導者未能有效激勵和團結其團隊時，他們可能會指責團隊缺乏團結精神。這種情況揭示了一個普遍問題：我們經常只顧固守自我，依賴自己有限的經驗來理解這個多元複雜的世界，從而導致我們的認知範圍受限。

當我們遇到挫折或未能如願以償時，我們便可能陷入自我同情和埋怨他人，認為自己「懷才不遇」。要真正進步和達成個人及職業上的成就，我們必須學會擴展視野，從自我反思開始，認識到改變始於內在，並努力提升自己的能力和態度。

我們老是只想著做自己，只想著憑藉自己有限的生活經驗去理解世界，認知永遠是侷限的，也難怪只能哀嘆總是懷才不遇。

古學如何今用

當新人入職發現工作與期待有落差時，主管可以試著這麼做：

一、持續明確表達企業文化和願景，無論是創辦人的真誠表達，或是氣勢磅　的感人影片，都要讓同仁有願意共同奮戰的感受。

二、讓新鮮人了解「高紀律帶來高績效，高績效創造高報酬，高報酬享受高福利」。

三、指派導師，不但指導專業，也要解決心情。

四、不妨接納同仁務實可行的建議，展現公司的高包容度，吸引更多優質的年輕人。

迷信的謬誤

占卜、算命、預言這類事物很吸引人，八百多年前東萊先生的評論就很富有現代科學精神了。

歷史故事

西元前六七二年，陳國太子完（敬仲）逃亡到齊國。齊桓公想任命敬仲做卿，他辭謝說：「寄居在外的小臣如果有幸獲得寬恕，能在寬厚的政治之下，赦免我的缺乏教訓，而得以免除罪過，放下恐懼，這是君王的恩惠。我所得的已經很多了，哪裡敢接受這樣的高位而很快地招來官員們的指責？謹昧死上告。《詩》說：『高高的車子，招呼我用的是弓。難道我不想前去？怕的是我的友朋。』」齊桓公就讓他擔任了工正官。

敬仲招待齊桓公飲酒，桓公很高興。天晚了，桓公說：「點上燭繼續喝酒。」敬仲辭謝說：「臣只知道白天招待君主，不知道晚上陪飲。不敢遵命。」

當初，懿氏要把女兒嫁給敬仲而占卜吉凶。他的妻子占卜，說：「吉利。這叫做『鳳凰飛翔，唱和的聲音嘹亮。嬀氏的後代，養育于齊姜。第五代就要昌盛，官位和正卿一樣。第八代以後，沒有人可以和他爭強。』」

其實，公子完小時候父親陳厲公曾請周太史為之占卜，得到「觀之否」。太史就預言：「這叫做『出聘觀光，利於作上賓于君王』。此人恐怕要代替陳而享有國家了吧！但不在這裏，而在別國，不在本人身上，而在他的子孫。光，是從另外地方照耀而來的。

坤是土，巽是風，乾是天。風起于天而行於土上，這就是山。有了山上的物產，又有天光照射，這就居於地土上，所以說『出聘觀光，利於作上賓于君王』，庭中陳列的禮物上百件，另外進奉束帛玉璧，天上地下美好的東西都具備了，所以說『利於作上賓于君王』。還有等著觀看，所以說他的昌盛在於後代吧！風行走最後落在土地上，所以說他的昌盛在於別國吧！如果在別國，必定是姜姓之國。姜是太岳的後代。山嶽高大可以與天相配。但事物不可能兩者一樣大，陳國衰亡，這個氏族就要昌盛吧！」

陳完在齊國當官後，其後人逐漸把持獨斷齊國朝政，到了田和擔任齊國相國時，將齊康公放逐到海上，史稱「田氏代齊」。王莽稱帝時，追尊田完為齊敬王，廟號世祖。

東萊博議

東萊先生評論「懿氏卜妻敬仲」一文，討論占卜、算命，除了有儒家求諸本心的觀點，還提到了現代概率問題的謬誤討論。

東萊先生的文章一開始先從大自然界談起，就像動物在寒冬前先冬眠、螞蟻在下雨前先搬家、候鳥遷移……，事物的預兆本來就可以從細微的跡象觀察出來，聖人既然「備萬物於我」，則：

上下四方之宇，古往今來之宙，聚散慘舒，吉凶哀樂，猶疾痛疴癢之於吾身，觸之即覺，干之即知。清明在躬，志氣如神，嗜欲將至，有開必先。

其實各種占卜的形式，都不過是反應內心的變化而已，聖人之心不需要卜筮這些繁瑣的程序，就可以知道世間萬物了。後人的占卜，大多：

失之於心，而求之於事，殆見心勞而日拙矣。

很多人說《左傳》中記載好多占卜的事情，都很靈驗啊。東萊先生就拿出現代概率的精神說了，《左傳》寫了二百四十二年的歷史，有天子、諸侯、卿大夫、庶人，真正發生的占卜事件，豈止數萬件，左丘明記到書裡的就幾十件，我們如果把這些當真計較了，那還有幾萬件「誕漫無驗」未被記載的，我們該怎麼看待？

那些相信占卜算命的，

妄者見其妄，僭者見其僭，妖者見其妖，皆心之發見。

讀史見人心

齊桓公欣賞陳完（敬仲），依照《左傳》的寫法，應該是因為其行為舉止穩重可靠，知所進退，這是修養或教養好。但《左傳》又很喜歡寫這類占卜算命之事，弄得一切都像「天命」！

依照維基百科以偏概全有幾種常見的形式：

一、只根據部分案例推論一般性規律（偏差樣本、輕率概化、軼事證據）

二、只根據部分案例的特質推論整個群體的一般性特質（合成謬誤）

三、只根據部分特例否定一般性通則（逆偶例謬誤）

四、只根據部分支持的證據支持一個論點（單方論證）

迷信事蹟常被用來作為典型的「以偏蓋全」謬誤的例子。確實，許多人在面對迷信相關的事物時，經常會陷入這種思維錯誤。然而，這種以偏概全的思維方式並非僅限於迷信範疇，它同樣普遍存在於我們對「道德」、「正義」、「信仰」和「價值觀」等更廣泛領域的討論和主張中。

這樣的思維傾向不僅可能導致對特定事件或觀點的誤解，而且還可能阻礙我們達成更全面、更深入的理解。當我們只從有限的範例或觀點去評價整個概念時，我們可能會忽視掉更多元的視角和更複雜的現實。因此，挑戰自己的思維模式，把事情想得更複雜一點，努力尋求更全面的資訊和更平衡的見解，對於培養深度思維和促進更有效的溝通至關重要。

古學如何今用

許多主管常常抱怨，為什麼我已經請他們吃飯喝飲料，他們卻不會感恩？應該要趕快衝刺吧。這表示主管還停留在運用「權力」的時代，以為只要「有講過就應該聽」、「有請客就應該感恩並且趕快回饋。」這種想法有個嚴重謬誤：主管自以為知道同仁在想什麼，講的道理他們應該聽進去。

過去主管的激勵手法，常常認為自己有做，同仁就應該感恩，如果同仁沒有展現努力，主管反而會生氣。現在的主管應該有所體認，在激勵的過程中，想要有所效果，不是直接給解決方法，而是必須以員工為本，貼近員工的心，讓同仁願意說出「可以被激勵」的方法。無論是合適的薪資，或是希望被肯定和授權的方式，只要雙方有心，就有機會拉近彼此距離。

偏愛非真愛

東萊先生在評論「晉桓莊之族偪」一文，為以往認為的禍水亂國「驪姬之亂」找出真兇，寫得是痛心疾首。結論是「天性之愛，豈外物所能以移耶？」但問題是，我們要能辨別那是不是真愛，如果把自私誤為真愛，那會有大災難。

歷史故事

整個故事要從春秋時代一位精力旺盛的諸侯—晉獻公說起。

西元前六七七年，晉獻公立，當時與晉獻公同一曾祖父的同宗兄弟（桓、莊二族）勢力不小，晉獻公採納大夫士蔿計謀，使桓、莊二族群公子互相殘殺，進而全部消滅以利君權鞏固。

晉獻公君權穩固後，娶父親之妾、四處征戰順便納妾、收男寵，他最寵愛的驪姬為了讓自己兒子奚齊當太子，用計迫害晉獻公長子申生逃亡自殺，另外兩位兒子夷吾及重耳逃亡。

大概的故事，我整理了兩個表，大家應該可以想像，當時的殘忍與混亂：

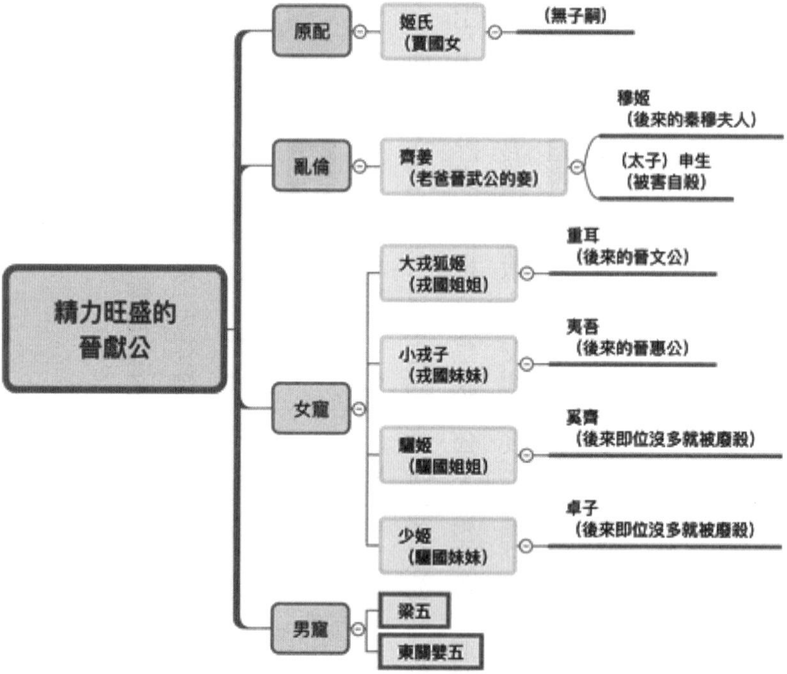
精力旺盛的
晉獻公
原配
姬氏
（賈國女
（無子嗣）
亂倫
齊姜
（老爸晉武公的妾）
穆姬
（後來的秦穆夫人）
（太子）申生
（被害自殺）
女寵
大戎狐姬
（戎國姐姐）
重耳
（後來的晉文公）
小戎子
（戎國妹妹）
夷吾
（後來的晉惠公）
驪姬
（驪國姐姐）
奚齊
（後來即位沒多就被廢殺）
少姬
（驪國妹妹）
卓子
（後來即位沒多就被廢殺）
男寵
梁五
東關嬖五

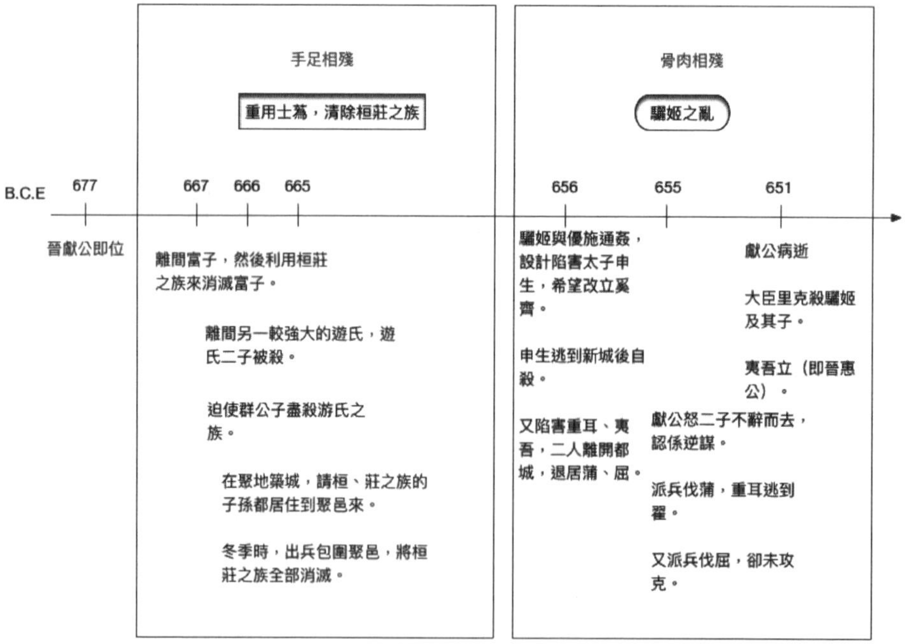
手足相殘
重用士蔿，清除桓莊之族
骨肉相殘
驪姬之亂
B.C.E
677
667
666
665
656
655
651
晉獻公即位
離間富子，然後利用用桓莊之族來消滅富子。
離間另一較強大的遊氏，遊氏二子被殺。
迫使群公子盡殺游氏之族。
在聚地築城，請桓、莊之族的子孫都居住到聚邑來。
冬季時，出兵包圍聚邑，將桓莊之族全部消滅。
驪姬與優施通姦，設計陷害太子申生，希望改立奚齊。
申生逃到新城後自殺。
又陷害重耳、夷吾，二人離開都城，退居蒲、屈。
獻公怒二子不辭而去，認係逆謀。
派兵伐蒲，重耳逃到翟。
又派兵伐屈，卻未攻克。
獻公病逝
大臣里克殺驪姬及其子。
夷吾立（即晉惠公）。

東萊先生文章開頭就說，看起來殺太子申生的是驪姬，但這次女人不是禍水了，真的要為太子申生被殺負責任的是大夫士蔿，是士蔿開啟了晉獻公殘殺宗族兄弟的罪端：

使獻公屠其宗族昆弟，如刈草菅，略無慘怛不忍之意。其於宗族昆弟之間既如此，何獨難於其子乎？

殺兄弟都不眨眼了，對兒子下手也沒什麼困難的。

最早開啟晉獻公殘忍之心的人就是士蔿，最早提供離間陷害的計謀者也是士蔿，「授賊以刃，而禁其殺人，世寧有是裡耶？」，所以如果要來論罪，士蔿把刀拿給賊人，顯然是正犯，驪姬只是從犯。

東萊先生論斷完誰應該要為太子申生被害負責後，接著把格局又放大，說開啟晉國禍端的還真不只是士蔿，晉國早期從晉穆侯開始，大兒子文侯跟跟小兒子桓叔，就互相仇視了，兄弟兼彼此相爭，想著要殺掉對方，為自己的子孫著想，但是自己的子孫如果也有相同心態，不就繼續陷入這種手足相殘的循環嗎？我以為我殺了兄弟，是愛我兒子的表現，因為我兒子的敵人被消滅了，豈料最終謀愛自己子孫的，正是自己子孫啊！所以，桓、莊二族雖說是晉獻公殺害，但實際上是桓、莊家族自己造成的。

整個晉國就在一個家族內部中搞分裂，區分親人和仇敵，這已經很自私了，而晉獻公在自己的兒子中還分親與仇，這是自私中的自私了。

私日生則心日狹，心日狹則毒日深。

讀史見人心

東萊先生這篇文章不高談什麼道德或仁義，就從動態的經濟分析來算這一筆筆手足相殘的帳，只從利害結果來看，就是血淋淋的慘痛歷史教訓。

出於自私動機的愛，其實是一種由內心的不安全感和恐懼所驅動的偏執和變形情感。這樣的愛並非建立在理解和尊重的基礎上，而是一種控制和佔有的慾望的反映，這種偏執的愛遠非真誠的愛。這種破壞性的家庭行為模式往往會在無形中被傳遞給下一代，使得家族成員間的關係模式重複上演，手足之間的破壞性互動成為一種可悲的遺傳傳統。

偏愛不僅加深了個體和家庭成員之間的痛苦和隔閡，更在社會層面上累積了隱性的情感和心理負擔，造成了深遠的社會成本。這些重複的模式不僅限於家庭，其影響也擴散到社會其他層面，如教育、職場和人際關係等，影響社會的整體健康和進步。

古學如何今用

許多老一輩的領導者，見過許多大風大浪，對事情的處理早已不疾不徐，很習慣用「師父教徒弟」的古樸手法。堅持「讓當事人經過煎熬，才能獲得最大的領悟，找出做事的訣竅方法。」再加上早期產業局勢的變化不大，穩定的商業交易中，會有比較多的時間，讓同仁可以嘗試錯誤，這種「不出手先觀望」、「讓子彈飛」，是許多老一輩領導者的管理哲學。然而目前的環境產業變化大，加上年輕主管的生成背景完全不同，領導者面對這些新手主管，如果想要「讓子彈飛」，務必運用兩個技巧：

一、領導者內心設定底線，掌握出手力道，達成圓滿效果。

二、迅速「以戰養戰」培養年輕主管的實力，直到自己不出手，主管也能收拾後果。

驕疑懦弱足以亡國

君子可不是「溫良恭儉讓」就算了，翩翩君子一點也不可取，該拿出果斷精神，就要肅殺不疑，否則只會惹禍上身，甚至禍延子孫。

今世有人或被譽為溫良君子，或被譏為優柔寡斷，均有可借鑒之處？

歷史故事

就在晉獻公殘害手足之際，魯莊公這邊也開始有些亂事，大概的故事是這樣：

魯莊公二四年迎娶夫人哀姜（齊國一位姓姜的女子，「哀」是她的諡號，其下場可知），魯莊公應該很寵愛哀姜，所以在接見外賓的禮節上，讓哀姜很有面子，超越了禮制。（寫到這發現，「禮制」的發音與「理智」相同，很有趣的巧合？）《春秋》很重視禮法，所以在《春秋》的眼光，不重視禮法的事很容易被放大：

二三年莊公在桓公廟前的柱子漆上紅漆，二四年又在桓公廟前的方樑上刻花紋，這工程上的裝飾就被大夫勸諭批評為「侈，惡之大也」；

緊接著，上面提到二四年這件莊公與哀姜的「非禮」事件，被批評為違反「男女之別，國之大節」；

二五年夏天日食、秋天水災，祭祀上的禮節又被批評；

二七年春天，魯莊公跟他已經出嫁的女兒杞伯姬在洮會面，被批評「非事也」，因為「天子非展義不巡守」；

二九年春天蓋了一座馬房。被批評為不合時令，因為春分放牧，秋分才入圈；

三一年齊桓公來魯國奉獻俘獲的戎人，被批評為「非禮也」，因為諸侯把俘虜獻給周天子，天子用來警告四方夷狄，但諸侯間不可以這麼玩；

上面這些事情，現在看起來似乎都是小事，不過在《春秋》看來，都是有違禮法，更為後來魯莊公的君位繼承糾紛埋下伏筆。

哀姜雖受魯莊公寵愛，但沒生兒子，而且哀姜還長期與莊公的大弟慶父私通；哀姜的妹妹叔姜則幫莊公生了個兒子叫啟方；莊公的另一名夫人孟任生了子般。當時照理來說，應該是子般繼承君位，因為魯莊公在追求孟任時，開出了立為夫人的條件，所以由嫡子的子般來繼承君位應該沒有問題，但可能因為哀姜的唆使慫恿，莊公似乎也想讓大弟慶父接班。

魯莊公生病時，向他的二弟叔牙及三弟季友詢問接班的意見，叔牙支持莊公的大弟慶父，季友支持莊公的兒子子般。魯莊公三二年八月，莊公死，子般繼位，季友讓叔牙自盡，但沒處理慶父，不到兩個月，子般就被慶父派人殺害，季友帶著公子申（後來的僖公）逃到陳國。

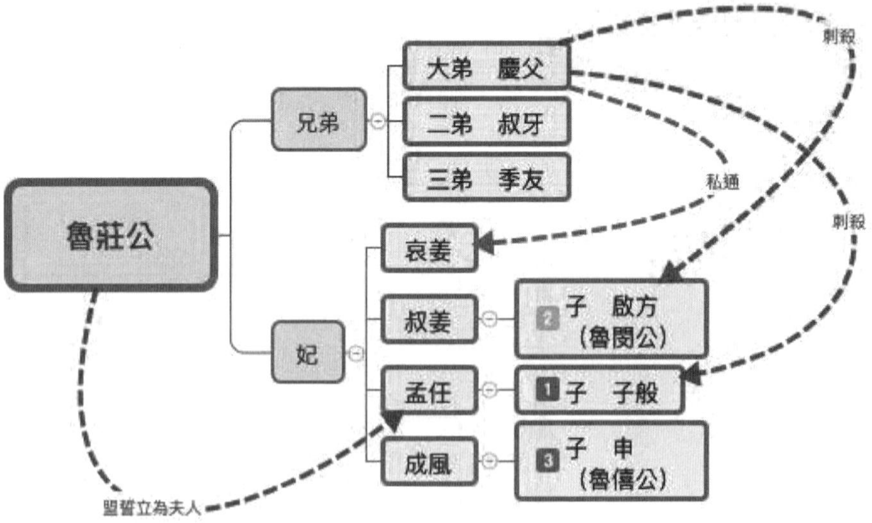

子般死後，閔公繼位，經由齊桓公的協助，召回季友，不到二年，魯閔公又被慶父派人殺害，季友又帶著公子申逃到邾國。慶父連殺二君，不被國人所容，逃到莒國，哀姜逃到邾國。季友與公子申這時回魯國，立公子申為國君，是為魯僖公。慶父向魯僖公求饒無效，上吊自殺，哀姜則被齊國處死。

東萊博議

東萊先生評論上面這段歷史，在文章開頭就先下結論（這也是寫議論文章不錯的起手式）：

驕者，亂之母也；疑者，奸之謀也；懦者，事之賊也；弱者，盜之招也。四者有一焉，皆足已亡其國。

先說「驕」，哀姜剛嫁來時，魯莊公就不顧禮節的對待她，讓哀姜「傲然視天下，舉無足憚」，就算她最後死有餘辜，但把哀姜導向驕傲而作亂的始作俑者，不就是魯莊公本人嗎？

再說「疑」，問題本身不僅僅是希望蒐集意見、尋求解答，還有傳達訊息的功能。拿一件本來沒疑問的事情問他人，不就讓人知道你對這件事沒把握，心中還有疑惑嗎？魯莊公本來傳位給子般是理所當然的，魯莊公竟然對此猶疑不定，而且不只跟一個人「請教」，而是把這問題跟他所有的兄弟商量，結果招來了奸臣的非分之想，這當然也要怪魯莊公了。

提到「懦」，季友扶立子般後，既然有膽逼死有異心的哥哥叔牙，怎沒想到野心最大的慶父呢？如此怯懦果然惹了大禍，就算說你不忍心連殺二兄，把叔牙跟慶父放逐到外國也是個方法啊。

最後說「弱」，這還是在批評季友，閔公繼位後，找回了季友，這時候季友應該要拿出魄力除掉慶父吧，結果季友仍然對慶父示弱，毫無作為，讓慶父氣焰更旺，又殺了閔公，這已經不是示弱了，而是「真弱者」。

東萊先生把這「驕、疑、懦、弱」四惡分派一下責任，魯莊公得「驕」、「疑」二者，開啟禍端；季友得「懦」、「弱」二字，招來禍害。不過季友最後扶立魯僖公，還是保全了魯國的香火，還算是忠臣。

讀史見人心

東萊先生為一代大儒，評論魯莊公還算公道，但說季友懦弱，似乎有點誅心之論了。

從魯莊公時代，其兄弟慶父、叔牙和季友就是魯國三大勢力了，這三大家族就是後來在魯國長期專權「三桓」，從慶父死後，魯國基本上就是三桓共掌瓜分了，可見子般與魯閔公繼位時，要靠季友一家力量剷除慶父勢力，可能不是一件簡單的事情，更何況慶父長期陰謀，又與內宮哀姜搭上線，季友要真有力量抗衡，何須多次逃亡？

不過，東萊先生的評論文章雖然對「懦」、「弱」痛心疾首，但或許我們可以想像，在東萊先生的心裡，君子可不是「溫良恭儉讓」就算了，翩翩君子一點也不可取，該拿出果斷精神的時刻，就要肅殺不疑，否則只會惹禍上身，甚至禍延子孫。

真正的君子在決策和行動中維持一種勇於擔當和決斷的重要性，不要讓「溫和」成為「無能」或「無力」，否則問題的累積最終對自己及後代造成更嚴重的後果。東萊先生對君子角色的重新詮釋，提醒我們更為複雜和動態的倫理模型，促使我們在面對現代社會的各種挑戰時，重新思考如何做出最佳的道德選擇。

古學如何今用

領導者在承平時期可以「運籌於帷幄之中」，但是碰到危機時必須跳到第一線，因為面臨緊急的狀況時，大家都在看領導人會怎麼做。最高領導者不但要明快地做出決策，最好還能夠「讓員工看到人在哪裡」，再發佈緊急訊息時，最好能同時兼任最高指揮官（至少由公司的二、三把手出任），統一全公司的事權，避免將決策權交給一般的二級主管。

又領導者面對未知的巨大風險時，必須不斷向員工更新發布決策，並且提供平台，讓所有員工隨時能夠搜尋到這些決策，作為應變的依據。

驚世駭俗的言論？

對公眾發言，為了吸引注意，總有驚世駭俗的言論，東萊先生評論管仲言論的文章開頭就對這種作法提出反思。

歷史故事

西元前六六一年，狄人進攻邢國。齊桓公可能不想幫助邢國，但管仲對齊桓公說：「戎狄好像豺狼，是不會滿足的；中原各國互相親近，是不能拋棄的。安逸等於毒藥，是不能懷戀的（宴安鴆毒，不可懷也）。」於是齊桓公出兵救援邢國。

東萊博議

東萊先生的這段文長寫得好，全文引錄以資警惕：

以言警世者，不可為駭世之論。駭世之論，本欲天下之畏，而適以起天下之疑。有是惡則有是禍，吾恐正言之未足以警動流俗也，於是甚言其禍，務使可怪可愕，以震耀一時之耳目。抑不知聞者駭吾言，將退而徐求其實，見其禍未至於，是則吾說有時而窮。

不過，東萊先生可不是說管仲的言論是驚世駭俗而不可信，他的文章有特別的層次，這篇文章的寫法，是從反面下手，也很有意思。

首段就提出，驚世駭俗的言論或許可以在短時間令人注意，不過也極有可能因為言論太怪了，讓人不相信，反而讓自己失去可信度。

接著說管仲曾勸諫齊桓公「宴安鴆毒，不可懷也」（享逸安樂就像毒藥，不要留戀！），這句話是不是上面所指將有反效果驚世駭俗的言論呢？不是，管仲講這段話其實是很明白的道理，接著就闡述「生於憂勤，死於宴安」的道理。

東萊先生更進一步反省，讓自己「志衰氣墮」、「功隤業廢」、「歲月虛棄」、「草木同腐」、「縱欲忘反而流於惡」、「弛備忘患而限於禍」……這些糟糕處境的，都是安逸享樂造成的，甚至會有殺身滅國之禍，所以「宴安」確實是毒藥。

本來一般人文章做到這就不錯了，但是東萊先生繼續說，剛剛「宴安是毒藥」云云，這是對一般人而言，對君子就不同了。

君子外雖若憂勤，中有逸樂者存，自強不息，心廣體胖，無人非，無鬼責，其安殆若泰山而四維之也。

所以，「宴安」對一般人而言是毒藥，但對君子來說，是一帖良藥。

讀史見人心

我們常說一項食物或飲品有層次感，好的文章也是如此，例如東萊先生這篇文章的層次可以這樣體會：

—正（說話別驚世駭俗）
—反（管仲言論看起來驚世駭俗？）
—正（其實管仲言論再平常不過了）
—正加強（管仲還沒說到更嚴重的地方）

—合（宴安鴆毒確實沒錯）

—提昇（剛剛講的是對一般人，君子的境界又不一樣了）

提到駭人言論，網路時代並不罕見。很多人只想著引人注意而表現，卻未考慮當今數位資訊儲存與傳播的技術成本甚低，影響效果很大，但是消除影響的成本更大。任何人再小的發言，都有可能透過網路而產生巨大力量。被稱為全球科技趨勢大師的「KK」Kevin Kelly最近出了本新書《Excellent Advice for Living: Wisdom I Wish I'd Known Earlier》，書中記錄了一句格言，很有參考價值，尤其能幫助我們檢視自己發表於公眾的言行：

在我說話前，讓這些言論通過三個門檻：

一、這些話是真的嗎？

二、我有必要說這些嗎？

三、我說這些是出於善意嗎？

數位時代的社交活動不再是單純私人交往，就算是私下談話，網路也會留下幾乎無法抹滅的痕跡。上面KK關於「謹言慎行」的建議或許適合公眾人物發言參考。我們一般平凡人也需要考量數位口碑，以下的網路言行宜盡量避免：

一、有失風度或正常禮節的言行，例如：罵髒話、黃色笑話、歧視……等。

二、炫富或哭窮。

三、暗示違法行為，例如：說自己在盜版網站看影片、分享仿冒品、談論賭博或色情行業……等。

四、違反專業倫理，以律師為例，當事人將身家性命交給你，不是讓你來說故事的。

五、不得體的公開留言，例如：在社群平台的公開回文中出現性暗示、性別歧視等玩笑字眼。

古學如何今用

現在社會不乏員工在網路ＰＯ文涉及公司事務，究竟是事出有因？或者是言過其實？受影響的公司都必須正視這件事情。對於公司而言，無論內容真實與否，都可能造成公司或ＰＯ文同仁自身聲譽上的受損，所以最好能立即做出因應處理，處理的原則有兩點：如果內容所言屬實，公司必須還同仁一個公道；如果內容並非屬實，社會必須還公司一個清白。

想要確認同仁ＰＯ文的真實性，至少須全面了解各方說法及意見，包括：直屬主管、人資、法務部門及當事人本人。就當事人本人部分，盡可能避免由直屬主管獨自處理，最好由第三方陪同（例如人資或法務部門），因為有太多案例就是直屬主管的處理不當，或者掩蓋事實，才會衍生目前的結果。

就員工陳述「屬實部分」如真屬公司的缺失，甚至有違法或者侵害勞工權益，公司應該立即改進，必要時發出新聞稿對大眾進行說明和道歉，表達本次如何改進的步驟和措施，以及相關因應的處理，並且列出改進的方法，以取得社會大眾認同。就員工陳述內容中「非屬實部分」，必須和同仁面對面溝通，要做到「逐條說明和回應」，也就是每一項陳述，都必須詳細回應，並且提出證據或證人，最終的目的，是讓當事人能夠接受或服氣，而不是用追究或恐嚇的方式結案。

如何攻擊他人取巧

一般認為「誅心論」，是指只根據其用心，就認定罪狀。問題是，他人的用心，我們怎麼知道呢？這裡就可以看得出來辯論跟文章功力的高低了。東萊先生評論「齊寺人貂漏師」，批評管仲的心態與齊桓公的霸業成空，算是高手文章，值得名嘴們學習參考。

歷史故事

眾所周知的，齊桓公因為信任管仲而成就了霸業，但是齊桓公晚年好女色又無法管控多位兒子對權位的渴望（齊桓公甚至請管仲將太子託付給宋襄公照顧），更寵信宦官（侍人貂就是名為「貂」的宦官），又不聽管仲死前的勸諫遠離小人。

管仲死後，除了太子外的五公子爭立相攻，太子逃亡到宋國，一代霸主齊桓公最終竟然活活餓死，兩位壞蛋宦官，易牙（煮了自己兒子給齊桓公吃的那位名廚）與侍人貂進宮，聯合齊桓公的寵妾們殺了一群官吏，立公子無虧為國君，齊桓公的屍體六十七天未入殮，屍腐蟲出！

東萊博議

《左傳》禧公二年「秋，齊寺人貂始漏師於多魚。」意思是說這年秋天，侍人貂在多魚這個地方，洩漏了齊國的軍事機密，這裡寫「始」，表示這才剛開始，侍人貂以後作的壞事更多。

東萊先生評論「齊寺人貂漏師」的文章，就是從這講起，為何身為名相忠臣的管仲，這時候沒有去勸諫齊桓公呢？以下是這篇議論文章的結構與辯論：

文章一開頭先說，管仲當年跟齊桓公說，遊玩縱樂都不會影響霸業，但任用小人就會妨害成就霸業了。管仲一定跟齊桓公有個約定：「中分齊國為二，舉一國之樂皆歸君，舉一國之權皆歸我。我與君以樂，君與我與權。」還說「要約既定，各守封疆，截然如胡越之不可相犯。」

接著推論管仲的心態，侍人貂如果用奢侈娛樂來迷惑齊桓公，則是管仲所允諾的「我與君以樂」，管不了。不過，侍人貂洩漏軍事機密了，這涉及國家政權，管仲怎麼不去向齊桓公爭論呢？管仲既不糊塗也不懦弱，那麼他不去爭論一定有其他的理由吧。

拿下棋來舉例，以失敗認輸來說，國手是「舉棋才三四，斂手而甘敗」，不會下棋的人「倒奩空枰，大敗塗地，爭猶不止」，所以，「智者之敗於心，愚者之敗於形。智者之敗，同室不知，愚者之敗，國人皆知。」智者如管仲，如果一定要爭到「舌弊力屈」才認輸，那就不是管仲了。

管仲為何不去跟齊桓公爭取一定要將侍人貂正法？東萊先生說，這是因為管仲跟桓公約定了讓還公放縱歡樂，能給放縱歡樂的必定是小人而非君子，你現在同意他享樂卻又阻止他親近小人，這等於是給予他人田地，卻奪走了他的農具，又像是你要和盜賊同住，又厭惡他的竊奪行為。作者認為，管仲一開始太想掌握權力了，未曾長慮就跟桓公如此約定，開始做錯了，後面無法彌補，所以「吞聲而不敢較」。

東萊先生再繼續推想，好，就算當時管仲去據理力爭，把侍人貂趕走了，誰來滿足齊桓公心中放縱的慾望呢？如果找個無趣君子，桓公一定會說管仲違約，沒讓我享樂；如果找個很會玩樂的小人，不是於事無補？更何況，現在是侍人貂受寵，管仲可能還要去討好他也說不定，哪敢得罪他。

這樣推演下來，管仲死前為何要公開抨擊桓公身邊的小人？東萊先生認為，這看得出來管仲「平時則不敢排擊，以為保身之計；將死則盡言不諱，以取知人之明。」而這種取巧作為，最後造成齊國「庶孽交爭，國統殆絕」。

東萊先生最後感嘆，管仲最初輔佐桓公的理想大概是一統天下、富國強兵吧，想到齊桓公晚年無法保護太子，還要拜託宋襄公，當時場面是多麼的尷尬與無奈。結論是，講霸道與功利，到處都是災難與禍害，「王道之外無坦途，舉皆荊棘；仁義之外無功利，舉皆禍殃。」

讀史見人心

這篇文章所說的管仲與齊桓公約定一事，不太可信，有史料可稽嗎？有君主會跟臣子做這種約定？而且寺人貂洩露軍情的前三年，就是我們前面介紹過，西元前六六一年，狄人進攻邢國時，管仲諫諍齊桓公「晏安酖毒，不可懷也。」怎麼三年後，管仲就放任桓公，而「吞聲而不敢較」？

當然，東萊先生撰寫這篇文章的初衷並非在於扭曲歷史真相，而是希望借助古代的歷史故事和其中的教訓，來展現自己的辯才並推廣王道政治的理念。透過描繪管仲在輔佐齊桓公的艱難過程中所採取的策略，東萊先生提出了對當時政治手法的評論。雖然管仲以霸道和功利主義作為其政治操作的工具，這在當時或許有其必要性，但從更長遠的視角來看，這並非最理想的治國方式。這種方法可能會帶來短期的成功，但從道德和倫理的角度來評價，卻可能違背了君子應有的德行和王道政治的根本原則。

如何在保持道德操守的同時，也能有效地治理團隊或國家，不僅僅是追求短期的利益，而是注重長遠的和諧與發展。

古學如何今用

現代職場的主管，常有向上管理的機會，尤其是說服老闆做決策，以下是值得參考的方法：

一、先掌握老闆（決策者）的習性：做決策的是老闆，如果想要變更決策，不是立刻硬碰硬，而是先了解決策形成的原因，以及做決策者的個性。決策者的個性，影響了我們採取的方法，決策所在乎的事情，影響了我們向上溝通的策略。

二、做出的效益分析，必須提供讓老闆（決策者）能接受的數據或是可信任的證據資料。

三、讓老闆（決策者）知道這個方案與公司企業文化或目標有重要關係。

民間風俗的力量

東萊先生這一篇評論「齊仲孫湫觀政」，給我們貢獻了一句金句：

善政未必能移薄俗，美俗猶足以救惡政。

歷史故事

魯莊公寵愛哀姜，做出很多逾越禮節的事，讓哀姜驕亂，後來哀姜長期與莊公的大弟慶父私通，在一連串的腥風血雨後，導致魯國最終分裂。

在魯閔公剛即位時，隔鄰強大的齊國國君齊桓公派仲孫湫來看看這個國家的動亂，仲孫湫回齊國後，齊桓公問「可以攻取魯國嗎？」，仲孫湫回答說「魯國還秉持著周禮，未丟棄這個國家的根基，還不適合動手。」

東萊博議

東萊先生認為仲孫湫說這話有點奇怪，當時魯閔公才八歲哪懂啥周禮，而哀姜與慶父荒淫叛逆，整個朝廷爛透了，怎會有什麼秉持周禮的情形呢？他接著就分析說，仲孫湫觀察魯國的一定不是看他政治，而是看他風俗。

東萊先生分析說，魯國自周公、伯禽以來，教化遍及全國，百姓耳濡目染，內心及行動都習慣了，這種禮的教化不論在公開場合、音樂、服飾等文化上，都顯現著興盛、浩大且條理分明，所以就算朝廷上的國君跟官員作亂，也不會改變原來善良的風俗。

東萊先生的論述當然是以儒家出發，認為子孫不能常賢、國不能常安、法不能常善，這幾個難題就算是聖人也沒有辦法，能做的就是「養其禮義之風俗，以遺後人，使衰亂之時，猶可恃之以復振」，這樣就算四周強鄰看到了也不敢謀取，所以千萬不要認為強調良好風俗是迂闊。

當然，就算風俗再美，也救不了一再敗壞的魯國政治，所以最後東萊先生感慨：今風俗尚能救政事之疵，而政事反不能因風俗之美，是風俗不負魯，而魯其負風俗也，悲夫！

讀史見人心

我嚴重懷疑東萊先生的推論，只是用來鞏固他儒家思想。仔細看，仲孫湫跟齊桓公報告，哪有提到啥「風俗之美」？一個國家的朝廷都亂成這樣了，你要跟我說民間風俗美好，我實在很難想像。

在古代中國的政治謀略中，仲孫湫的建議給齊桓公留下了深刻印象。他對齊桓公說：「讓慶父這大奸人自取滅亡即可」，這句話反映了一種避免直接衝突而選擇間接影響敵人自我毀滅的策略。仲孫湫在到魯國探亂時，深入了解了魯國內三桓分裂的政治局勢，這種了解使他能夠更精確地指導齊桓公如何利用政治影響力來操控魯國的政局，而非直接動武，這或許顯示了他的政治智慧和策略遠見。這種方法不僅更為實際，也避免了不必要的軍事衝突。

此外，齊桓公的妹妹哀姜的命運，與齊、魯兩國之間的政治互動密切相關。她最終被齊桓公召回並處死，這一事件更加突出了當時政治決策的複雜性與殘酷性。齊、魯兩國之間的政治互動提供了豐富的想像空間，這些事件不僅揭示了古代國家間權力和影響的運作，也反映了個人命運與國家大計之間的緊張關係。

古學如何今用

許多公司在建立初期，擁有相當正向公平、包容互助的文化，到了擁有一定的成就後，往往因為重視獲利和生存，失去了許多當初的美好。尤其是當公司擴充、同仁變多的時候，各方的人馬和派系也隨之興起，許多同仁進來原本只想認真的做事，但是受到太多了陋習的牽絆，以及派系的攪亂，讓自己的工作狀態不斷降低，從原本的「滿足」狀態，最後跌落成「棄守」狀態。這時應全面體檢公司文化，找回初衷，塑造正面職場環境。

聰明與功勞都不可靠

東萊先生評論〈舟之僑奔晉〉，是其典型議論文，比較奇特的是東萊先生的取材。這文章當然自成道理，不過我絕對不相信一個老江湖如舟之僑，會愚蠢昏庸到違背軍令而自尋死路，只因為他覺得自己夠聰明。

歷史故事

西元前六六〇年，舟之僑在晉滅虢之戰後由虢國入晉。前六三二年，晉楚兩國發生城濮之戰，舟之僑因緣際會在晉軍攻下曹國後升任為晉文公的「戎右」。

城濮之戰大勝的晉軍打算渡河回師時，負責船隻事宜的舟之僑卻不在，一查發現他先回國了，於是他的職務被日後的晉國正卿士會接任。晉師回國獻俘後，舟之僑被殺，以正軍法。

東萊博議

這篇文章不長，結構很精鍊，寫作文可以學習：

東萊先生首先直接站在最高處看世間與歷史，先發感嘆：「天下之理，有深可怪者。」有多怪呢？「倒挽九牛，而不能舉秋毫」、「洞視百里，而不能見岱華」、「高脫亂世之禍，而不能免治世之誅」。

東萊先生先用誇張的筆法吸引讀者注意後，馬上評論舟之僑。

舟之僑本來是虢國大夫，而在西元前六六〇年，虢公剛打敗犬戎時，舟之僑說虢公「無德而祿，殃也，殃將至」，就投奔到晉國去了，東萊先生認為這個見識算是明智。

舟之僑在晉國打拚了二十多年，在西元前六三二年，晉文公發動「城濮之戰」與楚國爭霸時，舟之僑已經當上了「戎右」（坐君主之右，執武器，擔任保衛工作）這個高官，但當晉文公打勝仗後返國，要渡過黃河時，舟之僑卻擅自先行返國了，晉文公返國之後，就把舟之僑處死。舟之僑明知晉文公軍紀嚴明，怎會這麼愚蠢的擅離職守呢？

東萊先生的議論就是從舟之僑的先明智與後愚蠢談起，結論是虢公早先的滅亡是仰仗的自己的功勞，而舟之僑後來的殺身之禍是來自於仰仗自己的聰明，當然也要對仰仗聰明與仰仗功勞的相互關係作一番討論。

文章最後先有個小結論，說上古先王又明智又有大功勞，但是仍然有滅亡的憂患，而且不誇耀自己的明智，這不是要自我壓抑或隱藏，而是有自知之明，正確的看待自己功勞與才智。

一般寫議論文，能寫到這也差不多了，不過東萊先生又加了一段，他認為更值得嘆息的是，虢公打勝仗時，不知道舟之僑已經在旁議論他了，同樣的舟之僑當大官時，一定也有議論他的人，「人之相非，未始有極」。

讀史見人心

我的看法跟東萊先生不太一樣。舟之僑早年從虢國投奔晉國，當然算聰明，但感覺起來那是一種「識時務者為俊傑」的聰明，儘管虢公剛打敗犬戎，但是旁邊的晉國實在太強大了，況且前一年晉國才剛建立了強大的軍事力量，剛剛滅了耿、霍、魏三小國，顯然舟之僑說虢公無德受祿將遭殃的話，未必是從禮法或德行上出發。

我覺得最可疑的是，舟之僑在晉國二十多年的工作、生活，還當上高官，竟然會在國家打勝仗要回國前夕擅離職守？再愚笨也不至於吧，怎麼想都覺得是被陷害的，至於陷害他的是誰？會不會是晉文公授意的？

依我的歷史知識，只能靠想像的了。但無論如何，我絕對不相信一個老江湖如舟之僑，會愚蠢昏庸到違背軍令而自尋死路，只因為他覺得自己夠聰明。

古學如何今用

「論功行賞」是根據每位同仁的貢獻度，決定功勞高低的表現，所謂的「功勞」，指的是在團隊中，對於團隊成功具有貢獻度的人。許多年輕人常常喜歡說「領多少錢，做多少事」，但是現在不妨換個角度思考「做多少事，領多少錢」。

「領多少錢，做多少事」容易畫地自限，拘束了自我的成長，而且很容易讓年輕人塑造悲情的自己，覺得「沒有功勞，也有苦勞，應該也要被肯定。但是「做多少事，領多少錢」反而能夠鼓勵年輕人往前衝，既然嫌錢少，為什麼不拿出自己的表現，換取更多公司的肯定和獎勵。

王道與霸道

東萊先生評論「齊侯戍曹遷邢封衛」，很痛快的分辨王道與霸道，雖然有點誅心之論，但是其譬喻與強理當作辯論與作文的參考不錯。

歷史故事

春秋時期，西元前六六一年，北方少數民族狄人攻打邢國，邢國的國都都被打破了，齊桓公二年後幫助他們遷都到夷儀；西元前六六〇年，狄人又打爆了愛養鶴的衛懿公，齊桓公也是在二年後幫助衛國在楚邱重新建都。

東萊博議

一般都認為齊桓公有王道精神，不過，東萊先生認為，齊桓公只是「霸道」，而非「王道」。

東萊先生先從喜好名聲這點講起，「王者憂名，霸者喜名」，因為「功因亂而立，名因功而生」，所以「王者恐天下之有亂，霸者恐天下之無亂。亂不極，則功不大；功不大，則名不高。將隆其名，必張其功；將張其功，必養其亂。」

齊桓公援救邢國與衛國，當然是好事，但是東萊先生批評齊桓公為何不早一點出手援救？想必齊桓公心裡想「如果我早出手，那這不過事件一件敦親睦鄰的平常事，這種行動不稀奇，也不算什麼大恩惠，更不要說取得威權霸業了。」一般人「先飢而後食之，則其食美；先可而後飲之，則其飲甘」，東萊先生從這個觀點批評齊桓公心術不良：「今吾坐養其亂，待其社稷已頹，都邑已傾，屠戮已酷，流亡已眾，然後徐起而收之，拔於危蹙顛頓之中，置於豐樂平泰之地」，如此才顯得我齊桓公仁義之深重，功名才能威震天下。

東萊先生還舉例說，齊桓公就像看到小孩快掉下井了，這時候趕快去阻止，這功勞淺，所以袖手旁觀，等小孩掉到井裡再去搭救，那功勞就深了，小孩的父母必以為是再世之恩，鄰里必以為是忠勇過人。

讀史見人心

東萊先生對於齊國救援行動時機的批評可能顯得有些嚴苛，似乎有點誅心之論。國家的軍事行動絕非黑白分明，充滿複雜性與多重考量。當一國遲疑於救援時，可能會被批評為不顧人道；而當決定介入時，又常被指責為反應遲緩。這種困境展示了在國際關係和軍事策略中經常需要權衡的政治現實。

此外，齊桓公提供的援助還包括幫助其他國家遷都重建，這涉及的不僅是軍事的投入，還包括了龐大的政治和經濟資源配置。這些決策遠比日常生活中的遊戲或虛擬互動複雜，需要仔細的策略考慮和長遠規劃。

不過東萊先生拿小孩落井做譬喻與說理，用來作文或是辯論，很有力量。故意等待小孩掉入井中，然後再進行救援，明明有力量卻利用一種操縱的手法，在他人眼中創造一個更加正面的形象，並使得自己的救援行為看起來更加偉大和必要。這種道德可議的行為，我們可以常常在職場及政治人物身上看到。

古學如何今用

因應近年來員工離職對老東家的負面批評，許多企業開始調整做法，針對離職的同仁開始釋出高度善意。有的企業多發放數個月薪資，有的企業提前發放同仁原本還不能領取的獎金，有的企業給予好幾個月的謀職假，有的企業讓離職同仁也繼續享有福利，甚至在同仁離職之後再邀請回來參加尾牙，都是越來越多的常見做法。

企業千萬記得，只是給予同仁「離職應得的」，只能讓他不生氣，分手不出惡言；但是如果給予同仁「遠遠超過他預期所得的」，才能讓他帶著笑容離去，將會贏得更多離職之後的芬芳名聲，對於企業的形象既有提升，也避免兩敗俱傷。

勸諫溝通無效的無奈

對很多人來說，說法說理甚至說情都沒用，也很難說他們是缺乏理性，而是在理性之上，有很多超越理性的私欲、自我、幻覺、迷思，讓對話無交集，讓溝通無效率，最終讓問題無法解決。

歷史故事

西元前六六八年的秋冬，虢國二次入侵騷擾晉國，晉獻公本來在翌年（西元前六六七年）要攻打虢國，大夫士蔿建議晉獻公，讓虢公繼續驕傲吧，等他「驕而棄民」，我們再下手吧。

西元前六五八年，晉國大夫荀息向晉獻公獻策，用美玉與良馬賄賂虞國，跟虞國借道攻打虢國，虞公不聽大夫宮之奇的勸告，不但答應晉國借路，還幫晉國當開路先鋒，一起去打虢國，讓晉國攻佔了虢國的國都（下陽）。

西元前六五五年，晉國又來借道伐虢了，虞國大夫宮之奇依然極力勸諫，用「輔車相依，唇亡齒寒」來形容現實危機，虢國和虞國不但是近鄰，而且虢國是虞國的屏障，虢國如果被滅亡，虞國不僅不會得到任何好處，反而隨時有被晉國吞併的危險。虞公不聽，宮之奇無奈，只好全家離開了虞國。

結果，不出所料，晉國在滅掉虢國之後，在回程路上滅掉了虞國，生擒虞公。

東萊博議

東萊先生評論虞國因為貪婪、虢國因為驕傲，自取滅亡，不足為奇，他奇怪的是，虞公拒絕宮之奇諫言的理由，都是不切實際的空話，怎會如此？這篇評論〈晉荀息警假道於虞以伐虢〉文章就是他想通了其中的道理。

宮之奇勸諫虞公是從國防、軍事、國際情勢來分析，再讓晉國借道，虞會有滅國之禍啊，但虞公跟宮之奇說：「晉國是我們的宗親，不會害我的。」宮之奇說：「您忘了虢國也是晉國的宗親嗎？更何況晉獻公也才剛殺戮了同宗的桓、莊子弟，他們的關係比我們更親啊」，虞公這時候用鬼神之說當理由了，他說：「吾享祀豐潔，神必據我！」

東萊先生認為，像這種聰明但無恥的國君，面對臣子的勸諫時，如果就事論事的討論、思辯，自己常常會理虧的，所以就「託之於神怪」，你跟我講人事道理？我就跟你說鬼神信仰！把推理過程弄得恍惚迷茫，讓你臣子不知如何再說下去。虞公實際上是受不了晉國的美玉、良馬賄賂誘惑，但又不能把真心話說出來，所以才不著邊際的亂扯一通。

左傳這篇原文，林紓先生分析了其文字技巧，下圖將之以東萊先生的論點比對，更可以幫助理解論辯觀點：

讀史見人心

東萊先生表面上評論宮之奇看不出來虞公裝傻，還浪費心力勸諫，其實還是感慨虞公貪婪到失去理性了，面對這樣的國

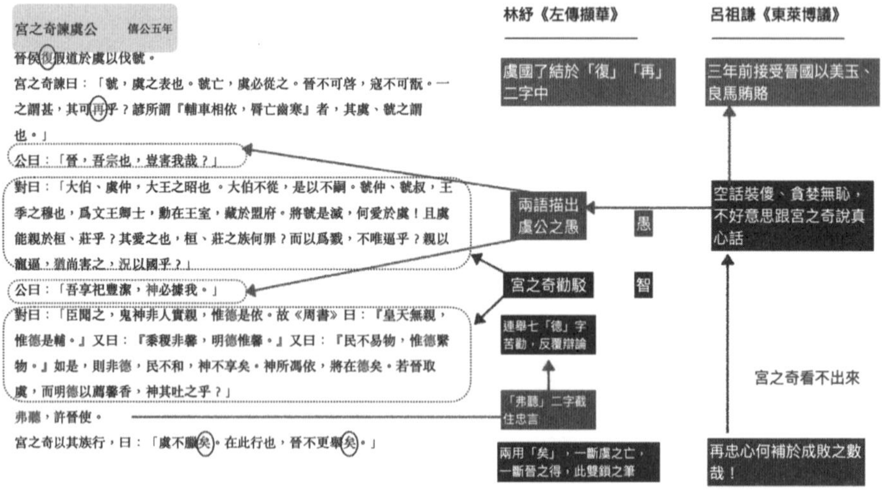

宮之奇諫虞公 僖公五年
晉侯復假道於虞以伐虢。
宮之奇諫曰：「虢，虞之表也。虢亡，虞必從之。晉不可啓，寇不可翫。一之謂甚，其可再乎？諺所謂『輔車相依，脣亡齒寒』者，其虞、虢之謂也。」
公曰：「晉，吾宗也，豈害我哉？」
對曰：「大伯、虞仲，大王之昭也。大伯不從，是以不嗣。虢仲、虢叔，王季之穆也，爲文王卿士，勳在王室，藏於盟府。將虢是滅，何愛於虞！且虞能親於桓、莊乎？其愛之也，桓、莊之族何罪？而以爲戮，不唯逼乎？親以寵逼，猶尚害之，況以國乎？」
公曰：「吾享祀豐潔，神必據我。」
對曰：「臣聞之，鬼神非人實親，惟德是依。故《周書》曰：『皇天無親，惟德是輔。』又曰：『黍稷非馨，明德惟馨。』又曰：『民不易物，惟德繄物。』如是，則非德，民不和，神不享矣。神所馮依，將在德矣。若晉取虞，而明德以薦馨香，神其吐之乎？」
弗聽，許晉使。
宮之奇以其族行，曰：「虞不臘矣。在此行也，晉不更舉矣。」
林紓《左傳擷華》
呂祖謙《東萊博議》
虞國了結於「復」「再」二字中
三年前接受晉國以美玉、良馬賄賂
兩語描出虞公之愚
愚
空話裝傻、貪婪無恥，不好意思跟宮之奇說真心話
宮之奇勸駁
智
連舉七「德」字苦勸，反覆辯論
宮之奇看不出來
「弗聽」二字截住忠言
兩用「矣」，一斷虞之亡，一斷晉之得，此雙鎖之筆
再忠心何補於成敗之數哉！

君，你宮之奇再忠心，「然何補於成敗之數哉！」。

諾貝爾經濟學獎得主羅納德・科斯（Ronald Coase）說，他不相信人是理性的。雖然在理論上企業或廠商在作出經濟決策時可能表現出理性，但人類個體行為往往不完全理性。這種看法挑戰了傳統經濟學中對「經濟人」（homo economicus）的假設，即經濟行為者總是完全理性地追求自身的利益最大化。科斯指出，個人行為受到各種非理性因素的影響，如情感、習慣、社會規範等，這些因素可能導致人們作出與預期理性模型不符的決策。

我們在與人溝通時更是常見，兩造都認為自己是理性，但毫無交集。在律師工作上或是學校教學上，也常常碰到東萊先生評論提到的情形，對很多人來說，說法說理甚至說情都沒用，也很難說他們是缺乏理性，而是在理性之上，有很多超越理性的私欲、自我、幻覺、迷思，讓對話無交集，讓溝通無效率，最終讓問題無法解決。

古學如何今用

許多主管常常會認為如果要宣布公司政策，只要「開個會解決就好了」，這樣的「解決模式」，通常都是「用權力壓制」。大多數主管沒有注意到的是，表面以為解決的事情，其實在會議結束後的背後或私下，可能形成了更大的後遺症。

因為無法讓人心甘情願接受的政策，通常是不會成功的政策，上面覺得公布了就沒事，同仁也會覺得在會議後做做樣子就好，淪為上下交相賊的狀況。比較好的做法是，主管應該學習召開「會外會」（可以是「會前會」或「會後會」），至少有機會聽到比較真實的意見，也消弭同仁抗拒的機會。

怎麼找個恰當的「出師之名」？

很多歷史書都把西元前六五七～六五六年，齊桓公因為蔡姬調皮搗蛋而攻打蔡國跟楚國，當作一件趣聞來看。不過，可以做文章的角度很多，東萊先生的文章更是給當今的正義魔人許多警惕。

歷史故事

一場無厘頭的戰爭？

蔡姬之恨

這件事要從齊桓公的一位小妾蔡姬說起，蔡姬是蔡國蔡穆侯的妹妹，蔡穆侯的心思當然是要巴結齊桓公了。接下來，就是有名的「蔡姬盪公」了。

齊桓公和蔡姬在園子裏坐船遊玩，蔡姬故意晃動遊船鬧齊桓公，齊桓公嚇到臉色大變，叫她別搖，蔡姬正在興頭上，當然不聽。齊桓公生氣了，把她送回蔡國娘家反省，但並不是斷絕婚姻關係，可是蔡國人卻把蔡姬改嫁了。《左傳》的記載很傳神：

齊侯與蔡姬乘舟于囿，蕩公，公懼，變色，禁之不可，公怒，歸之，未絕之也，蔡人嫁之。

齊桓公更怒了，西元前六五六年，齊桓公帶領魯、宋、陳、衛、鄭、許、曹七國諸出兵打蔡國，蔡國當然不是對手，蔡國潰敗後，齊桓公竟然繼續往南攻打楚國。

風馬牛不相及

齊桓公率聯軍攻打楚國，楚國派出了一位毒舌使者，詢問齊桓公「您住北方，我在南方，相隔遙遠，就算是牛馬發情相誘亂跑，也跑不了這麼遠吧！」（這就是成語「風馬牛不相及」的由來。風，動詞，指牛或馬公母因發情氣味而相逐。）

這位楚國使者（應該就是屈完）實在是既幽默又毒舌，想想江湖上傳說齊桓公是因為「蔡姬之恨」出兵，楚國使者竟然用牛馬發情亂跑來形容，放在今天，此人一定是名嘴中的巨星！

齊桓公只好派管仲出來說了幾個理由：

一、以前我們齊國的祖先姜太公受了召康公的指示，凡是五等諸侯與九州長官，我們都有權征伐，以共同輔佐周王室。

二、你們楚國進貢給周王室的物品質量都有問題，我來徵收貢品。

三、周昭王南巡未回，我來調查。

這三個理由超弱的，楚國使者不難應付：第一點是周成王年幼時，管蔡、淮夷叛亂，王室讓姜太公去討伐，這四百年前的事了。第二點就算是我楚國進貢有缺失，你齊國也不是債權人啊，我們趕快補上。第三點周昭王是三百年前死於漢水（傳說其所乘膠船行至水中膠解），請您去漢水邊問問吧。

可惜國際現實不是靠嘴砲的，齊桓公繼續進兵，後來楚國再派屈完出使交涉，齊桓公耀武揚威一番，請屈完一起閱兵，說出真正的目的：叫我老大吧。屈完趁勢給齊桓公一個下台階「君若以德綏諸侯，誰敢不服？」，然後就代表楚國與齊國等諸侯國簽署盟約。

這個「召陵之盟」對齊來說，可說是奠定其為霸主的象徵；對楚來說，等於你們中原諸侯終於把我楚國當成個角色了，別老是把我當蠻夷，算是皆大歡喜。

東萊博議

東萊先生為「道德一世師表」，沒從權謀算計去評論上面的故事，非議的是齊桓公與管仲出兵攻打楚國的理由。

治小人之罪仍應公允

東萊先生的文章，先從責備、懲罰小人說起，很多人對於小人所犯罪惡，喜歡加油添醋，這些人想「如果只指責他所犯的過錯，不再多加一些惡名，將無法嚴厲的打擊小人」。東萊先生認為，這種「於本惡之外，復增其惡以甚之；於本罪之外，復增其罪以多之」，結果只會讓小人「倖然不服」，旁觀者也會迷惑且惆悵，認為此君子沒道理吧。

小人做了壞事，正發愁無法開脫，結果我們為了要打擊小人，有了「溢毀無實之辭」，使得小人有了藉口，根本是「遺小人以自解之資」，本來他的罪惡是真實的，因為我的虛增，實惡變成了虛惡。東萊先生感嘆：

君子何苦坐一偽，而喪百真？小人亦何幸借一誣，而解百讁乎？

（這段文字用在議論、批評法律事件或判決，太好了。）

權衡已定，勿曲取而過治

有了上面的推論說理，東萊先生以商人買賣為例，秤、銖、兩、鈞、石這些衡量標準都要確定，若有人在其中動手腳而獲利，儘管「所贏者僅若毫髮」，依然遭人唾棄。

很自然的，把這個道理推演到文章主題，則「治小人者，治所不當治，則當治者必反不能治；治所當治，姦宄自不能遯。」

齊伐楚的理由就是過於誇大了

東萊先生認為，齊要伐楚，只要指責楚國進貢的缺失就打中要害了，但齊桓公與管仲想太多，竟把幾百年前周昭王的生死之謎拿來糾纏，反而給楚國更多的藉口了。

東萊先生繼續加強論理，「以小人而謗君子，謂之誣；以君子而增小人之罪，亦謂之誣……君子方疾小人之為誣，亦何以責彼哉？」

更好的出師之名

《東萊博議》厲害的是不只有單方面的批評，東萊先生更喜歡回馬槍式的批評。東萊先生批判完齊伐楚的理由因為誇矯而弱掉了外，他還幫齊桓公與管仲找了更好的出兵理由，楚國其實有個更大的罪惡，那就是「聞周之衰，竊王號以自娛」。

西元前八八〇年左右，楚君熊渠就很任性又霸氣的說：「我蠻夷也，不與中國之號謚。」把三位兒子都封王了，後來雖然廢王號，但西元前七〇四年楚君熊徹自立為楚王，開諸侯僭號稱王之先河，周王室衰微，無可奈何。

東萊先生主張，這個「淫名掩於天子」的罪名比起數百年前「周昭王死亡之謎」大多了，而且「楚之僭王，天下知之，何為齊之君臣獨不見乎？」。東萊先生認為，這原因是齊國刻意尋求出師之名，反而「愈求而愈不見也」，就像是人們在找尋掉下的頭簪，明明在你眼前，你卻看不到。

讀史見人心

齊桓公真有可能為了跟小妾鬧彆扭而發動聯軍攻打楚國？為什麼齊桓公要打楚國？有人說是一定是因為蔡姬被嫁到了楚國，但這似乎缺乏史料為憑。

我倒認為齊桓公早就想打楚國了，從《左傳》記載來看，僖公三年發生的事情，在「蔡姬盪公」之前，齊桓公就已經大會諸侯，共謀如何攻打楚國。從這角度來看，我認為齊桓公打楚國，不是因為「蔡姬之恨」，而且「蔡姬盪公」很有可能是齊、蔡合演的一場戲，這場戲就是要讓齊桓公找個藉口，經過蔡國去打楚國。從後面發展來看，齊桓公也不是真的要把楚國給吞併（這在當時不現實），齊桓公是要楚國跟其他國家知道「誰是老大？」

受到讀《東萊博議》向來愛用誅心論的影響，我想齊桓公跟管仲很有可能是故意看不到東萊先生所說「天下知之」的理由。我曾經拿前面的故事跟一位高中生討論，問到「齊桓公怎不拿楚國僭王號為出師之名」？我與這位高中生意見一致，齊桓公心裏恐怕想著「什麼時候我也來弄個王號自娛一番吧」，現在怎好意思說人家呢！

古學如何今用

面試官就是公司的「形象大使」，每一次的面試過程中，都等於在進行公司的國民外交。不論應徵者來不來報到，公司的形象都有可能被傳播到每個角落。那麼主管該如何做好最棒的「公司外交」？提供一個不錯的做法，就是「把應徵者當作潛在客戶」。

主管請更新大腦，不論主管想如何扮演好面試官，都會情不自禁地出現「應徵者不喜歡的態度」。不如換個方法，每次準備進會議室面試時，可以把應徵者想像成「有機會成交的客戶」。那麼保證走進會議室的主管，絕對會「眉開眼笑、態度良好、禮貌介紹、有問必答」，而以上的作法，不就正好可以讓應徵者感受到公司的尊重和專業，以及主管的客氣和體貼。

浮誇的善行

一般平常人如果無緣無故做了驚世駭俗的事，儘管表面上看來可能是好事、善事，可能都不足取。

東萊先生評論〈宋太子茲父請立子魚〉，就痛斥誇張求取名聲的行為。這篇也很適合寫文章跟辯論參考，尤其是君子跟小人做同樣一件事，如何去評價呢？

歷史故事

事情是這樣的，西元前六五二年宋桓公生病，考量接班的問題，這本來沒有問題的，但是太子茲父這時候跑出來說「傳位給我的庶兄子魚，他年紀比我大而且又仁厚。」子魚推辭說：「我這弟弟能把國君相讓，這仁義才大吧，而且我又不是嫡子，這不符體統。」

後來茲父繼位，就是有名的宋襄公，子魚擔任司馬輔佐國政，宋襄公後來與楚國戰爭時演出的「宋襄之仁」，至今依然被譏笑。

東萊博議

東萊先生的文章一開頭就說，宋襄公之所以會有要把君位讓給哥哥子魚，根本是「無故而為駭世之行，求名之尤者也。」東萊先生本於他最拿手的誅心論，批評宋襄公就是想要急著出名，卻又沒什麼善舉可做，故「振奇以駭世耳」。

東萊先生對於這種追求名聲的人不忍苛責，但對於學者不懂還亂吹捧，說宋襄公跟子魚互相辭讓是仁義善行，就無法忍受了。

文章拿大自然與人們生活做比喻，在平地築假山的人，一定是當地沒有山，如果他是住在泰山、華山旁，哪有可能築假山；挖水池的情形也是一樣。所以，那些奇異偏激、違逆常情而做出驚世駭俗舉動的人，顯然就是平常自認為沒有什麼善事可做，不得不出此策啊！

有人或許會用「天下之善，遇之不可不為，不遇不可強為」來批評宋襄公，東萊先生認為這種說法高明不到哪去。東萊先生乃理學大儒，明理居敬，認為「一歲之間，自春至冬；一日之間，自朝至暮；一國之間，自君至民；一身之間，自頂至踵。無時非善，無物非善，周流充塞，隨在隨滿。」依理行事，每件事都是善的，怎會把行善當成可遇不可求之事？

東萊先生繼續發揚其辯論功力，這篇文章批評宋襄公的「謙讓」是假的，那堯舜的禪讓呢？東萊先生說，堯舜所做的好事傳佈天下，無論是禮樂、法度、征伐、巡狩、歷試、揖遜，都是依理行事，本來就沒有輕重之分，世人以為禪讓很特別，其他事很平常，這是世人的膚淺。

為何世人會誇大堯舜的禪讓呢？因為世人看到自己要捐一點點錢都很困難了，看到堯舜連君位都可禪讓，就認為這是最高的情操，然後「矯情而效之」，這就是宋襄公之流不斷出現的原因了。

文章最後收尾很俐落，回歸聖人之心。東萊先生說，堯舜禪讓，但堯舜不會自認為偉大，我們如果用世俗之心來衡量聖人的舉動，當然得出世俗的結果，這正所謂「以利心量聖人」不足取。

讀史見人心

「以利心量聖人」，未必不足取，所謂「聖之時者也」，當然考慮到了當時代最佳利益與選擇，聖人的舉動不會超脫一般世人的想法太多的，更何況還有「小利」與大利的區別。

當代社會中「形象」與「實質」之間常常存在的矛盾。某些大善人的「理想行為」往往略了更為實際和可持續的道德實踐。一味吹捧古代的道德典範，而不考慮個人的實際情況和時代背景，可能會導致道德的虛偽和行為的不自然。

道德和倫理不應該僅僅是外在的裝飾或是為了達到某種形象而刻意追求的目標。真正的道德行為應該基於深層的個人信念和對社會正義的真誠承諾。要建立一個更加公正和理性的社會是困難的。不過我們可以從歷史中汲取教訓，用一種更加批判性和多元的視角來理解和評價道德行為。

古學如何今用

許多企業認為只要有加薪，同仁就應該立刻感恩回報，這個觀念在如今未必適用。因為過去時代的勞工，可以接受「社畜」的觀念，會以公司利益為最大考量，任勞任怨，不求回報的全力以赴。

目前更多的職場工作者更希望以「夥伴」自居，不只是在公司打拼，也希望能夠追求工作和生活的平衡，更多的時候不只是為公司，也追求自我的實現。未來的調薪，必須考量時空背景的不同，加薪不是單方面說了算，而應以「公司和員工達成共識」為基本前提。

如何設定目標

「如何制訂目標」可以說是不退燒的熱門話題，無論是管理學、心理學、政治學都有很多宏論。我們來看看八百多年前東萊先生如何討論這個話題。

東萊先生評論「會于葵丘尋盟」一文，不但在寫作辯論上有條有理，他也展現了敘事華麗的文采，告訴讀者們，「老夫不是只會寫道德文章」！

歷史故事

西元前六五一年，齊桓公聲勢達到頂峰，籌劃了歷史上有名的「葵丘之盟」。在此盟會上，周襄王將祭祀祖廟的胙肉破格賜給異性諸侯齊桓公，當時還免了齊桓公下接拜謝之禮，齊桓公當然還不敢僭越禮儀，依然下拜登受。這件事可以說是周王室對於王權衰落的默認，當然也是確認了齊國的霸主地位。

齊桓公稱霸之後，晚景卻很慘，連太子都要託付給宋襄公，最終活活餓死。

東萊博議

東萊先生的文章一開始就說，凡是治理天下者，都有期望的目標，例如：富強、稱霸、實行王道。要有目標，才有行動的方向，正如「不有以的之，孰得而射之？不有以望之，孰得而趨之？」，如果是「汎然而議，卒然而行，忽然而罷，汗漫恍惚，無所歸宿者」，根本不用跟他討論治國的道理。

東萊先生接著說，制訂目標是對的，但是如果把目標制訂錯了，那可能就糟了。希望國家富強，當國家到達富強的目標，想拉著他往霸業走，不可得也；期望成就霸業的，當他成就了霸業，想拉著他走王道，也做不到，這是因為人們的行動往往被目標限制住了。但是，「天下之勢，不盛則衰；天下之治，不進則退。強而止於強者，必不能保其強也；霸而止於霸者，必不能保其霸也。」

接下來，東萊先生展現文采，示範如何形容齊桓公稱霸的場面：

> **至於葵丘之會，威加諸侯，名震四海，天子致胙，王人下臨。環以旌旄，崇以壇陛，幕張燎舉，有司戒期；騈圭交舄，抑首就位，弁冕秩秩，穆然無聲。於是桓公降阤遵廷，下拜王命。興俯跪起之容，翼如也；環佩衡牙之音，鏘如也。隆寵榮光，焜燿在列。申以五命之嚴，示以載書之信，明約顯命，若挾河漢而轟雷霆。區區曹許之君，出於鼠壤蟻封之中，驟見曠古駭俗之偉觀，目眩氣奪，莫敢仰視。雖平日跋扈倔強，不受控御如晉侯者，猶膏車秣馬奔走道路，恐干後至之誅。**

齊桓公的聲望到葵丘之會達到最高，接下來「所期既滿，齊心亦滿。滿則驕，驕則怠，怠則衰」。依照東萊先生的意思，齊桓公的錯誤，就是在於最初設定目標時，只想稱霸，所以達成霸業就滿足了，也因為如此，就如滿月之後必然逐漸虧損。

東萊先生再用擅長的大自然舉例說明，如果雨下得太猛，造成池沼的水淹溢，這時不能怪雨水吧，應該要怪挖鑿池沼的人。「沼之所受有常限，人之所期有常願」，超過了限度、分量，達成了心願，不知不覺得就自滿了。

如果自己不挖池沼，何必擔心十天的大雨？講到這裡，東萊先生的收尾來了，如果齊桓公不把霸業當作目標，則稱霸不過就如蚊蟲從眼前飛過一般，要往王道邁進啊。如果有人問，如果達到了王道最高目標就可以停歇了嗎？東萊先生拿出聖人來教誨，追求王道是永不止息的：

王道果可息，則禹之孜孜，湯之汲汲，文之純亦不已，何為者耶？

讀史見人心

東萊先生這篇評論，與先前他批評齊桓公只想稱霸、忘卻王道的思路一貫。他提出的觀點，用來思考國家、公司、組織的目標制訂，有一定的參考價值。對於個人來說，目標制訂的合理性、可執行性，可能更重要些。

美國暢銷書作家亞當．格蘭特（Adam Grant）曾建議我們，永不放棄的不應該是計畫而是價值觀。從東萊先生的角度來看，齊桓公缺少正確的價值觀，不在話下。

古學如何今用

越來越多的企業發現，績效評估流程效益不斷降低，而且佔用大量時間，更讓員工覺得與現實脫節。主管務必避免落入績效考核和面談的兩大盲點：

一、績效考核的目的不是為了「壓榨同仁非做到目標不可」，而是「了解同仁執行過程的效果，並給予實際的指導協助。」

二、績效面談的目的不是為了年終獎金的分配而「安撫同仁」，而是「確實了解同仁需求，成就員工並達成公司目標。」

主管不妨放下身段，願意接受在績效面談加入「向上考核」的類似機制：許多年輕人不喜歡績效考核，總認為「只能配合上面，自己並無發言權。」許多公司或企業陸續加入調整機制，讓同仁有更多對於績效的發言權和決定權，另外不妨加上同仁對於主管的「考核機制」，讓年輕人更勇於說出自己的想法。

慎始很重要，但一開始就做錯了怎麼辦？

來看看東萊先生怎麼把老掉牙的話題「好的開始」寫出新意，怎麼在辯論中站穩立場、攻防有據。

歷史故事

這是晉獻公將驪姬所生之子奚齊託付給大臣荀息的故事，這跟我們曾經介紹過精力旺盛的晉獻公有關。

晉獻公在君權穩固後，娶父親之妾、四處征戰順便納妾、收男寵，他最寵愛的驪姬為了讓自己兒子奚齊當太子，用計迫害晉獻公長子申生逃亡自殺，另外兩位兒子夷吾及重耳逃亡。晉獻公立奚齊為太子時，並任命荀息為太傅，輔佐年幼的奚齊。

晉獻公病危時，立荀息為相，將奚齊託付給荀息，對荀息說「這真是委屈你了啊，你打算怎麼做？」，荀息說「我盡全力做到忠貞二字，如果成功了，是您國君在天之靈保佑，如果失敗了，我就以死效命。」

晉獻公死後，荀息立奚齊為國君，當時朝中大臣以里克和丕鄭兩位大夫為首，多數人反對擁立奚齊。

里克跟荀息說，原來三公子的門人黨徒怨恨很深，打算起事，你打算怎麼辦？

荀息說我只能一死啊，里克說你死了也沒有用吧。

里克藉著獻公治喪之時，刺殺奚齊。荀息本想自殺，但聽勸改立奚齊之異母弟卓子為國君。

里克、丕鄭又聯合發兵攻入宮廷，殺死卓子和驪姬，荀息為此而自殺。

學生寫作文，如果寫「好的開始是成功的一半」，這算小學生程度，不容易加分，至少要寫出「慎始而敬終」這樣的句子。

《東萊博議》這一篇「晉獻公使荀息傅奚齊」討論的主題很簡單，就是「慎始」。

東萊先生文章一開頭就破題「正始者，萬事之本也」。有好的開始，未必會有好的結果；但是，沒有好的開始，卻要有好的結果，是不合理的期待。接著東萊先生用一連串的舉例來說明：

沒聽過種野草而得到稻穀的，

沒聽過造醋而得到酒的，

沒聽過捕魚而捕獲飛鳥的，

沒聽過學墨家而成為儒家的，

沒聽過圖謀霸業而成為王道的。

《左傳》對荀息的評語還不錯，寫著君子曰：「詩『所謂白圭之玷，尚可磨也；斯言之玷，不可為也。』荀息有焉」，意思是說荀息說到做到，講誠信！

不過，東萊先生對於荀息的評價就沒那麼好了，東萊先生說「荀息受獻公不正之託，國危身死，死無所名，失之始也。」晉獻公一開始把奚齊託付給你荀息就不對了，應該說，晉獻公把太子逼死，又把另外二個兒子逼走，寵信驪姬，問題就很大了，「荀息以孤身而當眾怒之衝，其禍大不可救。」

東萊先生認為荀息一開始錯誤的決定，造成國家危亡，自己的死亡也沒有意義，可見「失於始而蹈禍釁」！

東萊先生的文章從來不會只有一個面向，他講了「沒救的錯誤開始」後，還要談談「有救的錯誤開始」。

如果只講「慎始」，常常會有個盲點：如果有個錯誤的開始，難道除了捶心肝悔恨外，就沒其他辦法了嗎？

東萊先生說，還是應該想想有沒有補救的方法，「見其無始而絕之，君子之正也；見其無始尚欲扶持之者，君子之恕也。」就像父母看到子女觸法，只要不是不可救，父母的心怎會馬上放棄呢？趕著救援、想要讓刑罰變輕，這也絕對是父母值得做的事。君子也是一樣，君子看待天下，就如同父母看待子女，「雖見其已失於始，苟未至於事窮理絕，亦豈惜一舉手之力乎？」

這裡是用晉惠公與秦穆公爭鬥的例子。

西元前六五一年，里克殺了驪姬後，派人到梁國迎接夷吾。夷吾疑心病重，怕有生命危險，因此賄賂秦國請求幫助，說會把晉國河西的土地送給秦國。秦穆公派軍護送夷吾回國即位，就是晉惠公。晉惠公即位後，翻臉不認諾言。前六四七年，晉國發生饑荒，晉惠公向秦穆公求糧，秦穆公答應了。翌年，換秦國發生饑荒了，晉惠公堅持不肯賣糧食給秦國。

晉國大夫慶鄭勸惠公，話說得很重「背施，無親；幸災，不仁；貪愛，不祥；怒鄰，不義。四德皆失，何以守國？」、「棄信背鄰，患孰卹之？無信，患作；失援，必斃。」（「幸災樂禍」的成語出於此）另一位大夫虢射則幫秦穆公說話，「皮之不存，毛將安傅？」這句成語就出於此，認為先前已經背約不送土地了，現在也不存在友好關係，而且「無損於怨，而後於寇，不如勿與。」

晉惠公錯誤的決策，引來了第二年的戰爭。秦穆公實在太氣了，攻打晉國，兩國在韓交戰，晉軍敗退，秦穆公俘獲了晉惠公。

東萊先生認為晉惠公一開使用甘言重賂誘秦，就做錯了，即位後反悔背信也很糟，你以為秦穆公會忘記嗎？晉國發生飢荒，秦國送糧來，當然不是安著好心眼，秦國是要「積我之厚，形彼之薄」，從而激怒並利用晉國的民眾，這時候晉國的災禍更大了。

天佑晉國，這時候換秦國飢荒了，這根本是上天賜給晉國化解怨恨的好機會啊。可惜虢射是個豬頭，只知道「輸糧不見得能減少對方的怨恨」，但卻不知道「不輸糧一定會增加對方的怨恨」。慶鄭的勸諫義正辭嚴，但是脾氣暴躁，堂堂正正的一番話，晉惠公根本聽不進去，東萊先生認為慶鄭救國的心意正確，但是方法不對。

依照東萊先生的建議，可以用下列的說法來勸晉惠公：

一、我國長期得罪秦國，一直擔憂沒機會化解，今天有如此好的機會。

二、秦國求糧，我們趕快答應，秦國應該會看到今日的恩惠，而忘記以往的怨恨。

三、就算怨恨不能完全化解，總可以讓對方消消氣，就算以後兵刃相見，致死之心也不會那麼堅定。

前面說到，秦穆公俘獲了晉惠公，可以再多提一下，當時晉國派出陰飴甥到秦國求和，靠著三寸不爛之舌救回了晉惠公，林紓先生對左傳的原文分析，值得參考：

讀史見人心

東萊先生講述君子之道，多從正心誠意出發，但事實上有

陰飴甥對秦伯　僖公十五年

西元前645年，晉惠公兵敗被俘，晉國派陰飴甥到秦國求和

十月，晉陰飴甥會秦伯，盟於王城。

秦伯曰：「晉國和乎？」

對曰：「不和。小人恥失其君而悼喪其親，不憚徵繕以立圉也。曰：『必報仇，寧事戎狄。』君子愛其君而知其罪，不憚徵繕以待秦命。曰：『必報德，有死無二。』以此不和。」

秦伯曰：「國謂君何？」

對曰：「小人慼，謂之不免；君子恕，以為必歸。小人曰：『我毒秦，秦豈歸君？』；君子曰：『我知罪矣，秦必歸君。貳而執之，服而舍之，德莫厚焉，刑莫威焉。服者懷德，貳者畏刑，此一役也，秦可以霸。納而不定，廢而不立，以德為怨，秦不其然。』」

秦伯曰：「是吾心也。」

改館晉侯，饋七牢焉。

秦伯於閒暇中微帶驕盈之氣

不料陰飴甥竟稱「不和」，且「不憚徵繕」

不怕多徵賦稅，捨得花錢添置武器盔甲

秦伯愕然，頗憚晉人欲致惠公死，但仍認掌握惠公生死

不然的話，當初幫他回國登位，又不讓他安於其位；後來廢了他的君位，又不讓他復位，以致原來施的恩德，反變成仇恨，秦國總不會出此下策吧！

秦伯捨剛用柔

林紓《左傳擷華》

此文妙處，重在用四個「必」，又連用四個「德」

陰飴甥善於詞令，有應變之才

報仇報德尚不著意，著意卻在此四字

以小人作盾抵秦伯，尊秦伯為君子。
連用三個「德」使秦伯不得不允

些狀況不好明說。

從晉惠公成長的經歷及言行來看，他有強烈的不安全感，所以疑神疑鬼，對自己的屬下與鄰國，都不太信任，這樣的人，你跟他說什麼信義、王道、慈愛，他聽不進去的。也許，晉惠公那段腥風血雨、死裏逃生的成長經歷，對他的負面影響太大了，不但限制了他的眼界，也因而侷限了他的決策圈。

如果這時用權術、效益包裝一下，把真正的「利害關係」搞清楚，讓他知道「德」與「怨」的區別，不就反映在我們的「生存」與「利益」嗎？甚至剖析秦國先前送糧的居心，晉國今天大可審度時勢，不吝效法。

多閒話兩句，慶鄭個性直爽，但「向上管理」能力很差，一個鐵錚錚的漢子，在秦晉作戰時又對惠公的錯誤決策翻臉，拒絕搭救惠公，還對之嗆聲「愎諫違卜，固敗是求，又何逃焉？」。後來被俘的晉惠公回國之際，有人勸慶鄭快逃，慶鄭說：「使國君陷於失敗，失敗了不死卻逃亡，又使國君不能加以刑罰，這就不是為臣下之道。臣下不合臣道，又能逃到哪去？」，晉惠公回國後立即誅殺慶鄭。

古學如何今用

領導階層不論多麼天縱英明，面對瞬息萬變的環境都可能判斷失誤。一旦發現自己錯了，別急著辯解，或者推到負責部門的身上（不管是哪個部門負責，不也都是高層的責任嗎？）

領導人面對判斷錯誤時，最好的方式是「立即承認、馬上調整」，如果碰到習慣「說謊欺瞞」的領導人，由於年輕世代「搜尋資訊」的能力相當強，很容易透過網路「找出真相」，真相公開後反而讓主管的威信蕩然無存。同時，年輕人最討厭領導者「說一套作一套」、「運用權力遮掩矇騙」，雙方的互信很容易降為冰點。

效法偶像也要有自知之明

「宋襄之仁」要從齊桓公死後的六年談起，這不是迂腐仁義或不合時宜的故事，而是一個愚昧、自戀的失敗者的慘痛教訓。

歷史故事

一般談到「宋襄之仁」，大多是以一次戰爭中不合時宜或愚蠢的仁義導致失敗來評價。東萊先生對宋襄公的評論就深入多了，先看看齊桓公死後六年間發生的事。

齊桓公晚年眼看國政失控，兒子們爭鬥激烈，甚至請管仲將太子託付給宋襄公照顧。

西元前六四三年，一代霸主齊桓公被活活餓死，易牙與貂進這兩位宦官，聯合齊桓公的寵妾們立公子無虧為國君，齊桓公的屍體六十七天未入殮，屍腐蟲出，太子逃往宋國。

西元前六四二年，宋襄公率領曹、衛、邾三國聯軍攻打齊國，殺了公子無虧後，又經過一番折騰，扶持原來太子即位為齊孝公，從此宋襄公野心勃勃，想效法齊桓公稱霸中原。

西元前六四一年宋襄公先是找些小國來「會盟」，曹、邾來了，鄫國沒到。宋襄公要邾國人殺了鄫國國君來祭神，拿活人祭邪神，祈求各國歸附，從這可以看得出宋襄公哪裡稱的上「仁」？

當時宋國大臣子魚（也是宋襄公的庶兄）勸諫宋襄公，大意是：你這樣亂搞，不要說稱霸了，能善終就不錯了（將以求霸，不亦難乎？得死為幸）。接著宋襄公又去包圍不肯完全順服的曹國，子魚搬出了宋襄公另外一個偶像周文王來勸，說周文王以前攻打崇國三十天不成功，就退兵回去修明教化，後來再去打，才剛駐軍到堡壘，崇國就投降了，您現在這種德行，別亂打吧。

西元前六四〇年，宋襄公想要召集諸侯會盟，國際上風評不佳。

西元前六三九年春天，宋國和齊國、楚國會盟，楚國答應奉宋襄公為盟主，子魚評論：「小國爭盟，禍也。宋其亡乎，幸而後敗。」（你再亂搞，打敗仗還算幸運了，弄不好就亡國了）。同年秋天，楚、陳、蔡、鄭、許、曹六國在宋國會見宋襄公，子魚說：「禍其在此乎！君欲已甚，其何以堪之？」，果然，楚成王趁著會見宋襄公時，將宋襄公劫持後攻打宋國，因為子魚堅守，楚國攻不下來，後來在魯國的調停下，宋襄公才獲釋，但宋襄公還沒得到教訓。

西元前六三八年，鄭文公到楚國朝聘，承認楚國為霸主，宋襄公又不高興了，隨即發兵攻打鄭國，楚國為了救鄭國，直接攻打宋國，宋襄公不顧勸諫，準備迎戰。這年冬天兩軍在泓水北岸交戰，司馬固勸宋襄公趁楚軍還未完全上岸時進攻，宋襄公拒絕，子魚再勸趁楚軍上岸但還未佈陣時進攻，又被拒絕。宋軍果然大敗，宋襄公的侍衛軍全部陣亡，宋襄公大腿也中箭，第二年就死了。宋襄公戰敗後提出的理由是要行仁義之道，說要效法古帝王不能偷襲，更不忍心去攻打未佈陣的敵軍，此後「宋襄之仁」終成千古笑柄。

東萊博議

東萊先生評論上面的故事，直接先從戰役說起，質疑宋襄公的愚蠢兵法真的表明了古代帝王兵法不可行嗎？東萊先生說，從黃帝戰蚩尤開始，發生過無數次戰爭，光書上寫的就超過幾萬字了，後人實在不能因為宋襄公自許是帝王之兵而失敗，就認為前人的戰功不可信。

接下來東萊先生從視覺及聽覺來做比喻：

與薪之不見，而自謂能見秋毫者，愚也；責其不見者，亦愚也。

撞鐘之不聞，而自謂能聞蚋飛者，愚也；責其不聞者，亦愚也。

古代的事情就像秋毫、蚋飛，不容易觀察；但是當今的事就如同輿薪、撞鐘，可輕易檢驗。我們如果要評論宋襄公所說的古代帝王兵法是否正確，先看看宋襄公對其當世之事是否準確吧。

東萊先生認為，宋襄公的愚蠢在於：

一、宋國本來就弱小，受楚國逼迫，怎會「不知楚之強？乃不量宋之力」，而傲慢得想當盟主？

二、宋襄公的偶像是齊桓公，那就比較看看，你自己跟齊桓公的信義之行可以相比嗎？齊國的疆域、兵力都比宋國強太多，多次聯合諸侯都無法使楚國前來會盟，你老兄怎會這麼天真楚國會屈服？

三、更糟的是，宋襄公才剛被楚國俘虜，好不容易虎口逃生，怎馬上就忘記了教訓？

上面三件事，「匹夫匹婦之共曉」，宋襄公卻不知道，要說宋襄公懂千百年前的帝王用兵之道，這很荒謬。東萊先生說，如果有人說宋襄公受到古人拖累，這就像聽障同胞妄論音律，還說要廢除大樂，這不荒唐嗎？

有人說宋襄公沒有帝王之德，卻要仿效帝王用兵，因此失敗，東萊先生認為這也不對。古帝王時代，如果「人皆服其德，則固不待於用兵矣」，真的用仁德仍然不能服人，這敵人恐怕什麼事情都做的出來，若還是以謙讓從容面對，恐怕會白白送死吧，這絕不會是古帝王用兵之道。依照東萊先生的看法，依照尚書的記載，古代出兵誓師時的用語，例如「殄殲乃讎」（把敵人殺光）、「取彼凶殘」（拿下最壞的那個人），都是很嚴肅的態度，哪裡有一絲一毫的寬貸？要寬恕的是投降來歸順的人。真的在戰爭的生死之間，怎有可能放縱敵人呢？所以，「縱降者，帝王之兵；縱敵者，宋襄之兵也。」二者不可相提並論。

公羊傳對宋襄公做出不錯的評價，說他「子大其不鼓不成列，臨大事而不忘大禮，有君而無臣。以為雖文王之戰，亦不過此也。」竟認為宋襄公德行足堪為帝王了，是子魚等臣子不像話，就算有錯，那也是周文王的錯，東萊先生對公羊傳頗不以為然，認為子魚早在西元前六四一年以周文王攻打崇國之事勸諫宋襄公，「文王聞崇德亂而伐之，軍三旬而不降，退修教而復伐之，因壘而降。」才是深知周文王的精神。宋襄公的行為，實在差周文王太多了。

讀史見人心

東萊先生認為宋襄公的失敗在於其愚昧，不論是要效法齊桓公稱霸或周文王仁德，都無自知之明。

我倒認為宋襄公不是愚昧，而是自以為聰明。當然，自以為聰明是一種無知的表現。從西元前六四一年宋襄公殺活人祭邪神的事情就可以知道，他跟「仁義」二字無關，最終戰敗時說啥效法古代帝王仁德，根本是胡扯藉口。

從誅心論出發，我認為宋襄公就是典型的自戀人格。宋襄公因為太自戀了，所以認為自己德行與功業可以很大，近如齊桓公，遠似周文王，如果失敗了，那不是自己的錯，一定是天候、地勢、人民素質有問題，而且我身邊沒有良相賢臣啊，不然就是我仿效古代賢人，所以雖敗猶榮，你看，我最後雖然敗

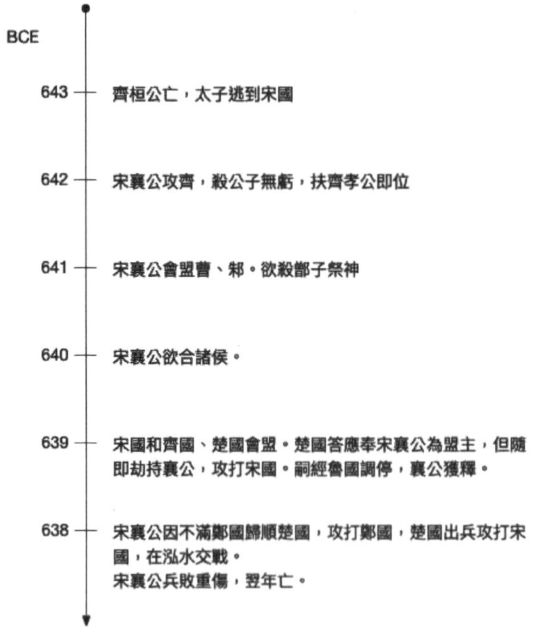
BCE
643 齊桓公亡，太子逃到宋國
642 宋襄公攻齊，殺公子無虧，扶齊孝公即位
641 宋襄公會盟曹、邾。欲殺鄫子祭神
640 宋襄公欲合諸侯。
639 宋國和齊國、楚國會盟。楚國答應奉宋襄公為盟主，但隨即劫持襄公，攻打宋國。嗣經魯國調停，襄公獲釋。
638 宋襄公因不滿鄭國歸順楚國，攻打鄭國，楚國出兵攻打宋國，在泓水交戰。
宋襄公兵敗重傷，翌年亡。

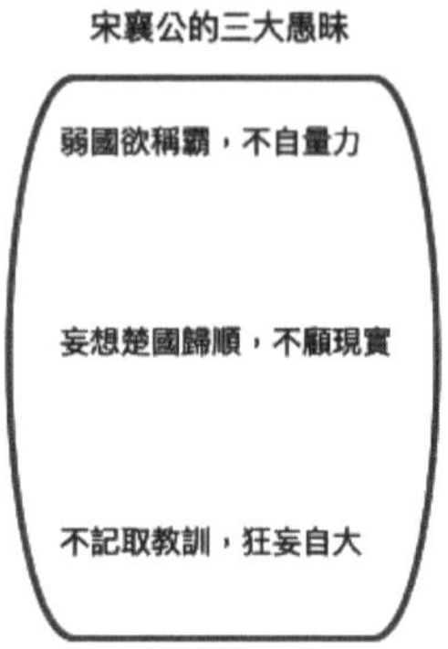
宋襄公的三大愚昧
弱國欲稱霸，不自量力
妄想楚國歸順，不顧現實
不記取教訓，狂妄自大

了，但我還是跟古聖人一樣完美啊。

講到這，想到運動員，自戀型的運動員遇到挫折的反應大概是這樣的：我沒有問題的，我已經練到完美了；最近表現不好，應該是天氣、場地、隊友等外在因素造成的；如果不是上開外在因素，而是我自己造成的，那一定是因為我感冒、昨天沒睡好，不然就是因為參加經典賽，為國貢獻而沒有調整好；或是教練讓我坐板凳，我無法調出手感；要不然就是我年紀大了，我無法跟老天爺爭。結論：我還是完美的。

最後，想到了網球巨星費德勒（Roger Federer），費德勒稱霸網壇多年，二〇一〇～二〇一三年多次低潮掙扎，卻從未聽說他有何藉口，在人人都認為他的年紀與體力不足以應付高強度賽事時，費德勒靠著檢討自己，調整攻守方式，專注訓練，二〇一七年，三十五歲的他拿下了澳網冠軍，再拿下印地安泉大師賽及邁阿密大師賽的冠軍，在哈雷公開賽第九度封王，在溫布敦一路晉級，未失一盤奪第八座溫網冠軍，也是他生涯第十九座大滿貫冠軍。費德勒如果只是自戀，可能早已說啥「歲月不饒人」而退休了，但看著費神彷彿沒在注意排名，總是維持王者的尊嚴與風範，不畏掙扎、跌跤的姿態，正視自己的弱點來調整、改進及提升，令人衷心敬佩。

古學如何今用

好用而有效的「追擊管理」有四個重點：

一、根據「同仁目標」進行跟催提問

同仁們都有該達成任務目標，「追擊管理」可以說是目標管理的技巧。在討論目標的達成率時，為了能夠讓同仁完整說明工作的進度和內心的想法，主管一定要進行追問，才能更進一步了解同仁「需要協助的事項」以及「值得表揚的事情」。

二、請同仁「完整說明」達成與未達成的原因在同仁說明目標的達成過程中，包含「達成的原因」和「未達成的原因」。同仁達成的優異表現，不妨提出來讓大家共同學習。未達成的原因，也不妨請同仁說出來有哪些需要幫忙。

三、將「未達成的原因」分成「事實」和「藉口」

未達成的原因，可以分成「事實」和「藉口」。「事實」屬於客觀不能，指的確因為客觀因素而無法達成的原因，例如天災、疫情、通膨、結構性問題。「藉口」屬於主觀不能，指可以歸屬於個人以致於無法達成的原因，例如找不到客戶、客戶不接電話、請對方回電卻沒有回應…等。帶領同仁「面對事實」並且「解決藉口」。

四、排除藉口，請同仁提出具體做法，並且明定完成時間

許多主管在會議中，習慣問完同仁「未達成的原因」之後，就勉勵同仁「加油，好好去做」，這就犯了前面所說「點到為止」的寬容錯誤。

施與受的學問

東萊先生評論〈楚子賜鄭伯金〉，對於施與受的分際，不從道德著眼，而是從識實務的處世智慧來做文章，很適合議論文的架構參考。

本來大家要你辭職，你「勇敢負責」的不辭職，但沒多久又「負責的」辭職，東萊先生會如何看呢？

歷史故事

我們先前提到宋襄之仁，西元前六三八年，鄭文公到楚國朝聘，承認楚國為霸主，宋襄公隨即發兵攻打鄭國，楚國為了救鄭國，直接攻打宋國。

在鄭文公到楚國朝聘的前幾年，西元前六四二年，鄭文公就開始向楚國朝貢了，當時楚成王賜給鄭國黃銅，楚成王送了又後悔，要鄭文公發誓說不能把這些黃銅拿來鑄兵器，所以鄭國就把這些銅鑄了三口大鐘。（也有學者認為鑄鐘是弭兵的象徵）

東萊博議

東萊先生首先就說個一般人對於「給予」與「取走」的心理狀態：

已受者可辭，已辭者不可受；已奪者可予，已予者不可奪。

君子不隨便推辭的，理不當辭，在我何愧？但是如果起初推辭，而最終接受，自己慚愧之心難免萌生。

君子也不隨便給予，理不當予，在彼何怨？但是如果起初給予，而最終奪回，他人怨恨之心自然而生。

從上面的道理可以知道，忌諱的是先推辭後接受，更糟的是，先給予後奪回。所以楚成王這種小氣的心態，淺心狹量拳拳於一物，何其愈下耶？鄭國看到那三口鐘，留在記憶的決不是楚成王送我們黃銅，而是埋怨好好的黃銅只能拿來鑄鐘。雖不奪鄭之金，而實奪鄭之心啊！在楚失有用之寶，在鄭得無用之具，我有所損而彼無所益，你有看過比這還愚蠢的計謀嗎？

東萊先生還說明聖賢怎麼看待推辭、接受、給予、奪失的問題。

如果事物在對方之處，此時講究的是推辭與接受；如果事物在己方之處，考慮的是給予與奪失。一般人不可以輕忽這些抉擇，決定了又反悔，損己不利人，可能影響到個人的人情世故，甚至是國家的尊嚴。

當然，東萊先生認為聖賢不是一般人，不會特別看輕或看重給予與奪失的問題，聖人平等看待事物，因應時勢而為所當為，所以「舜當其可與，視天下如敝屣；當其不可與，視敝屣如天下。」

讀史見人心

有許多心理學及管理學的研究認為，給予本身就可以給人們帶來很大的幸福感及接受，正如耶穌說：施比受更為有福（使徒行傳二〇：三五）。

東萊先生評論〈楚子賜鄭伯金〉，對於施與受的分際，不從道德著眼，而是從「識實務」出發來做文章，很適合議論文的架構參考，更適合當作處世智慧。

繼續從「識實務」延伸，我們可以更加注重實際效果和策略的應用，而非僅僅是道德的考量。例如：在商業領域的捐贈，當然不僅是出於慷慨或愛心，而是作為企業社會責任的一部分，以此來塑造公司形象，提升品牌價值。在這種情況下，施與受不僅是一種道德行為，更是一種精算過的投資和品牌戰略。

在外交領域，施與受的關係更是受到實際政治和經濟利益的驅動。國際援助雖然表面上是幫助貧困國家，但實際上往往與政治聯盟、經濟利益密切相關，援助國希望通過援助擴大其政治影響力或開拓市場，這並非秘密。

古學如何今用

年輕人覺得「公司給好處」是理所當然的，為什麼一定要表示很感恩？一般的人都會覺得別人對我好是應該的，更何況年輕世代，或許不是他們的錯，但是從小父母的「極度照顧」和「寧願多給」，也不小心養成了年輕人覺得「這些好處是理所當然的」。

人心的習慣是，被施捨的果實往往會感覺沒有甜味，爭取來的果實才是甜美的。如果可以，公司可以試試塑造讓同仁擁有「只要有爭取是合理的，公司就願意傾聽並且正面回應」的方法與環境。

親人的建議比較真切？

秦穆公的女兒懷嬴，前後為晉懷公（姪子）及晉文公（伯父）之妻，是命運的安排嗎？看看東萊先生怎麼說。

歷史故事

晉獻公死後，一陣殺戮，後來由夷吾即位，就是多疑又小氣的晉惠公。

西元前六四三年，晉惠公讓太子圉到秦當人質，秦穆公對太子圉不錯，把女兒懷嬴嫁給他。

西元前六三八年，晉惠公生病了。太子圉擔心自己不在國內，無法順利即位，與妻子懷嬴商量一起逃回晉國。不過，懷嬴對太子圉說：「您是一國的太子，在此受辱。秦國讓我服侍您，為的是穩住您的心。您逃跑吧，我不拖累您，也不會聲張出去。」太子圉就逃回晉國，把懷嬴留在秦國。

西元前六三七年，晉惠公去世，太子圉即位，就是晉懷公。晉懷公即位後擔心還在外流亡的伯父重耳對其君位造成威脅，開始對重耳施加壓力，並株殺親近重耳的大臣。

重耳從晉獻公晚年起在外流亡一九年，這時流亡到秦國，秦穆公一方面對晉懷公私自逃回晉國非常不滿，另一方面也可能更喜歡重耳，把五個女兒送給重耳，其中包括懷嬴，對，就是先前被晉懷公留在秦國的懷嬴。東萊先生把懷嬴先後嫁給姪伯這件事，稱為二變之辱。

秦穆公把懷嬴給重耳當妻子，其他四女當妾。重耳當然知道懷嬴本來是自己姪子之妻，秦穆公這樣做，顯然是要給晉國難看，而重耳對懷嬴因而有了怨怒之心，在懷嬴捧水給重耳洗手時，重耳故意把手上的水甩在懷嬴身上。懷嬴非常不高興，說「秦晉相匹，何以卑我？」，重耳當然不是輕慢，而是情緒失控，但是心裡苦也不敢說。不過，重耳夠冷靜，知道自己惹禍了，把上衣脫了自縛為囚來謝罪，得到了秦穆公的支持。

西元前六三六年，秦穆公護送重耳回晉國，他姪子晉懷公被迫出奔高梁，很快被即位為晉文公的重耳派人殺死，死時只有二二歲。

東萊博議

東萊先生評論上面「子圉逃歸」的事情，主要在於感慨懷嬴與太子圉感情不好。文章架構大概是這樣：

第一段寫得很清晰，簡單明瞭：

謀於塗者，不若謀於鄰；謀於鄰者，不若謀於家。非遠則愚而近則智也。愛淺者其慮略，愛深者其慮詳，理也，亦勢也。

東萊先生認為親人幫自己出主意，不是為了利益，所以比較真實誠懇，更能切實瞭解利害關係。所以東萊先生感慨，懷嬴與子圉，親密生活，感情怎會如同路人呢？

東萊先生認為子圉逃歸並不是一個好主意，當時懷嬴應該勸他別這麼做，甚至應以向秦穆公報告要脅，如果懷嬴讓子圉留下來，秦穆公依然有能力支持子圉即位，也不會有後來支持重耳的情形，更不會進而演變成子圉丟了君位且被殺的災難。

這篇文章依然有大自然的比喻：

思之苟，生於情之疎；情之疎，生於義之薄。土薄則無豐殖，雲薄則無甘霖，鍾薄則無震聲，味薄則無珍膳。未有薄其誠在先，而後其謀於後者也。

東萊先生的意思是，懷嬴沒好好出主意，應該是情義淡薄，而且恐怕懷嬴及子圉早就沒有真情了！

讀史見人心

東萊先生的觀察很敏銳獨到，不過我自己有些不同想法。

在現代的社會，親人的意見未必就是最好的，這個一般有見識之人均能理解，媽寶社會、巨嬰國現象都值警惕。

回到故事本身，子圉在秦國時，年輕識淺，他的判斷能力如何能與老江湖重耳相比，他把逃歸晉國之事與懷嬴商量，還不怕懷嬴告密，可見得他們感情有相當的信任基礎，東萊先生的感慨議論值得商榷。

再說懷嬴，她勸子圉回晉國有錯嗎？我們看看重耳，重耳流亡到齊國時，齊桓公也把女兒姜氏嫁給他，讓他過著安逸的生活，姜氏為了讓重耳振奮離開齊國，把自己的女僕殺了，還設計灌醉重耳，讓重耳離開齊國。對比懷嬴勸子圉回晉國追求自己的前途，這樣有錯嗎？就算懷嬴不夠聰明，不夠機靈，東萊先生以此來暗示她誠意與情意淡薄，未免過苛矣！

古學如何今用

過去的願景都是由老闆或主管告知，現在的老闆和主管要學會說故事，讓同仁從內心認同公司願景。過去企業的公司目標，都是「上面決定，下面照做」，上面的目標是不容許同仁質疑的，制定出所謂的KPI。

現在公司應該努力做到「上面提議，讓下面建議」，讓公司目標被同仁接受，衍生出最近流行的OKR。不管是任何的決策，在做決定之前，請讓同仁參與，在心理學上，人的「被尊重」和「能參與」，嚴重影響接下來做事的意願。

假領袖與真領袖

團體組織內常見到一些人對下作威作福，對上阿諛奉承，這種人自古至今沒少過。春秋的魯僖公，是一個好例子，來看看東萊先生如何做文章。

歷史故事

《春秋》記事以魯國為中心，用魯國十二個君主為主線來敘述中國這段歷史。魯僖公在《春秋》中，是出現最多次的君主，很多《春秋》中的大小記事、諸侯國之間的國際情勢，大都是魯僖公年間發生的，那麼魯僖公是個什麼樣的君主呢？

魯僖公是在內亂外患不斷的情況下即位的，我們先前介紹過他的父親魯莊公，被東萊先生評論為驕疑而亡國：

魯莊公生病時，向他的二弟叔牙及三弟季友詢問接班的意見，叔牙支持莊公的大弟慶父，季友支持莊公的兒子子般。魯莊公三二年八月，莊公死，子般繼位，季友讓叔牙自盡，但沒處理慶父，不到兩個月，子般就被慶父派人殺害，季友帶著公子申（後來的僖公）逃到陳國。子般死後，閔公繼位，經由齊桓公的協助，召回季友，不到二年，魯閔公又被慶父派人殺害，季友又帶著公子申逃到邾國。慶父連殺二君，不被國人所容，逃到莒國，哀姜逃到邾國。季友與公子申這時回魯國，立公子申為國君，是為魯僖公。慶父向魯僖公求饒無效，上吊自殺，哀姜則被齊國處死。

《春秋》不記載魯僖公即位，《左傳》解釋這是因為魯僖公是逃亡到外國後再回來，所以《春秋》「諱國惡，禮也。」東萊先生在評論〈邾敗魯於升陘〉一文，評價了魯僖公任內與大國（齊、晉）、小國（邾、莒、介）間的交往情形。

魯僖公即位當年，魯國就打了兩場勝仗，分別擊敗隔鄰兩小國：邾國與莒國，還俘虜了莒國國君之弟拏。

魯僖公九年及一五年，齊桓公為確定霸主地位，召集各國會盟，二次葵丘會盟。

魯僖公二二年，邾國打敗驕傲的魯僖公，還把魯僖公的頭盔撿回去掛在城門上示威。

魯僖公二八年，晉文公稱霸，在踐土會盟天下諸侯。

魯僖公二九年，介國國君葛盧來魯國朝見二次，第二次才見到魯僖公，魯僖公對此特別高興，送他優於平常的盛禮。

東萊博議

東萊先生先說天下有常勝之道，大勝小，強勝弱，多勝寡，此兵家之定論也。按道理說，小國絕無法打敗大國的，但是如果大國恃大、恃

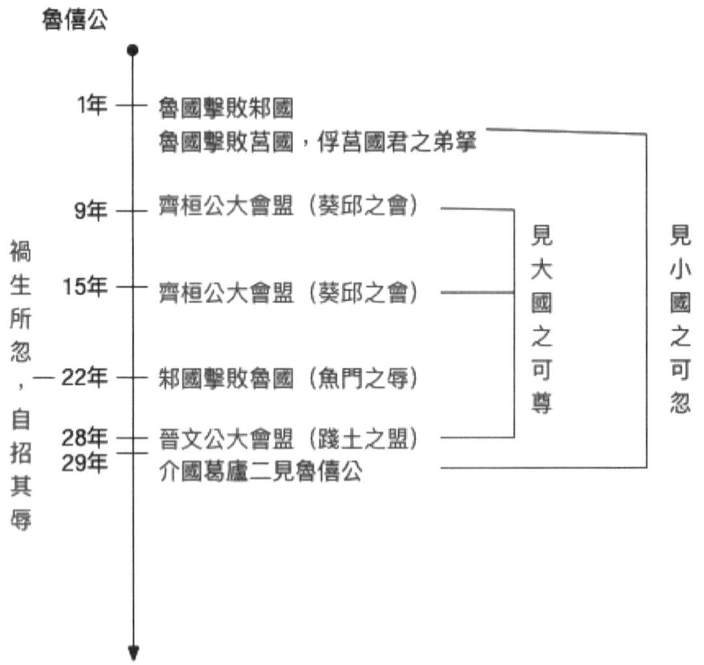

魯僖公
1年
魯國擊敗邾國
魯國擊敗莒國，俘莒國君之弟拏
9年
齊桓公大會盟（葵邱之會）
15年
齊桓公大會盟（葵邱之會）
22年
邾國擊敗魯國（魚門之辱）
28年
晉文公大會盟（踐土之盟）
29年
介國葛廬二見魯僖公
禍生所忽，自招其辱
見大國之可尊
見小國之可忽

強、恃多，隳廢其力而不能用，則與無力同。

魯僖公二二年的那場戰爭，還沒開打前，大家都認為魯國贏定了，這沒關係，但是魯僖公本人也覺得贏定了，連防禦工作都懶得做，魯國大夫臧文仲苦勸無用，魯國竟然敗給邾國，邾國把魯僖公的頭盔撿回去，得意的掛在城門上示威。

一般評論魯僖公這場敗仗，大概都是說他輕敵驕傲之類的，東萊先生則幫魯僖公找到了病根：居心不正。

對待莒、邾、介等小國，魯僖公傲慢無理，自大驕傲；但同樣一位魯僖公，面對齊、晉稱霸時，只能自甘卑微，進退周旋。這種尊敬大國、藐視小國，昨勇今怯，朝盛夕衰，善變無節操的居心不可取。魯僖公從魯國看介、莒小國，以大看小，心裡自然就驕傲起來；從魯國看齊、晉大國，心裡自然就畏懼起來了。既見大國之可尊，必見小國之可忽，斯其所以禍生所忽。

讀史見人心

像魯僖公這樣的人，社會上、職場上處處可見，從膚色、出生地、影視喜好、飲食……等都有「鄙視鍊」。組織內的假領袖，對下作威作福，對上逢迎拍馬，我們應該也是見怪不怪了。

彼得、杜拉克提過領導者有四大能力：

一、傾聽與自制。

二、溝通與耐心。

三、不要找藉口。

四、看重任務甚於自己。

魯僖公顯然欠缺一定的價值觀與原則，無法成為一位真正的領袖。孟子對滕國「兩大之間難為小」的困局，提出了要自立自強的建議。魯國並非真正大國，實在沒有鄙視小國的本錢，也不應該在大國面前畏縮。東萊先生感嘆，當時應該要有人向魯僖公勸諫，要像舜一樣，從卑微地位到帝王至尊，木石不能使之愚，鹿矢不能使之野，耕稼不能使之勞，陶魚不能使之辱，袗衣鼓琴不能使之逸，牛羊倉廩不能使之奢。

不過，東萊先生當然只是感慨，不會相信魯僖公會有何改變。真正的領袖是改變環境，而不是被環境改變。

古學如何今用

主管習慣了過去的價值觀，在那個「把誤解當作成長修煉」、「吃苦當作吃補」的年代，受委屈是理所當然，被誤會是家常便飯。然而新世代從小的環境背景已經完全不一樣，前面說過他們成長在被尊重的環境，內心「受到誤解就會生氣、受到委屈就會離去」。人其實受委屈就會有負面心態是正常的，只是有經驗的同仁會設法自行調節，然而對於這群新世代的年輕人，比較成熟的想法還在逐漸茁壯當中，需要給予較多時間的呵護以及照顧。

傳統老一輩會忍受公司主管的情緒和不當要求，忍氣吞聲的目的只為了謀求一份穩定的工作和收入。只是新一代已經不具備這樣的條件，他們追求自己的夢想和未來，他們不用為了工作看人家的臉色，主管要避免別把現在的同仁想成是以前的自己，雙方才能有互信互諒的合作基礎。簡單地說「你當他們是夥伴，他們才願意和你相伴」，如果「你當他們是員工，他們只當作來這邊打工。」

得意忘形

鄭文公為了感謝楚成王擊潰宋國，派出兩位夫人去勞軍，然後呢？然後我們看看東萊先生怎麼寫文章。

歷史故事

西元前六三八年，鄭文公到楚國朝聘，承認楚國為霸主，宋襄公隨即發兵攻打鄭國，楚國為了救鄭國，直接攻打宋國，宋襄公不顧勸諫，準備迎戰。這年冬天十一月初一兩軍在泓水北岸交戰，宋軍大敗，侍衛軍全部陣亡，宋襄公大腿也中箭，第二年就死了。

這場「泓水之戰」是楚救鄭而稱霸中原的關鍵戰役，《左傳》記載了戰爭之後楚國與鄭國的互動：

十一月初一，楚國在泓水擊潰宋國，宋襄公重傷。戰後楚成王入鄭國接受感謝。

十一月初八，鄭文公先派兩位夫人羋氏與姜氏到鄭國外城慰勞楚成王。

楚成王派樂師將俘虜的宋兵以及割下宋兵的耳朵展現給鄭夫人們看。

十一月初九，楚成王接受鄭文王熱烈的款待，享受國君的禮制。晚宴直到半夜結束，鄭文公的羋夫人親自送楚成王回營。楚成王還帶了兩名鄭國女子回楚國。

羋是楚國的姓，姜是齊國的姓，換句話說，鄭文公派去的兩位夫人一位是楚國女子，一位是齊國女子。比較合理的想像是，鄭文公讓與楚成王同國的羋夫人前往勞軍，比較說得上是「一家親」；當時齊國已沒落，姜夫人算是陪著羋夫人去的。

不論怎麼想，也不管羋夫人、姜夫人如何勞軍，鄭文公派兩位夫人去勞軍就是一件很「無禮」的事情。

《左傳》這麼說，君子曰：「非禮也。婦人送迎不出門，見兄弟不逾閾，戎事不邇女器。」從楚成王打了勝仗的作為看來，得意忘形，各諸侯都知道他應該是難成霸業。

東萊博議

東萊先生評論這故事雖然蠻道貌岸然，但也挺有趣的。基本上，東萊先生認為楚成王的行為，無論是公或私領域，都不足為奇，不論是他好色荒淫或是僭越禮制，這都是「蠻夷之常態」，有什麼好大驚小怪的。奇怪的是，很多人都只從楚成王「芈夫人勞軍」及「取二鄭姬而歸」這些私領域爭議來攻擊楚成王，甚至罵他不得好死。東萊先生認為最應該責難的反而是楚成王「燕享之禮無別」，就是說楚成王接受鄭國犒勞超過了禮制，這才是最大的罪過。如果批評楚成王的人自己都不懂禮制所在，哪有資格去批評楚成王逾禮。

讀史見人心

《左傳》用一種隱約曖昧的手法，讓讀者去想像芈夫人跟楚成王的關係，間接的把楚成王的形象寫的很荒淫，當然引來了很多「君子」的批評。明末的小說《東周列國志》甚至寫成芈夫人是楚成王的妹妹，那兩名楚成王帶走的女子是芈夫人的女兒，這寫法比《左傳》寫得還要「深有意味」了。

東萊先生的批評確是有道理，不過如果只就楚成王接受款宴及餽贈批評，恐怕不會引起注意？當然要攻擊私領域，引發人們的八卦慾望，才能博取版面啊！當然，這種攻擊私生活而不討論大義的筆法，東萊先生是不以為然的。

人都希望被看見，這和自戀需求一樣，都是一種極為根本的人類需求，楚成王當然希望自己的勝利被看見，其得意忘形也是預料中事。只是鄭文公這馬屁也拍得太猛了吧，後世在罵楚成王時，都免不了深深的思索您鄭文公當時到底在想什麼啊？

古學如何今用

好的面試官，會問出「履歷表沒有寫到的事情」。比如問問面試者，是否清楚面試職位的職能需求（例如：我們需要「很細心」的人才，能不能舉個實際案例，說明您「覺得自己很細心的得意事情？」）

另外也推薦適當的採用「SRI面試法」、「Simulation情境+Roleplay動態演練」，是設計一個情境，並且請面試者再幾分鐘內完成指定內容，在完成的過程中，可以更進一步看出面試者不容易隱藏的真實個性。

名器當慎重珍惜

東萊先生在評論〈楚子成使成得臣為令尹〉一文，討論把重要的職位當獎賞或是安撫工具的不妥。

歷史故事

東萊先生這篇文章，提到了兩個歷史故事：楚國的成得臣及晉國的郤克。

用大臣名位作為獎賞工具

西元前六三八年，泓水之戰，宋軍大敗，宋襄公大腿中箭，隔年夏天因傷勢惡化而亡故。

宋襄公一死，楚國稱霸中原的態勢更是明顯，宋襄公死亡沒多久，楚國就指責陳國對宋、楚二面討好，派成得臣（就是子玉）率兵攻伐，打了漂亮的勝仗，且奪得幾塊土地，回國之後，當時的楚國令尹（相當於宰相）子文，認為成得臣的功勞真大，就把令尹這官位給了成得臣；另一位大夫伯叔對此不以為然，批評說你要把這國家怎麼辦啊（子若國何？）。子文說：我這麼做就是為了國家，「夫有大功而無貴仕，其人能靖者與有幾？」，顯然子文認為，不把大功臣安撫好，會功高震主、造成國家不安定。

用大臣名位作為止怒工具

西元前五九二年，晉國派遣大夫郤克出使齊國，希望齊頃公能來與晉景公會盟。但齊頃公自認強大，不想赴會，於是藉由羞辱身為殘障人士郤克的方法表態，郤克一跛一跛的步上齊國殿階，齊頃公讓他媽媽跟一些婦人在帷幕後嘻笑嘲弄，郤克受辱後大怒，離開時發誓，不報此辱，就不渡過黃河。

郤克回晉國後多次要求出兵攻打齊國，甚至要求自帶家族出兵，齊頃公都不准；齊晉關係越來越糟，當時執政的正卿（相當於宰相）士會，看到郤克意氣用事的發怒，就告老退休並將正卿之位讓給郤克，希望郤克能因而心滿意足並克制憤怒，解除國家的危難。

東萊博議

東萊先生對上面兩件「升官」都非常不以為然。

東萊先生認為慾望與憤怒就像火一樣，如果怕火勢強大，而投放薪材救火，火勢將更加猛烈；慾望與憤怒就像盜賊一樣，如果害怕盜賊而將刀交給他，那自己的危害就更大了。

薪者，火之資也。刃者，盜之資也。權位者，憤欲之資也。假其資而望其止，天下寧有是也。

東萊先生進一步說明，古代賢王對天下顯示權位的尊重，是要「嚴萬世之巨防也。」人有慾望跟憤怒是正常的，而當慾望與憤怒產生時，受限於沒有權勢地位，慾望與憤怒因而不能展現，「足將行而復駐，手將舉而復斂，口將言而復默，念將生而復消」，慾望與憤怒被阻擋而返回，心回來了就有可能趨向善的方向。東萊先生感嘆，古代賢王把權位當作慾望與憤怒的堤防，後世怎將權位當作慾望與憤怒的資源呢？

回頭講到前面楚國跟晉國的事，東萊先生批評，令尹是國家重要權位，怎可以當作賞功的獎品？而晉國數百年的社稷江山，又怎可以當作少數臣子發洩怒氣的工具呢？東萊先生這裡嘲弄的評論，就楚國來說，好在當時只有一功臣，如果同時有好幾個人立了大功，請問要拿什麼來獎賞大家？而春秋時代使者受辱又豈止郤克一人，如果當時有多個使臣受辱，則晉國軍隊是不是要打遍天下？

再繼續觀察歷史，楚國成得臣掌握權位之後，慾望更大了，到處出征，「嗜勝不止，貪以遇大敵」，到了城濮之戰，兵敗被責，自殺身亡。晉國郤克掌權後，一心想讓齊侯之母來當人質，以報復前辱，如果不是魯國及衛國勸諫，晉國與齊國間可能又免不了戰爭禍亂。我們看看，成得臣的慾望在得到權位後更強盛了，郤克的憤怒在得到權位後也更增長了，而有權勢之人在處理他們的慾望與憤怒，往往會引發災難，拿國家權位當作獎賞或安撫大臣，後患無窮啊！

讀史見人心

許多政府、企業或組織，經常把高級領導權位當作論功行賞或是安撫派系的工具，更常見一個組織內領導者的產生，只是現實下的妥協安排。先不要講什麼領導學問，光是看看東萊先生這篇文章，就頗值思考了。

子文與士會在挑選接班人時，都重視當時對國家最重要的人，這不能說是錯，但他們錯在把國家最重要的職位給了不適合擔任領導者的人，他們誤以為把國家重要權位給了重要的人，就可以引導國家走上正確方向，結果反而讓接班人原來惡劣的人格特質更加擴張與增長，對國家帶來不利。

古學如何今用

所有部門內的獎賞，最重要的就是公平，讓每個同仁都有機會獲得，才能夠讓同仁「有願意追求的感覺」。只要讓同仁覺得「是不是只有特定人選才可以，自己沒機會」，這樣的誤解一旦產生，很容易以訛傳訛，甚至出現陰謀論的謠言。

年輕世代需要不同以往的激勵，主管必須要提供更多有趣的手法，才能讓同仁「有感覺」。獎勵不一定非要是金錢不可，許多有趣的「精神特權」也是許多年輕同仁喜歡的，但是別忘了，這類的獎賞一定要「人人有機會，大家都知情」，才能達成正面的漣漪效應。

換位思考

現在很流行「換位思考」的說法，八百多年前東萊先生就用了一個好故事，說明如何運用德行與資源來吸納人才。

歷史故事

我們先前介紹過晉獻公的手足及骨肉間相殘故事。

晉獻公娶父親之妾、四處征戰順便納妾、收男寵，他最寵愛的驪姬為了讓自己兒子奚齊當太子，用計迫害晉獻公長子申生逃亡自殺，另外兩位兒子夷吾及重耳逃亡。

西元前六五一年晉獻公病逝後，一陣殺戮，夷吾即位，就是晉惠公，重耳繼續流亡海外。西元前六三七年，晉惠公逝世，太子圉即位，就是晉懷公。

晉懷公限期命跟隨重耳的大夫們回國，沒人聽話，想找人開刀。他想到了大夫狐突的兩個兒子狐毛與狐偃，跟隨重耳多年。晉懷公向狐突要求叫兒子回來，狐突不願意，所以晉懷公把他給殺了。如果論輩說來，狐突是晉懷公的外曾祖父，晉懷公下此毒手，可知其心胸有多狹窄！

西元前六三六年二月，懷公的伯父重耳在秦穆公支持下回國，懷公的心腹紛紛臨陣倒戈，懷公被迫出奔高粱，很快被即位為文公的重耳派人殺死，死時只有二二歲。

東萊博議

東萊先生評論〈晉懷公殺狐突〉，先從自我的盲點講起，說天下人的通病就是「明於觀人，暗於觀己」，而且「人皆知己觀己之難，而不知以人觀己之易」。同樣一句話，為何人家說就聽，我說就不聽？同樣一件事，人家做就對，我就做不對？要去想想這其中的原因啊！

東萊先生直接就批評晉懷公「不知己之無以致人，徒責人之不從己」，最大的原因就是，不曾藉由別人來觀察自己，接下來東萊先生就從重耳流亡十九年所受的苦難折磨談起，跟隨重耳的人受到的憂愁、羞辱、苦勞，如果那些人捨棄重耳而改從晉懷公，馬上就可以享樂、榮耀、安逸，為何那些人寧願受苦而不享樂？晉懷公有從這些人的立場去想過嗎？東萊先生評論說，只要從這一點去觀察，重耳與晉懷公個人的德行優劣厚薄，不用說就知道了。

進一步說，晉懷公擁有國家機器及廣大資源，只要增修自己的德行，那本來跟隨重耳的人改跟隨晉懷公，既可以享受道德的榮樂，又可以享受的名位的安逸，你晉懷公不是就贏過重耳了！東萊先生甚至批評，你晉懷公怎會淪落到跟一個流亡公子爭奪數個僕役的地步？這評論真是又毒又酸！

就算從謀略上來看，晉懷公的殺雞儆猴也非常不智，「肆其褊心，不知反己，徒殺人以逞，使在外者絕向我之意，而堅事讎之志」，就算重耳在外苟且偷安而毫無鬥志，他身旁的狐毛與狐偃不想報殺父之仇嗎？怎麼可能放任重耳苟安於外？所以東萊先生說，把重耳接回晉國即位的不是秦穆公，也不是狐偃這些大夫，恰恰好就是晉懷公本人。

讀史見人心

晉懷公即位時才二十歲出頭，雖說古人沒有青春期，年輕人容易衝動，不過在那個動盪的時代，少年得志意味著處處危險。晉獻公如果看到的不只是威脅與不安，更能看到動盪帶來的契機，也許會有不一樣的歷史。

晉懷公年輕即位，面對的對手是歷經苦難的老江湖重耳，又沒有好幕僚輔助，短暫的出現在歷史舞台，悲劇收場，令人感慨。

古學如何今用

面臨AI衝擊，我們需要「破框力」：不設限的學習，尤其包括「專業、興趣、趨勢」相關內容，不論原本學習的本科是什麼，每天都要從各種平台不斷地吸收，不排斥任何閱覽到的資訊。更聚焦的說，只要和「專業、興趣、趨勢」三者有關的資訊，更應該毫無保留的全力學習，因為「專業讓你有競爭力」、「興趣讓你有持續力」、「趨勢讓你有生存力」。

走出舒適圈與莫忘初心

晉文公（重耳）的一生是篇很勵志的故事，東萊先生的評論角度也很厲害，用現代的話來說，走出舒適圈是他創業成功的原因，而莫忘初心則是他在短時間就能稱霸的關鍵。

歷史故事

晉文公重耳是古代人中年創業的代表。重耳是晉獻公的次子，我們前面說過很多次公、私生活都很精采的晉獻公。

晉獻公寵愛的驪姬為了讓自己兒子奚齊當太子，迫害晉獻公長子申生逃亡自殺，晉獻公另外兩位兒子夷吾及重耳逃亡。晉獻公死後，一陣殺戮後由夷吾即位，就是多疑又小氣的晉惠公。

晉惠公即位後讓太子圉到秦當人質，秦穆公對太子圉不錯，把女兒懷嬴嫁給他。但後來太子圉逃回晉國即位為晉懷公，把懷嬴留在秦國。這時重耳流亡到秦國，秦穆公一方面對晉懷公私自逃回晉國非常不滿，另一方面也可能更喜歡重耳，把五個女兒送給重耳，其中包括懷嬴，東萊先生曾把懷嬴先後嫁給姪伯這件事，稱為二變之辱。

晉懷公即位後，「不知己之無以致人，徒責人之不從己」，濫殺大臣，一年後，重耳在秦穆公護下回晉國，晉懷公出奔高梁，很快被即位為晉文公的重耳派人殺死，死時只有二二歲。

晉文公在外流亡十九年，即位時已是三十七歲，四十歲時在城濮之戰打敗楚國，主持踐土之盟，稱霸春秋。東萊先生稱其自出亡至於霸天下，拔身流離阨困之中，而成閎大豐顯之業。

晉文公身旁輔佐之良臣很多，一般人論晉文公即位前，功勞最大應該是制訂使晉文公返國謀略的人，即位之後，功勞最大的應該是城濮之戰的將帥。

東萊先生做文章就是不一樣，東萊先生認為，讓晉文公返回晉國的功勞，沒有讓他離開齊國的功勞大；而城濮之戰將領的功勞，沒有原來犯錯的披與頭須二人的功勞大。

重耳流亡到齊國時是二八歲，以古人來說，已近中年。齊桓公對他不錯，把女兒嫁給他，也給他優渥的物質條件，安齊之富，無復四方之志，重耳在齊國過了五年的安定生活，已經很享受安逸平靜的日子，早已忘記國君位置，更無稱霸之心。但是，如果不是隨行諸臣硬把他載離齊國，回想齊桓公晚年及死後的亂局，重耳想要做個平凡的富家翁，可能也無法如願。

當然，重耳後來在曹國、鄭國受到的羞辱，楚國子玉欲殺意圖，都激起了重耳的發憤意志，就像玉器一般，乃切乃磋，乃琢乃磨，向來弛墮驕怠之氣掃除咸盡，霸心勃然而生。但這些事情的根本都在於離開了齊國，所以東萊先生認為，策復國之勳，安得不以去齊為首乎。

少年重耳離開晉國時，晉獻公命侍人（太監）出兵殺重耳，當時這位披太監急著立功，重耳翻牆逃跑，衣袖口還被斬斷了，可見當時情況多麼危急。晉文公即位後，這位太監披竟然求見晉文公，晉文公氣壞了，派人斥罵他，還說當年被你斬斷的衣袖我還留著呢！太監披聰明的的回應說當時我是執行國君的命令，還拿出齊桓公與管仲的例子說：「我以為您已經知道了做國君的道理了，如果不是，可能還會有禍害啊。」晉文公聽了就接見太監披，太監披則向晉文公報告了有人準備謀反殺害晉文公的計畫，使晉文公躲過了一劫。

重耳流亡在外時，晉國有一看守倉庫的小臣名叫頭須，頭須偷竊財物，打算謀求讓重耳返回晉國，但沒有成功。晉文公即位後，頭須求見，晉文公就以洗頭做藉口拒絕（這是啥藉口？），頭須就說：「洗頭時心就反過來了，跟隨出亡的作僕人奔波，留在國內是為了保衛國家，二者都是可以信任的，您身為國君卻仇視臣僕，一定會有很多害怕被懲罰的人。」晉文公聽了也就立即接見頭須。

東萊博議

東萊先生評論這段故事，設身處地的想，晉文公剛即位，椅子都還沒坐暖，就忘了他當初的志向，所以披跟頭須求見，忿然有不平之心。當時如果晉文公任意殺戮洩憤，則禍害可能就大了。好在披跟頭須力抗，危言以警之。文公一聞其警，忿嗔俱消，變淺陋褊急之襟量，為廣大易直之規模。

這裡東萊先生寫的句子很有力量：

隆寬盡下，人皆思奮，以取城濮之勝，豈非披與須一警之力乎？回萬里之迷途者，一呼之力也；瘳十年之廢疾者，一鍼之力也，登五霸之盛烈者，一警之力也。

東萊先生的收尾也很有意思，他先總結：

文公方安其小，遽奪之而使不得安於小；文公方驕其大，遽警之而使不敢驕於大。奪於前而警於後，置文公於不得不霸之地。

看來，晉文公身邊臣子的功勞很大啊。

但東萊先生緊接著說，這不全是臣子的功勞，最根本還

重耳（晉文公）的人生

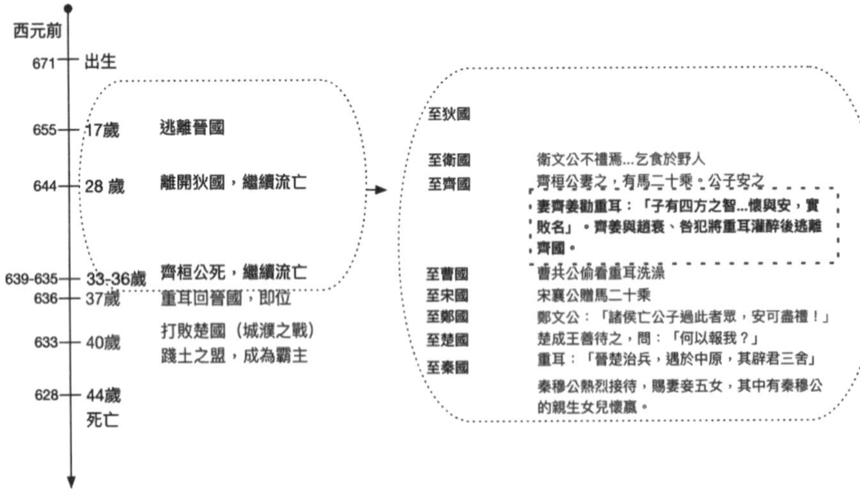
西元前
671 出生
655 17歲 逃離晉國
644 28 歲 離開狄國，繼續流亡
639-635 33-36歲 齊桓公死，繼續流亡
636 37歲 重耳回晉國，即位
633 40歲 打敗楚國（城濮之戰）
踐土之盟，成為霸主
628 44歲
死亡
至狄國
至衛國 衛文公不禮焉…乞食於野人
至齊國 齊桓公妻之，有馬二十乘，公子安之
妻齊姜勸重耳：「子有四方之智…懷與安，實敗名」。齊姜與趙衰、咎犯將重耳灌醉後逃離齊國。
至曹國 曹共公偷看重耳洗澡
至宋國 宋襄公贈馬二十乘
至鄭國 鄭文公：「諸侯亡公子過此者眾，安可盡禮！」
至楚國 楚成王善待之，問：「何以報我？」
重耳：「晉楚治兵，遇於中原，其辟君三舍」
至秦國 秦穆公熱烈接待，賜妻妾五女，其中有秦穆公的親生女兒懷嬴。

是在晉文公本人。當初晉文公能夠抵抗荒唐的父親晉獻公而出亡，就有做國君的資質了，一路艱辛，動心忍性，增益其所不能，雖然偶爾迷失蒙蔽，但一奪一警，初心遽還，遷移改悔，速不容瞬。所以晉文公如果沒有優秀的資質，兩三個臣子的斡旋妙用，大概也很難伸展。可惜的是，有這樣的國君跟臣子，卻只能成就一番霸業就停止了。

讀史見人心

晉文公在位八年就過世了，但他一生是篇很勵志的故事。用現代的話來說，願意走出舒適圈是他中年創業成功的原因，而莫忘初心則是他在短時間就能稱霸的關鍵。

我們現在試想，晉文公在外流亡十九年學到了什麼？無論是國內爭鬥或國際現實，都是他躲也躲不了的漩渦，我想他至少必須長時間的維持心理健康，正如美國心理學家科胡特（Heinz Kohut）對心理健康提出的標準：健康加熱情，這可能是我們無法完全從史書看到的。

古學如何今用

許多主管擔心「破框學習力」除了學習「專業」以外，還要同時學習「興趣」和「趨勢」，有可能因為涉及非工作的領域，耽誤原來進度。其實剛好相反，如果善加利用，反而可以成為凝聚團隊士氣的強大武器。

一、可以形成學習組織當年輕同仁開始培養「破框學習力」的狀態下，在每天吸收的過程中，很容易形成團隊的學習氛圍，並且可以成立若干小組，進行學習心得分享。

二、容易增進工作意願每天討論公司的事情平凡無奇，不會有太多漣漪，如果在主管的允許下，可以撥空討論和自己有關的興趣和未來趨勢，容易引發年輕人對於公司的認同，以及投入工作的意願。

三、有效提升團隊士氣工作團隊中有學習的小組，在交流的過程當中，很容易讓同仁跳脫工作的呆板，和傳統的工作模式，互動中增加工作士氣。

擇善固執？

人生在世，需要時時反省自己，是否經常自命清高，沽名釣譽？是否滿口仁義道德，藉以掩飾內心不安？是否搶當正義魔神，抑或只是酸葡萄心理作祟？是否經常藉口擇善固執，只因自戀無知？

歷史故事

晉文公歷經了十九年的流亡生涯，終於得以返回晉國即位。晉文公即位後，大封功臣，就作臣子的來說，這時候最重要的可能是要君主想起你。先前我們提到連太監跟看守倉庫的小臣都跑來邀功了，沒想到這時候有位「清流」介之推，不求功祿，跟母親隱居至死，《左傳》把介之推的故事這樣記載：

晉侯賞從亡者，介之推不言祿，祿亦弗及。（介之推沒有主動求功祿，而晉文公也沒有對之封賞）

介之推對母親說了一番話，大意是：晉獻公原來有九子，現在只有公子重耳在世，公子重耳即位實在是天意，有些人以為是自己的力量，這不是笑話嗎？

竊人之財，猶謂之盜，況貪天之功以為己力乎？

介之推不但罵那些貪功臣子，連晉文公都一起罵：

下義其罪，上賞其姦，上下相蒙，難與處矣！

介母勸誡兒子為何不去求賞賜？難道要這樣怨恨到死？介之推卻說：

尤而效之，罪又甚焉！且出怨言，不食其食！（我狠話都已說出口了，不能再吃人俸祿了）

介母又勸兒子：至少讓國君知道一下？

介之推說：都要隱退了，還去說嘴，這是求取顯達啊！

介母說：你這麼清高，那我跟你一起隱居吧。

於是母子二人隱居深山。

晉文公後來聽了這件事，派人去召他，找不到，聽聞他在綿山上，於是晉文公將綿山封於介子推。

介之推母子二人隱居，一直到死都沒有他們的消息。

另外還有傳說介之推曾經「割股奉君」，也有說晉文公後來放火燒山，結果把人燒死了，晉文公悔之莫及，便規定每年此時不得吃熱食，這便是「寒食節」的由來，不過《左傳》跟史記都沒有如此記載。

後人評論介之推，都是認為他高風亮節、淡泊名利，一直是中國古代社會極力推崇的的高尚品德。

東萊博議

東萊先生對晉文公的評價很高，認為晉文公自出亡至於霸天下，拔身流離阨困之中，而成閎大豐顯之業。但是對於介之推不言祿這件事很有意見，對介之推的言行作了負面的評價。

東萊先生做文章先說，處在人人爭奪名利的環境，突然看到曠逸高世之舉，當然會眼睛為之一亮，心開目明，就像晉文公當年回晉國時，多少人出來競相爭功，醜態百出，竟然有介之推這股清流，難怪百世之後聞其風者，猶咨嗟歎頌而不能已也。但是，東萊先生警告我們，不要忽略了介之推的錯誤。

東萊先生認為，介之推罵那些貪功的臣子，內容未必有錯，但出發點錯了。如果晉文公先賞賜了介之推，介之推把這些話當推辭祿位的理由，雖不盡合理，但還算是孤僻清高；不過，介之推是在沒有得到賞賜的情形下，說了這番話，那就是借正義以泄私怨了。

東萊先生進一步批評，介之推基於怨恨之心而怒罵，還不好對他太責備，但「不明言其怨，而借理以逞怨，君子疾之」。這批評的確很嚴重，也很嚇人。不過東萊先生說他不是亂猜的，從介之推跟母親的對話終究可以看出來了，介之推自己說「既出怨言，不食其食。」介母說「盍亦求之，以死誰懟」，母子之間，真實底蘊，舉皆披露。

東萊先生對介之推的最終評價是跡高而心卑、形清而神濁，就算是介之推隱居山林，這樣把怨恨的心情在體內堆積，是不是也會把山林野麓當做羈絆心靈之網，或是把山澗溪流當作憤怒偏激的吼聲？

讀史見人心

東萊先生對介之推的翻案文章作得是很殘酷，他自己也說「不忍」如此批評。不過就介之推的作為，姑且不要用「誅心論」來看待，也確實有些值得再思考的地方。

從君子處世來看，君子絕交，不出惡聲，更何況介之推自詡為忠臣，怎好對君主發出如此大的怨言，批評晉文公「下義其罪，上賞其姦，上下相蒙，難與處矣！」覺得真的不適合從政，退隱就是了，把老闆痛罵一番，再說我走人了，這可能不是一個好作法。

從晉文公的角度來看，從年輕時就被迫出亡，歷經生命危險及各種羞辱，好不容易回國即位，您介之推就說一句這是天意，不但否定了部屬的功勞，實際上更傷了晉文公的心，難道晉文公的堅忍不拔的意志，以及卓越的領導才能，您也看不上眼嗎？就不值得一點點肯定嗎？

再從領導統御的角度說，賞賜不公，當然有損晉文公英名，但是依照介之推的標準，一切都是天意，不需賞賜功臣，可能不是有損英名而已，更有可能的是引來災難性的叛變。

如果介之推是犧牲自己來勸諫晉文公，那就不該口出惡言與怨言，這是東萊先生批評的重點，如果介之推跟晉文公說「您這次升遷獎勵不合理，我的價值未被肯定，所以我要辭職走人了。」直率的說，一條好漢！但是用義正辭嚴的話來包裝自己怨恨的心，這就不值得敬佩效法了。

反省自己，是不是自命清高，來沽名釣譽？是不是滿口仁義道德，來掩飾內心不安？是不是當正義魔神，只是酸葡萄心理作祟？是不是藉口擇善固執，只因為自戀無知？

古學如何今用

主管面對部屬提離職時，可以給以下建議：

一、不是意氣用事，而是真的已經做好萬全的準備。

二、確認公司已經沒有任何可以提醒或幫助你的貴人。

三、確定在原公司已經百分百沒有任何的機會。

四、有把握已經把在公司可以學到的專業技術都學完了。

五、真的要走，請給我們一些真心話。

愛恨的一念之間

人們渴望感受被看見，不只是渴望「愛」被看見，也渴望「恨」被看見；鄭文公殺子臧，他讓全世界看見了他的恨！

歷史故事

《左傳》上記載的故事是這樣：鄭國公子子臧因為先前是太子華的黨羽，而太子華在西元前六五三年因為意圖賣國而獲罪，西元前六四二年太子華被殺之後，子臧逃往宋國；子臧喜好收集鷸冠，鄭文公非常憤怒，在西元前六三六年派出殺手把子臧給殺了。

鷸是一種禽鳥，《說文解字》：「鷸，知天將雨鳥也。」《禮記》：「知天文者冠鷸。」用鷸的羽毛做成的帽子就叫做「鷸冠」。子臧不懂天文，卻愛好收集鷸冠，根本就是愛慕虛榮，而且應該是過著奢華的生活，《左傳》評論子臧的禍害，是因為子臧自己服飾不相稱所召來的，即服之不衷，身之災也。

太子華意圖賣國求榮而後被殺，子臧流亡宋國，最終被鄭文公誘殺的過程，圖示如次：

子華企圖賣國這件事，左傳還記載了管仲的長篇大論，不過林紓先生說本篇文章不是在寫管仲，實在是寫齊桓公。左傳對於齊桓公的描寫看似平淡無奇，但閒閒著筆之處，才是佳文所在。

東萊博議

東萊先生評論「鄭伯使盜殺子臧」，一如往常的，提出了與《左傳》不同的觀點。

《左傳》對子臧的評論，大體上是說子臧不注重「禮」，失了「禮」，所以惹禍上身。東萊先生則探討這個事件背後的真正因素，從「心」的觀點，提出了不同的看法。東萊先生怎麼寫文章，很值得學習的：

東萊先生先用自然之物做譬喻，這段雖然是文言文，但是寫得很簡單也很有力：

物之有是根者，遇物必發。一粒之穀，投倉窖，歷歲月，混埃塵，焦槁頹敗，若無復有生意矣。猶得半犁之土，則芃芃覆塊，無信宿之淹，根在焉故也。是根苟存，倉窖所不能腐，歲月所不能隔，埃塵所不能淹。使與土相遇，其生意蓋森然而不可禦矣。

東萊先生的意思是，生命藏在一小粒土中，無論久暫遠近，只要遇到適合之物，就會茁壯生長，同樣的，惡藏於一念之中，無久無近，遇物則必發。

想想看，這時距離子華因賣國求榮而被殺已經快十年了，而鄭、宋兩國疆界超過百里，風聲不相接，利害不相及，子臧對鄭文公來說不過是一位路人罷了，就算子臧的生活奢華，真有必要陰謀詭計，必置之死地而後止？再說，戴戴鷸冠怎麼了？就算戴野雞毛的帽子也未必不能成為孔子門徒，而皇族戴貂蟬所做帽飾也未必不顯尊貴，今天收集鷸冠就值得這麼憤怒？

鄭文公想殺子臧，早在子臧作為子華黨羽之時，在子臧流亡期間，以國君之尊要殺一流亡公子，有何難處？遲遲不動手，不是在等待時機，只是時過境遷，鄭文公已經慢慢淡忘了他對子臧的憤怒。但是問題來

BCE

齊桓公召集魯、宋、陳、衛、鄭、許、曹等國諸侯在首止會盟，打算維護周惠王的太子。

655 首止會盟並非周惠王本意，故派人召見鄭文公，以楚、晉二國之利誘使鄭文公叛齊。
鄭文公不聽大臣勸阻，未參加首止會盟大典，逃回鄭國。

654 齊桓公不滿鄭文公逃離首止會盟，聯合魯、宋、陳、衛等國攻打鄭國。
楚國為了救援鄭國，遂出兵圍攻許國；多國聯軍救援許國；楚國退兵。

齊國再出兵攻打鄭國。鄭文公殺親楚大臣申侯來討好齊國。

653 齊桓公召集魯、宋、陳、鄭國在甯母這個地方會盟，商討如何鄭國之事，鄭國由太子華出席。
太子華違抗父親鄭文公之命，企圖投靠齊桓公，以剷除國內異己；齊桓公聽從管仲的規勸，拒絕了太子華的要求。
太子華就此得罪了鄭文公 。

10年

16年

642 鄭文公殺太子華。
子華的弟弟子臧逃往宋國。

636 子臧喜歡收集鷸冠，鄭文公知道後非常痛惡，派出殺手把子臧誘殺在陳宋兩國邊界。

管仲斥鄭子華　僖公七年

秋，盟於寧母，謀鄭故也。（經：公會齊侯、宋公、陳世子款、鄭世子華盟於寧母）

管仲言於齊侯曰：「臣聞之，招攜以禮，懷遠以德，德禮不易，無人不懷。」齊侯修禮於諸侯，諸侯官受方物。

閒閒著筆，為佳文之引子

鄭伯使大子華聽命於會，言於齊侯曰：「泄氏、孔氏、子人氏三族，實違君命。若君去之以為成。我以鄭為內臣，君亦無所不利焉。」齊侯將許之。管仲曰：「君以禮與信屬諸侯，而以奸終之，無乃不可乎？子父不奸之謂禮，守命共時之謂信。違此二者，奸莫大焉。」公曰：「諸侯有討於鄭，未捷。今苟有釁。從之，不亦可乎？」對曰：「君若綏之以德，加之以訓辭，而帥諸侯以討鄭，鄭將覆亡之不暇，豈敢不懼？若總其罪人以臨之，鄭有辭矣，何懼？且夫合諸侯以崇德也，會而列奸，何以示後嗣？夫諸侯之會，其德刑禮義，無國不記。記奸之位，君盟替矣。作而不記，非盛德也。君其勿許，鄭必受盟。夫子華既為大子而求介於大國，以弱其國，亦必不免。鄭有叔詹、堵叔、師叔三良為政，未可間也。」齊侯辭焉。

子華由是得罪於鄭。

閒閒著筆，做佳文之收場

冬，鄭伯請盟於齊。

林紓《左傳擷華》

此篇不在寫管仲，實在寫齊桓公

莊重下語，足以鎮子華之奸心、息桓公之欲念

子華冒冒失失而來 → 為德、禮二字為反震

寫齊桓公之劣　齊侯動念

引出管仲大文章

寫齊桓公之佳　齊侯聽勸

了，「怒則忘，而怒之根不忘；未與物預知時，固伏匿而不見，及鷸冠之傳，忽動其根，前日之積忿宿憾，一旦如新，非翦滅其身，不足以逞其毒。」簡言之，鄭文公的憤怒是來自於對子臧的舊恨，而不是什麼鳥毛帽子！這就是為何外人看來的小過錯，卻招致大怒恨的原因。

東萊先生找出了子臧被殺的真正原因之後，接著感慨：鄭伯之怒子臧，本於一念；而子臧朋附子華之邪志，亦根一念間。根於一念，遇物而發，雖是在十年之前，身居數百里之外，終不能免。

東萊先生說：「去惡者，其務去其根也哉。」有人也許會認為，鄭文公的怨恨已深藏心中，就算子臧改過遷善，也難保鄭文公不會遇事爆發？對此，東萊先生倒是正向以對，鄭文公發怒的原因在於子臧，而人心是相通無間的，子臧之過，既可以動鄭伯之怒；則子臧之改，獨不可動鄭伯之喜乎？更何況鄭文公與子臧還是父子，心之相通，不是難事。

讀史見人心

我們現在看子臧，他在生命的各階段似乎都做出錯誤的決定了。在哥哥子華想要賣國求榮的時候，選錯了邊，而在子華犯錯後的十年間，他似乎也沒有取得父親鄭文公的歡心，在子華被殺之後，非但沒有接班的可能，甚至被迫逃亡；子臧流亡宋國期間，也沒有積極的修補父子關係，竟然只因為收集鷸冠的無聊傳言，被父親無情殺害。

我不知道子臧當時是否找到自己生命的意義？或許子臧看不到生活有任何意義、任何目標，也許他的內心正經歷真實的痛苦，只是尋求替代物（鷸冠）來轉移注意力。當然，子臧要修補父子關係不是件簡單的事，但是如果只是想「我對生活不再抱任何指望了。」那就真的沒有希望了。

想到維克多．弗蘭克（Viktor. Emil. Frankl）（一九〇五～一九九七）在《活出生命的意義》一書，對於面對生命的挫折與苦難時，提出的一項建議是，在生活態度上來個根本的轉變。這恰恰回應著子臧的故事，如果子臧改變了生活的態度，讓好聚鷸冠的傳言變為好讀詩書的佳言，不也就有很大的可能改變他悲慘的命運？

再看看鄭文公，他殺子臧前的這十幾年來，處在齊楚兩大國之間，縱然有很多的心機，也很難順遂如願，殺子臧這一年，鄭國的櫟城還被狄人給佔領了，其內心鬱悶，不難想像。不肖子子臧這時候竟然傳出好聚鷸冠的傳聞，難怪觸動鄭文公的憤怒殺機。

人都希望被看見，這和自戀需求一樣，是一種極為根本的需求。人們渴望感受被看見，不只是渴望「愛」被看見，也渴望「恨」被看見；鄭文公殺子臧，他讓全世界看見了他的恨！

古學如何今用

這個世代的年輕人，自尊心是史上最強，從小被父母捧在手心上，想要的沒有得不到的，養成高度的自我優越感，尤其是頂大的畢業生，被稱為人生勝利組的這群人，會更不習慣被拒絕。

主管在面對年輕部屬遇到內部溝通挫折時，可以給以下建議：

一、讓他知道職場不是考試般的單打獨鬥，更像班級比賽的團隊合作。

二、請別人協助未必要低聲下氣，不妨練習提升溝通技巧，讓對方願意協助自己。

三、引導員工思考被拒絕的理由，找出解決的關鍵，陪著他們練習解決，養成自信心。

四、主管也可以說個故事，講講當年自己曾經遭遇的慘狀（當然是真的最好），如果同仁覺得「哈哈，你也有當年」，會加深願意嘗試的心。

一個古代無間道的故事

東萊先生評論〈衛禮至殺邢國子〉，從金石永流傳談到不朽文章與歷史，從以往的無知笑柄談到現今價值觀的扭曲，很適合用來學寫論說文。現在大學入學考試學測國文作文的「理性分析題」，也可嘗試用這種：「物—事—人—理—思—感」的論述模式來作答。

歷史故事

這是一個在本國為英雄，但後世儒家認為其行為可恥的簡單故事。

西元前六四二年，邢國聯合北狄侵略衛國未成，引來了衛國的報復，從西元前六四二～六四〇年連續發動戰爭攻打邢國，邢國真的是捅了一個馬蜂窩。

西元前六三六年，衛文公又想攻打邢國，衛國大夫禮至向衛文公獻計，要先除去邢國的守城官，才能獲得最後勝利，請衛文公同意禮至兩兄弟到邢國做官臥底，禮至兩兄弟果然成功臥底，當了邢國守城官國子的隨從；第二年衛國出兵攻打邢國，禮至兄弟隨著衛國守城官國子巡城時，突然發難劫持國子，把他扔到城外摔死（或是說把國子挾持到城外殺了），衛文公隨即滅了邢國。

衛國與邢國與周王同姓姬，衛文公的手段與作為等於殘殺手足，春秋記載這段歷史「衛侯燬滅邢。」燬是衛文公的名字，直呼衛文公名，表示譴責。

禮至自認立了「大功」，還得意洋洋的銅器上刻鑄銘文「余掖殺國子，莫於敢止」（我殺了國子，沒人敢擋！）

在衛國，禮至應該是智勇雙全的大英雄，想想看，能從這一國的大夫跳槽到敵國去臥底，還擊殺對方大臣，使得本國順利擊敗敵國，這是無間道的最高境界了。

不過，衛國滅了同宗的邢國就被春秋所不齒，對於禮至這麼囂張的行徑，更不會有什麼好評價了。

東萊博議

東萊先生的文章，從物品開始講起，講到事情的本質，再談到人，從人出發再講理，接著延伸思考，最後感嘆收尾，大致上，文章是這樣鋪陳的：

金石永流傳乎？君子之論恆久遠！

古代總認為沒有東西比金石更堅固長壽的，但金屬還是會消蝕，石頭也會殘缺，所以把言語記載在金石上，未必可靠，但有一種東西「一得其託，不銷不泐，視古今如旦暮者」，就是「君子之論」。

東萊先生舉例，商湯王刻在洗澡盆上的箴言「苟日新，日日新，又日新。」我們早看不到那個銅盤了，但這段話依託著《大學》留下來。

君子之論其可恃，豈金石比耶？

看到這，實在覺得東萊先生了不起，這不就是我常常在課堂上說，知識具有「非獨享性」的經濟學共用財特徵嗎？我們把一本書燒毀了，不會被認定侵害著作權，因為書本這個物體不過是著作的載體而已，著作權不是保護該載體，而是保護無形體的著作。

不朽者豈僅善耶，惡亦不朽！

東萊先生說：「善託於君子之論，固不朽；惡託於君子之論，亦不朽。」就像前面故事提到的衛國大夫禮至，「行險僥倖而取其國，恬不知恥，反勒其功於銘，以章示後。」人們多以為禮至的惡名因為刻於金石，而遺臭萬年，殊不知禮至之惡，「雖因金石而傳，不因金石而遠。」禮至當年刻鑄銘文的銅器，早就「已滅已沒，化為飛塵，盪為太虛，無絲法之存矣。」禮至的惡行是因為《左傳》記載下來的啊！見辱於市人，越宿而已忘；見辱於君子，萬事而不泯。東萊先生認為，君子就靠著這樣的口誅筆伐力量，使得老奸巨猾之徒，心喪膽落。

東萊先生接下來舉例很有趣，他說遇到伯樂，是劣馬的不幸；遇到良匠，是朽木的不幸。所以遇到左丘明算是禮至的不幸了，如果左丘明做《左傳》沒把欒至的惡行記錄下來，則欒至的恥辱也就不過一時罷了，總會停止的。我想，東萊先生講伯樂、良匠云云，消遣欒至的意味比較大，倒不是代表東萊先生的教育理念不願意教資質不好的學生。

可恥者何嘗自以為辱哉！

前面講了禮至的行為可恥，問題是當年禮至是把這件事當作光榮啊，就算現在讓禮至復活，我相信他也不覺得自己有錯。東萊先生也想到了這一點，說禮至「以入為榮，其無愧而不知恥，蓋不足多責」，東萊先生不是說不出來禮至可恥之處，他更要批評的是，從戰國到秦漢用兵之人，像禮至這種人多得是，反覆狙詐，不但自誇功勞，而作史者亦從而諮美頌嘆之，以誇來世，這才是真正嚴重的事情！

禮至自認是英雄，狂妄的作為讓東萊先生鄙視。如果東萊先生活在今天，看到網路社群中，許多人將自己幼稚無知甚至損害他人或破壞法益的行為，自貼上網，甚至直播炫耀，可能會精神錯落吧。

更深的恐懼是自己沒有善惡標準

我們讀《左傳》，會嘲笑禮至的狂妄，但是戰國秦漢以來多少將領與禮至也差不了太多，但是歷史對他們的記載常常「閎麗雄偉，可以可愕」，讀史者被詞藻所蒙蔽，不理解事實，未必不會羨慕這種人。

如果同樣性質的事情，我們讀《左傳》，就隨著左丘明輕視像禮至這種人；而讀了別的書，就隨著作者推崇羨慕同樣類型的人。東萊先生感慨：如果讀書是這樣，世間處事也是這樣，在眾多正人君子之間，看見貪婪行為就鄙視不做，而在眾多邪惡小人之間，看見貪婪就羨慕追求，人正亦正，人邪亦邪，正者難見，而邪者易逢，終必為小人之歸而已矣。

讀史見人心

東萊先生的文章，從開始的巧妙比喻、嚴厲批評，一直到最後的深沈感慨，很清楚又有力量，與其說他文筆好，更應該學他的思路如何轉了又轉。

現今時代資訊充足、網路普遍，看了這篇文章，更是警惕。現在的人們把網路的「點讚數」與「瀏覽率」當成人生目標或是歷史評價了，不少人一開口就是「我粉絲多少人」、「我有多少流量」，也無法苛求媒體不以「一得其託，不銷不泐，視古今如旦暮者之君子之論」為目標了。更可悲的是，我們的立場（如果有的話），也就隨著各種的風向飄來飄去、飄來飄去、飄來飄去……。

古學如何今用

對年輕世代來說，「個人口碑」可能比「事情結果」重要，在要求團隊協同工作上，主管不妨強調，如果經過溝通讓其他部門與你好好地配合，團隊看待你的評價和個人的經驗成長是很炫的事，這樣的切入更容易打動年輕人。

形勢

東萊先生不是只會講仁義道德，堅持理念固然重要，審度形勢而智慧行事也很重要。

歷史故事

東萊先生評論「晉文請隧」、「啟南陽」、「圍陽樊」、「圍原守」的文章，雖主要議論周襄王與晉文公，但文章是先從史記中婁敬給漢高祖劉邦的建議談起，所以要先介紹一下西周、東周、秦與漢朝建都的情形。然後，再講回西元前六三五年晉文公「勤王（周襄王）」的故事。

西周到東周：從鎬京到洛邑

話說，周武王克殷後，考量原來勢力中心豐京、鎬京（今西安一帶）偏處西方，計劃在伊水、洛水一帶的夏人故地建設新城洛邑，用以加強對東方殷人殘餘勢力的控制，但建城的計劃一直到周公東征平亂後，才得以建成洛邑（今洛陽一帶）。洛邑建成後，周公將殷人遷移至此，並駐紮軍隊進行軍政統治與殖民。成王成年親政後，在洛邑行祭祀，洛邑從此又稱為「成周」。

西元前七七〇年，周幽王在驪山下被殺，犬戎大肆掠奪後而去，西周滅亡，諸侯與申侯共同立廢太子宜臼為平王。由於鎬京受到嚴重破壞，周平王把都城遷到東面的洛邑，這是東周之始。秦襄公派兵護送周平王遷都有功，周平王封其為秦伯，又賜封岐山以西之地，秦正式成為諸侯國。到了秦穆公時代，致力於開拓西戎地方，也有能力參與中原爭霸了。

秦、漢的建都

西元前二四九年，秦莊襄王使相國呂不韋率兵討滅東周，秦滅東周后，改成周為洛陽。

西元前二三〇年至前二二一年，秦王嬴政陸續攻滅其他六個主要諸侯國，一統中原，仍舊以秦舊都咸陽為首都。

西元前二〇七年，劉邦領兵攻下咸陽，俘虜秦王子嬰，但並未對咸陽破壞，此後項羽引兵入咸陽屠城，殺秦王子嬰，劫掠婦女財物，燒毀宮殿，火三月不滅。

西元前二〇二年，劉邦在垓下之戰中擊敗項羽，正式稱帝，立國號「漢」。

漢朝建國初期，對於首都建立在何處有所爭議，大部分的大臣來自崤山、函谷關以東的「山東六國」，故建議定都東周國都洛邑，但當時有一名戍卒出身的婁敬向漢高祖劉邦建言，應在關中（即原來秦國的勢力範圍）建都，這個建議在張良的背書下被採納，高祖認為婁敬是個人才，賜姓劉，拜為郎中，為關內侯，號稱奉春君。

婁敬的議論

婁敬對於應建都關中，依照史記的記載，當時是這樣的：

婁敬問漢高祖說：「陛下打算建都洛陽，是要跟周王室相比擬囉？」

漢高祖說：「對啊。」

婁敬說：「不過，陛下取得天下的過程與周王室不同。

周從先祖開始，積德累善十有餘世，歷代先祖的德行累積獲取天下民心，周武王伐紂，也是各地八百諸侯，皆曰紂可伐，才把殷商滅了。

周成王即位，周公營成周洛邑，以此為天下的中心，主要不是因為這裡有地形險要的優勢，而是有德就容易興盛，無德就容易滅亡。周王室興盛時，天下和洽，四夷鄉風，慕義懷德，各諸侯敬事天子，不屯一卒，不戰一士，八夷大國之民莫不賓服，效其貢職。

周王室衰敗時，自己內訌，天下諸侯也不朝拜，周王室無法控制天下，非其德薄也，而形勢弱也。

今天陛下從沛縣收卒三千人起義，以之徑往而卷蜀漢，定三秦，與項羽戰滎陽，爭成皋之口，大戰七十，小戰四十，使天下之民肝腦塗地，父子暴骨中野，不可勝數，哭泣之聲未絕，傷痍者未起，說這情形要跟周成王、康王時的環境，絕對不相同的。

秦地有高山憑依，河流環繞，四周都有堅固要塞，如果有急難，立即可集百萬之眾，這麼美膏腴地，是「天府」啊。

如果陛下在關中建都，就算是過去的山東六國之地有亂，現在佔據秦之故地可完全保住，正如同跟人打架，能夠按住其脊背，掐住其咽喉，控制著天下要害。」

周襄王的弱勢

時間再回到東周，周平王東遷以後，管轄範圍大減，形同一個小國，加上被指有弒父之嫌（平王父親周幽王是被平王的外公申侯聯合狄戎所殺），逐漸失去在諸侯間的威望。面對諸侯之間互相攻伐和兼併，以及邊境的外族入侵，周天子非但無力擔負共主的責任，更常向強大的諸侯求助，這也是春秋時期諸侯以「尊王攘夷」口號求霸的背景。

依照《左傳》記載，西元前六五三年周惠王過世，周惠王晚年寵愛幼子王子帶，欲立為嗣，但此時齊桓公稱霸天下，力挺太子，周惠王未能如願，周惠王死後，太子周襄王即位。

西元前六三六年，周襄王跟鄭國發生衝突，周襄王請狄人出兵，攻佔了鄭國櫟城，周襄王為了感謝狄人，娶了狄君女兒隗氏為后，沒想到婚後隗氏與襄王的小弟弟王子帶私通，周襄王廢了隗氏王后的位子，隗氏幫著王子帶聯合狄人，發動政變，驅逐周襄王到鄭國，自立為王。

晉文公的尊王與失禮

西元前六三五年，周襄王躲在鄭國，並向旁邊的兩大強國秦、晉求助，秦穆公駐軍於黃河邊，準備護送周襄王回國，晉文公在大夫狐偃的建議下，認為出兵勤王是稱霸的最好方法，一方面有號召天下諸侯的口號，另一方面又有展示力量的舞台，於是辭退秦軍，出兵護送襄王回國，王子帶被處死。

周襄王回國後接見晉文公，賜酒宴款待，晉文公得意忘形，向周襄王請求死後能「隧葬」，墓隧是王室專用制度，周襄王婉拒，說這是王室的典章制度，現今天下沒有二位天子，這樣不好吧？為了安撫晉文公，周襄王就把陽樊、溫、原等地賜給晉文公，於是晉國開始開疆闢土，擁有南陽。

陽樊被周襄王賜給晉，陽樊人不服，晉文公派兵圍城，陽樊人說：刑戮是用來威懾夷狄，您不是要用德行對待中原國家？這塊土地上的人民誰不是周天子的親戚，真的要俘虜我們嗎？晉文公就放百姓出城。

原邑人也不服，晉文公命士兵帶三天糧食進攻，三天到了攻不下，晉文公準備退兵，這時候傳來原邑準備投降的消息，部下建議晉文公先不退兵，晉文公說「信，國之寶也，民之所庇也，得原失信，何以庇之？所亡滋多。」於是退兵三十里，原邑還是投降了。

東萊博議

「婁敬之說不可採」，東萊先生的文章就先吐嘈婁敬的講法。

東萊先生說，從地理形勢的觀點談論周朝與秦朝強弱的，大概是婁敬開始的。不過婁敬的說法有問題，婁敬說周王室的地理形勢弱，但那是東周時期的事情，西周文武成康之世可不是如此，後來秦國的範圍就是早期西周的勢力範圍，所謂的「高山憑依，河流環繞，四周都有堅固要塞」，不就是在形容西周王室的地理形勢嗎？那時候哪來的秦？

等到周平王東遷，輕易放棄岐豐地區而封給秦，這才成就了秦國的強盛，所以秦非能自強也，得周之形勢而強也。秦國得到了這麼好的形勢之地，以無道行之，猶足以雄視諸侯，併吞天下，更何況西周初年，文武成康，既有盛德為根本，還有強大的地理形勢，誰能擋得住呢？所以婁敬評論周王室的地理形勢弱，這是只看到周平王之後的東周，忽略了西周盛世。

東萊先生接著說，婁敬評論周的德治更是有問題。東萊先生說：形勢與德，夫豈二物耶？形勢，猶身也；德，猶氣也。不會有人仗著自己精力充沛，就把自己至於易死之地；也不會有君王仗著自己德行高，就把國家置於容易滅亡的處境。王者之道當然要把德行與形勢都做到極致，怎可偏廢，所以婁敬的見解，陋矣哉！

周王室的子孫也錯了

東萊先生提出了德行與形勢應該同等重視的議論後，接著批評周襄王對待晉文公的態度。

晉文公假勤王以求霸，以為幫助平定子帶之亂，就請求得到隧葬的禮遇，周襄王不准，說這是典章制度，天下不能有二主，你晉文公有功勞，賞賜你土地吧！東萊先生評論周襄王的心態大概是：吾周之周，在德不在形勢。典章文物之制，子孫當世守之，不可一毫之假人，至於區區土壤，吾何愛而以犯強國之怒耶？

東萊先生繼續猛攻：周襄王難道不知隧葬固然是王室典章，但管理王城周圍千里土地不也是王室典章嗎？重視其中一項，而毀了另一項，怎能算是守住王室典章呢？地理形勢像人的身體，德行像是人的精氣，如果把一個人的肩背剖開、手腳砍斷，你說他還能守住精氣？

東萊先生感慨，東周自從平王把岐豐之地封給秦之後，就失去了一半疆土，以破裂不全之周，兢兢自保，猶恐難立，豈容復有侵削耶？無奈周王室子孫不知珍惜，不斷割讓土地，到周襄王時已經快沒有疆土了，還要送幾個城池給晉國，看到的人都覺得可憐。

晉文公當然很可惡，在周王室如此困難時，還取其地以自肥，就好像搶奪困於陳蔡時孔子的糧食，掠奪貧窮的原憲、曾參家中的金錢，這離「仁」太遠了吧，是而可忍，孰不可忍？如果後人不去責備晉文公這一點，反而去議論他圍攻原邑時表現的小信小義，顯然是捨本而求末。

東萊先生更責備周襄王，如果知道祖宗之地尺寸不可以與人，以正義大法明告於晉，晉文公可能也不敢對周王室突然無禮對待。

或許有人會說，同樣在《左傳》成公二年記載，衛國攻打齊國而戰敗，主帥孫良夫被新築大夫仲叔于奚所救，倖免於難，衛侯要賞賜封邑給仲叔于奚，他辭謝了封邑，而要求給他諸侯所用禮飾（請曲縣、繁纓以朝），欲以大夫身分僭越使用諸侯之禮，衛侯竟然允許。孔子聽說這件事後，評論說：「惜也，不如多與之邑。唯器與名，不可以假人也，君之所司也。名以出信，信以守器，器以藏禮，禮以行義，義以生利，利以平民，政之大節也。若以假人，與人政也。政亡，則國家從之，弗可止也已。」這樣看來，孔子認為不如多給封邑的觀點也錯了嗎？

東萊先生依然滔滔雄辯，認為衛侯如果封邑給內臣，那還是衛國的土地，但周襄王不一樣，晉文公是外臣，白天接受了版圖，晚上就可做好防禦工事了，這兩者不可相提並論。

讀史見人心

婁敬的重點不是單純考量地理形勢

東萊先生的文章先從批評婁敬說起，不過這個批評有點斷章取義。當時婁敬的重點根本不在周朝建都不考慮形勢只考慮德行，他也沒膽跟劉邦說「您沒啥德行，只好依靠地理形勢吧！」。婁敬的分析是從國家的興起過程艱辛、戰爭帶來的撕痛未平以及舊六國的勢力續存等角度考量，認為在關中建都才是最好的選擇。婁敬是個高明的權術者，他才不管什麼德行，後來他建議漢高祖徙六國王室後裔和勢族豪強十餘萬人至關中，削弱舊六國殘存實力，又建議漢王室與匈奴和親，以杜絕戰禍，都成為了漢初的基本國策。

周王室除了割讓土地，還能做什麼？

東萊先生的文章說周王室不該任意賞賜土地，道理是沒錯，但是當時周平王面對著面對著老爸周幽王留下的爛攤子，真的能夠抵擋兵強馬壯的秦分封土地的要求嗎？到了更加弱小的周襄王，如果得罪了晉文公，他可能連命都保不住了。東萊先生沒有批評周平王跟周襄王德行不夠，或許是因為這兩位周王室子孫真的沒啥德行可拿來說的，沒有德行、沒有地理形勢，更沒有機智權謀，怎能不逐漸衰亡呢？如果真要責怪周平王賜地給秦，那就更要責怪他父親周幽王的荒誕致滅國之災，一直往前推，就要檢討採封建制的問題了。

晉文公的不仁非行

現今社會中，有許多組織成員的名位與權責未必相符，這當然有許多權謀考量在內，不足為外人道也。但值得警惕的是，要權位也好，要利益也好，都應該注意手段與方法。晉文公勤王求霸，本來動機就不單純，《左傳》甚至記載了晉文公決定出兵前占卜，得到了「黃帝作戰」的卦象，結果沾沾自喜又假惺惺的說「我擔待不起啊！」

卜卦者說，「這是指周襄王，不是指您」，晉文公才又卜一卦得到「戰勝後天子設宴款待，天子降低身份迎接您」的卦象。晉文公舉著堂堂正正的旗幟出兵勤王，但尊王的形象隨即被他難看的吃相給毀了，失禮又失態的言行，都逃不過歷史的眼睛。不要忘了，你以什麼身份做什麼事，不是你自己評價的。

不是只有理念就夠了

不要看明朝大儒東萊先生只會講仁義道德，這篇文章可是實實在在的說一個國家君王的德行與地理形勢都很重要。聯想到今天，一個人願意堅持理念與原則當然很好，但是審度情勢，用正確的方法做事，也千萬不可輕忽。

古學如何今用

天底下本來就沒有制度是絕對公平的，所有的考核難免見仁見智，只是公司為了維持運作，不得不提出一個能夠維持賞罰的機制，只是一旦牽動到賞罰，必然就有公平或不公平的觀點。

近幾年有個趨勢，企業有關績效考核的內容評定，都慢慢地從「上面全權決定」，到「上下共同討論」，甚至有企業「完全授權同仁」。建立公司「容許同仁對於績效有意見」的觀念是未來趨勢，只是比例輕重的調整，在高層可以接受的情況下不妨開始下放。公司應該要開始練習公布績效規範時，納入同仁的意見考量，就如同許多公司從KPI慢慢往OKR移動，不必覺得OKR一定比KPl好，只要能夠讓公司同仁大多數能夠接受的制度，就是適合公司的好制度。

愈想到自我，就愈難超越自我，從自我成長到溝通說服，都是如此。

東萊先生論學主張「明理居敬」，反對空談陰陽性命之說，他的文章講仁義道德講得是理直氣壯，這篇評論「展喜犒齊師」就是一篇示範。

歷史故事

不需要狡詐言詞而有功的柳下惠

西元前六四三年，齊桓公過世後，齊國一陣動亂，齊孝公在西元前六四二年即位。齊桓公過世後，齊國霸主地位搖搖欲墜，西元前六三五年魯國就與衛國、莒國會盟，齊孝公認為自己仍是霸主，對於魯國與他國會盟的行為非常不高興，在西元前六三四年出兵攻打魯國。

魯僖公面對齊軍來襲，派出大夫展喜去求饒（和），還不能說是求和，說是帶牛、羊、酒去「勞軍」（犒師）。魯僖公交代展喜出發前先去請教展禽（其實「犒師」應該就是展禽給魯僖公出的主意）。展禽就是大家熟知的柳下惠。孔子、孟子都推崇柳下惠的正直。「柳下」是他的食邑或居所，「惠」則是他的私諡。

魯大夫展喜在齊魯邊界上遇到了齊孝公，除了以牛羊、酒食犒勞齊國軍隊外，與齊孝公有了一段有名的對話（《左傳》稍難一點，以下翻成白話文）

展喜說：「敝國國君聽說貴國君親自舉起了尊貴的雙腳，將親自造訪敝國，所以讓下臣先來以牛羊、酒食犒勞為您辦事的左右。」

齊孝公問：「魯國人聽說我要來，害怕了吧？」

展喜說：「無知小人可能感到害怕，但君子不怕。」

齊孝公問：「你們魯國就像一個掛在空屋內的磬，一片連青草都沒有的田野，你們是哪來的自信不害怕？」

展喜說：「憑著先王的遺命啊！以前我國先祖周公跟貴國先祖太公共同輔助周王室，為周成王的左右手，成王為了獎勵周公、太公的功勞，封其後代於齊、魯，使其相鄰而結盟，盟辭說：『世世子孫無相害也。』現在盟辭還藏在盟府，由太公管理著。令尊齊桓公也因此糾合諸侯，而攻擊對王室不恭敬的人。彌補各國的缺失而匡救各國的災難，就是昭顯貴國太公所管理的盟約的神聖啊。所以您一即位，各國諸侯都引領期盼著，相互傳誦『齊侯必能繼承、發揚桓公的功業！』所以，敝國不敢保城聚眾，心想：『難道齊侯繼位才九年，就把先王的遺命、太公的舊職都給廢棄不管了？真的如此齊侯要如何面對先君桓公？相信您絕對不至於如此的。』所以敝國不感到害怕。」

齊孝公聽了這番話就退兵了。

東萊博議

平常用誠信，戰時用狡詐？

東萊先生一開始評論誠信與狡詐使用的時機很有意思，他說一般人都認為平常沒事的時候才能講誠信，情況危急時用狡詐脫難，不但無可厚非，甚至還可敬佩。所以兩國敵視對峙時，只要能讓己方獲利，就算讓敵方受害，也不用為敵方憐憫的。這段文字寫得很精彩卻又簡單，不是太難的文言文，為了學習作文，將全段選錄如次：

緩則信，急則詐；安則信，危則詐。習俗之情皆然也。公卿大夫平居佚豫，侃侃正論，視儀秦代厲為何等物？一旦羽檄雷動，邊聲四起，槍攘怵迫，不知所出，有能拾儀秦代厲之遺策，以排難解紛者，則皆欣然恨聞之晚！彼非遽忘前日之論也，苟以濟一時之難，不暇顧一時之詐也。

故無事則為君子，有事則為小人；在國則為君子，在敵則為小人。

彼其心以為：誠信者，國家閒暇用之，以厚風俗則可耳。四郊多壘，此何時也？兩陣相向，此何地也？區區之小謀，豈當施於此耶？可以為吾利，雖置敵於害，勿恤也；可以為吾福，雖置敵於禍，勿恤也。

註：「儀秦代厲」指的是張儀、蘇秦、蘇代、蘇厲等遊說策辯之士（縱橫家），蘇代及蘇厲是蘇秦的弟弟。

君子之道不分敵我

看到東萊先生把上面那種「無事則為君子，有事則為小人」心態用譏諷的口吻寫出，就知道他絕對不贊成這種誠信與狡詐還有場合區分的態度，東萊先生說，君子之道一以貫之，哪需要區分時機跟場合，您不信？上面提到的柳下惠就是最好的實例。

彼孰知君子之道，行乎兵革之間，固有兩全而不傷者耶？聞其語，未必信有其人也；聞其名，未必信有其實也。吾請舉其人，指其實以曉之。

東萊先生很推崇上面所說柳下惠的「辯詞」，這段寫得很簡單，直接看原文：

柳下惠之辭，何其溫厚誠篤，守約而施博也。首告之以先王之命，以發其尊周之心，繼告之以周太公之睦，以發其親魯之心，終告之以桓公之盛，以發其圖伯（霸）之心。既為魯慮之，又為齊慮之，初無一語之欺想。

依照東萊先生的看法，齊孝公的反應一定是這樣：

一聞王命之重，必肅然而敬；再聞齊魯之舊，必驩（歡）然而和；三聞伯（霸）業之盛，必慨然而奮。

讀史見人心

超越自我

東萊先生的文章寫得好，評論柳下惠的策略與說辭，面面俱到，就算是國家危難之際，也完全可以出於真心誠意、正大光明，哪需要用什麼奸詐小手段。

柳下惠的「計策」，不是指侷限在如何避掉魯國的軍事災難，而是圍繞著更高一點的理念：尊王、舊情、霸業，以超出小我的角度來說服齊孝公，這是很高明的溝通方法。

我們暫且拋開國家大事，回到個人小我本身。

有心理學家認為，人腦中有一個自我保護機制，如果大腦判斷我們快要到了極限，為了避免危險，「自我」會讓我們停下來，我們也因此常常失去了進步的機會。而「自我」的保護機制，有時候會操之過急，在很多情況下並不是害怕實際損害，而是害怕失敗，或許說，是害怕失敗的感覺。

如果努力了還失敗，證明我真的不行，這種感覺實在不好，所以中途主動放棄，可能感受會更好一點，因為這是我自己的選擇。所以，「自我」通常會在極限之前讓我們放棄。想要突破這個自我限制，超越自我，有這樣的一個觀念：為了「比自己更大的理念」：Something bigger than yourself。

不需要想著「超越自我」，有時候我們越想到「自我」，就越無法「超越自我」。相反的，我們心理想著自我以外的事情，想著比自我還高的事物，表現可能就越好。

舉二個例子：

一、學生為了升學考試而苦讀，不一定要想著「我要用功」、「我要堅持」、「我要改變命運」，或許可以想想「我只是為了我的才華做出小小的貢獻」、「需要我征服的不是考題，而是理解出題老師的想法」。

二、熟齡人不一定要想著「我要超越年齡的限制」、「我要健康」，或許可以想想「我可以有的高尚品味」及「我可以享受的從容生活品質」。

古學如何今用

主管對於「領導者」和「管理者」的分工應該要有清楚的概念，高階領導人的任務在「描繪願景、吸納人才、指出目的方向」。中基層管理者的任務在「執行願景、驅動人才、確保前進無誤」。

有沒有發現兩者差別？真的能夠讓人才心甘情願投效公司的關鍵，不是管理者，而是領導人。只有領導人將公司的願景描繪清楚，才能夠吸引真正的人才。

你可以好好說話的

常看到好好的一件事，因為說話的態度不好而搞砸。東萊先生這篇文章，評論說話的態度，從「氣」出發，對於做人處事跟寫文章都有學習之處。

歷史故事

這篇東萊先生評論「楚滅夔」的文章，要先把歷史背景說一下。

故事要從楚國的起源說起

依照史記的敘述，黃帝共有二十五個兒子，次子是昌意，昌意封於若水，生顓頊。黃帝死後，因顓頊有聖德，立為帝。帝顓頊有位姪子名為嚳，十五歲時，被帝顓頊選為助手，帝顓頊死後，他繼承帝位，時年三十歲，後世稱為帝嚳。帝嚳執政時，共工氏作亂，帝嚳派重黎（帝顓頊之孫或曾孫）平叛，並稱他的火正官名為「祝融」（祝，大也；融，明也），後來因平叛不利，重黎遭誅，由他的弟弟吳回繼任，吳回的兒子是陸終，陸終的六子是季連，季連的後裔「鬻熊」曾對周文王有功，鬻熊的曾孫熊繹被周平王封為子爵，姓羋，氏熊。

到了熊繹的五世孫熊渠擔任楚國國君，熊渠有三子，因為長子熊康早逝，本來要由次子熊摯繼任，但熊摯有「惡疾」，後來由其弟熊延繼位（史記、楚世家記載熊摯是被弒，學者多認有疑）。熊摯因為被廢，自棄於「夔」地，後來其子孫有功，被封之為夔子，夔國算是楚國的附庸國。

楚國滅夔國的原因：誰是國父？

楚國認為，「祝融」及「鬻熊」都是應該我們楚人祭祀的先祖，你夔國也是我們楚國出去的，自然應該也要祭祀「祝融」及「鬻熊」。夔國可能認為，夔國是熊摯後來來到夔地被封才建立的，「國父」應該是熊摯啊，就不願祭祀祝融與鬻熊。

到了西元前六三四年，楚成王展開對外爭霸行動，先向夔國下手，質問夔國為何不祭祀「祝融」及「鬻熊」？夔國國君當時不知吃錯了什麼藥，竟然回覆說：

我先王熊摯有疾，鬼神弗赦，而自竄於夔，吾是以失楚，又何祀焉？

（我們的先王熊摯因為有病，向鬼神祈禱也沒用，才自己跑到夔地來，因而失去楚君的王位，為何我們現在還要祭祀他們呢？）。

楚成王大怒，派兵攻陷夔國，俘獲夔君回國。

（據說後來夔國後人，不願氏（姓）熊，把熊字下面四點拿掉，改姓「能」。）

東萊博議

金句集錦

以君子之言，借小人之口發之，則天下見其邪而不見其正；以小人之言，借君子之口發之，則天下見其正而不見其邪。

宋明理學討論了理與氣，例如朱熹的哲學思想「理為氣先、格物致知」，而東萊先生在這篇文章所說的

「氣」雖是指「說話的語氣」，但他也拿大自然的「氣」來比喻：

> 於此有木焉，柯榦固未嘗改也。春氣至，則枯者榮，衰者盛，陳者新，悴者澤。秋氣至，則榮者枯，盛者衰，新者陳，澤者悴。

我們說話的語氣跟大自然的氣息一樣的：

> 溫厚之氣加焉，凡勁暴粗厲之言，皆變而為溫厚；忿戾之氣加焉，凡溫醇和易之言，皆變而為忿戾。不動一辭，不移一字，而善惡相去，若天淵然，是孰使之然哉？氣也！氣可以奪言，言不可以奪氣。故君子之學，治氣不治言。

你可以好好說話的

東萊先生論述了一般說話態度語氣的基本原則，接下來就評論前面所提到夔國國君的失言風波。

東萊先生認為，夔國說不需要祭祀「祝融」及「鬻熊」是有道理的，是正確的，就像衛國的祖先追溯到康叔而非后稷，魯國的祖先是周公而非公劉（不然大家都往黃帝的子系追溯，對周天子敬奉祖先后稷而言，不就僭越失禮了嗎？）。

道理是這樣，但夔國國君說話的口氣一副就是又酸又怨的，連楚王的位子本來是我的這種話都說出來了，不但沒有解決紛爭，而加速招禍，這是何苦呢？

東萊先生認為夔子對楚王說的那番話，

> 忿戾之氣，殆如矛戟傷人，至今讀者猶為之變容，況仇敵乎？

當然，東萊先生不是說夔國仇視祖宗可取，如果連祖宗都可以仇視，那上天也可以當作仇敵了。本來你夔國可以好好的從國家的祭祀典章去說禮制上應該如何如何，但只因為逞一時口舌之快而洩憤，抹黑自己，從憤恨現今的楚王，無限上綱到自己的祖先，甚至招致禍害，這種「遷怒」的行為，真是沒有智慧。

讀史見人心

夔子心裡苦啊！就夔國國君來說，依照一般人情世故，只要有普通常識，他何嘗不知道講這種「我先王熊摯有疾，鬼神弗赦，而自竄於夔，吾是以失楚，又何祀焉？」幹話會惹大禍？或許他忍受楚國欺負很久了，也或許他真的缺乏智商與情商，但更有可能是他知道不管怎麼做，也擋不住楚成王稱霸的野心。

無論如何，夔國國君講出詛咒祖先及神明的話來，光從這態度就無法令人接受，情理上怎站得住腳呢？這已經不是用「口氣」或「態度」就可以解決的事情了。東萊先生這篇文章沒有示範「正確說法」，可能是要給學生一個作業，我就來練習一下吧：

親愛的楚君啊，「祝融」及「鬻熊」都是楚國的先賢祖，本人一向尊崇。夔國雖源自楚國，但同樣是受周天子分封，楚國是在鬻熊時初封，夔國則是在熊摯之後受封，以祭祀先祖而言，楚國祭祀鬻熊，正如同夔國祭祀熊摯一樣，這不但是對建國先祖的尊重，更是對周天子的感念。今天楚國要稱霸中原，必然以尊（周）王為先，一定更能明白我前面說的道理。

古學如何今用

大多數的主管很重視職場態度，所以只要一碰到年輕世代的態度不好時，就很容易在第一時間暴怒。請主管先不要生氣，最近的您應該很有經驗，雙方如果衝突起來，雖然能夠以權力當場壓制年輕人或凶回去，但是也可能引發反彈或私下的後遺症。

主管們不妨想想，您的目的是為了「發洩情緒」還是「解決問題」？即使主管選擇「發洩情緒」，年輕人當場不作回應，但是並不代表他們服氣，越來越多的事實顯示，反而會激起他們「覺得不如離去」或者「私下衍生出小動作」。年輕人說話率直已經是這個時代的常態，主管要學會不那麼容易被激怒，才能創造出空間有智慧的解決問題。

用權詐成就的霸業

東萊先生雖然先前誇讚晉文公功業宏大，不過這篇評論「宋叛楚即晉」，完全就是「黑」晉文公了，也為孔子說「晉文公譎而不正」的觀點，做了很厲害的解釋。

歷史故事

晉文公在外流亡十九年，即位時已是三十七歲，四十歲時在城濮之戰打敗楚國，主持踐土之盟，稱霸春秋。東萊先生稱其自出亡至於霸天下，拔身流離阨困之中，而成閎大豐顯之業。可以說，晉文公的成功在於他走出舒適圈且未忘初心。

許多人討論晉文公的策略謀劃、施政方針、結盟聚會，大概連篇累牘也無法說盡是非，但我們的聖人孔夫子不一樣，用一個字就可以正確評價晉文公。孔子評價齊桓公與晉文公時說：「晉文公譎而不正，齊桓公正而不譎」。

東萊博議

東萊先生先告訴我們，不管是寫文章還是辯論，「講出關鍵重點」最重要。他說「門有樞紐，說話也有樞紐；射箭有目標，說話也有目標；屠宰要按關節肌裡，說話也要按條理。」一得其樞，萬戶皆開；一破其的，萬矢皆廢；一中其會，萬理皆解。

孔子評價齊桓公與晉文公時說：「晉文公譎而不正，齊桓公正而不譎。」東萊先生高度贊同孔子的說法：晉文公的一生，千源萬派，滔滔汩汩，皆赴於一字之內，動容周旋，橫斜曲直，無往非「譎」。

這可真不容易，我們常常看一篇文章、一本書沒有重點，就是資料堆砌；我們自己跟他人說明解釋事情，費了好一番功夫，人家也一知半解，甚至過兩天就忘了，要能用一個字就能蓋棺論定一個人，果然是聖人孔夫子！

「譎」這個字，音決。《說文》權詐也。《廣雅》欺也。東萊先生認為孔夫子評價晉文公的「譎」，應該是指其權謀欺詐甚多、心術不正。鄭玄解釋孔子這段話時說「譎者，詐也，謂召天子而使諸侯朝之。仲尼曰：『以臣召君不可以訓。』故書曰：『天王狩於河陽。』是譎而不正也。」

東萊先生還舉出了許多晉文公「譎」的實例，當然，說人狡詐，是從客觀的行為去認定其主觀心態，難免有些誅心論，不過東萊先生分析的蠻有道理的。

楚國攻打宋國，請問晉文公該如何處置？

在晉文公未登基在外流亡時，宋襄公與楚成王都友善對待晉文公，晉文公還與楚成王約定了將來如果兵戎相見，必「辟君三舍」。

前面提到，晉文公中年創業，即位時齊桓公剛過世不久，馬上想稱霸，掌握了勤王周室的好時機，在國際舞台大大的露臉，還失禮又失態的向周襄王請求賜給遂葬特權，周襄王為了安撫晉文公，還賜其陽樊、溫、原等地。

西元前六三四年，宋襄公看晉文公厲害了，而且以前「有恩」於晉文公，決定背叛楚國，而親近晉國，楚國就派兵攻打宋國。好了，今天兩位恩人要打起來了，晉文公該如何應對這個局面呢？

東萊先生剖析晉文公的心理，講解晉文公的謀略，晉文公的心理活動大概是這樣的：

宋國跟楚國都對我有恩，我都應該報恩，今天宋跟楚打起來了，我偏袒誰都不好吧。

不過，宋國比較弱小，現在接近我，是因為以前他對我好；而楚國比較強大，現在可能是仗著對我有恩，而想凌駕在我之上。這樣一想，我應該幫宋國，如此可以加深宋國親我之心，而一挫楚國想欺我之氣。再進一步想，我不是要稱霸嗎？如果今天坐視楚國橫行而不說話，則霸主顯然還是楚國。話說回來，我現在如果出兵攻打楚國，天下人會不會罵我背惠食言啊？對了！我不攻打楚國，但要攻打楚之所必救。打曹、衛吧，這兩國都是楚國的友邦，打這兩國，表面上不會讓我背負忘恩負義之名，而實質上卻可以激怒楚國。

我為何要激怒楚國？因為楚國動怒而對我出兵，我可以從容不迫的應戰，再打敗楚國，此時也不會有背棄恩惠的惡名啊！

晉文公的心態夠「譎」了吧，不，東萊先生說晉文公還有更「譎」的，這邊要先說一下晉國攻打曹、魏，楚國來救援，最終城濮之役晉國打敗了楚國的過程。

西元前六三二年，晉文公首先決定攻打曹國（當年曹共公還偷看重耳洗澡，無禮至極！），先跟衛國借道，衛國不肯，晉國繞道入侵曹國後，回頭攻打衛國，衛成公逃亡，楚國來救，不能得勝。

晉國攻打曹國時，曹軍將晉兵的屍體堆放在城上，晉文公就把軍營駐紮到曹國人的墓地上，曹軍擔心祖墳被掘，就將晉兵屍體用棺木殮裝出城，晉軍趁亂攻入曹國都城。

此時宋國持續向晉文公求援，但晉文公還沒得到齊國與秦國支持，不敢開戰，於是聽從中軍統帥先軫的建議，將曹國與衛國土地分送給宋國，希望宋國再將這些土地拿去賄賂齊國與秦國出兵助陣。

這時楚成王審度時勢，不想再跟晉國為敵了，要子玉退兵，還說晉文公有天命啊，有德不可敵啊，要知難而退啊。子玉不聽，還是要出兵，楚成王氣壞了，但還是給他少量兵馬。

子玉派出使者大夫宛春提出退兵條件：回復衛成公君位及歸還曹國領土。晉文公逮捕拘禁宛春，並暗中允諾曹、衛復國，曹、衛就宣布跟楚國斷交。

這麼一來，子玉暴怒，發兵追逐攻打晉軍，接著晉文公「退避三舍」後，兩軍大戰，晉軍先用虎皮披在馬匹上攻潰楚國右軍，接著又將前軍旌旗向後退、樹枝拖地揚塵，製造敗退假象，誘使楚軍深入，晉軍再攔腰夾擊，楚軍徹底潰敗，三天後子玉自殺。

這一段大戰過程，東萊先生繼續說晉文公「譎」之處，再深度剖析晉文公心態：

此時天下強權就是楚國與晉國，只要能挫敗楚國的鋒芒，我晉國就可稱霸天下。所以名義上是救宋國，但實際上是想贏楚國。

問題是楚成王沒那麼好鬥啊，楚國最兇暴殘戾的是子玉（就是成得臣，我們先前也介紹過他），所以要激怒楚國，一定要做到極致。

如何激怒呢？先說要把曹、衛土地送給宋國，讓楚國不開心，接著還把楚國使者給囚禁起來，更過份的是挑撥曹、衛與楚國斷交，一而再、再而三的作為，都是唯恐楚國不生氣，哪裡是要救助宋國啊？（世人還以為晉文公是好心要救宋國，哪想得到他「譎」的程度之高！）

退避三舍這件事也一樣，晉文公早知道子玉的心態，急於立功，而子玉看到晉軍後退，以為遇到了脆弱敵人，功業易取，就算我退十舍，子玉照樣追來，更何況是三舍？可見晉文公願意退三舍，根本是確信楚國一定會繼續追擊，早預作準備，更不要說在戰爭過程中的兵不厭詐了。

讀史見人心

「譎」是「權詐」、是「欺」，而晉文公的「譎」所成就的是殘忍不仁。東萊先生最後評論晉文公的「譎」所成就的「區區霸業」，害死了多少人？史書上記載的名人姑且不論，那些萬千屍橫遍野的百姓要去哪訴說冤屈？

以偽做真的事情，從古到今都沒少過。從商業巨頭獨佔技術獲利，到政治家操弄訊息競選，「譎」的本質都是利用對方的信任或無知來獲取不當利益。這樣的行為雖然可以短暫地達到目的，但長遠來看，它卻削弱了社會的信任基礎。在一個人們彼此不信任的社會，其混亂及不安，可想而知。

我們今天評價歷史上的各種行為時，不應只看其政治或經濟上的成就，更應深思其對普通人生活的影響，以及這些行為是否促進了一個更公正、更人道的社會。只有這樣，我們才能從歷史中學到真正的教訓，避免重蹈覆轍，向著一個更加明亮和有希望的未來邁進。

古學如何今用

現在的求職者，除了在乎進公司要負責的義務，更加重視的是進入公司的自我權利。面對求職者詢問自己的權利，在實務上有兩種很糟糕的處理方式：

一、因為缺人，覺得「先把人騙進來再說」，就會畫大餅和過度美化，造成新進同仁一進來發現完全不是那麼一回事，立刻就離職。

二、當場勃然大怒，認為年輕人不應該只重視權利，應該先想著把事情做好，直接講一頓大道理，甚至出言教訓年輕人。

以上這兩種狀況千萬避免，前者造成同仁進公司後發現所言不實，後者讓求職者心生不滿，一旦對外ＰＯ文渲染，反而讓社會大眾對公司的誠信和形象提出質疑，造成不可挽回的效果。所以好的面試官，一定得設法在面試過程中，讓求職者「問出他想問的權利問題」，並且一一解釋清楚，公司能做得到的就說可以，做不到的也別輕易的承諾甚至鬼扯。

懺悔與改正

東萊先生評論「先軫死於狄師」，做了一篇值得學習的文章。

歷史故事

先軫的故事

先軫是晉國名將，在軍事及政治謀略上都很有才華，但暴烈的個性，使得他有一個悲劇的人生結果。

上次我們介紹晉文公在面對楚國攻打宋國時，決定攻打曹、魏，讓楚國來救援，心態譎而不正，當時是聽從大將先軫的建議；後來楚國大將子玉來談判，先軫又建議晉文公逮捕拘禁宛春，並挑撥曹、衛跟楚國斷交，故意激怒子玉，等著子玉犯錯。可以看得出來，晉文公很看重先軫的意見，事實上，當年晉文公在外流亡十九年，先軫就是忠心跟隨者之一。到了晉國打敗楚國的關鍵戰役—城濮之戰，先軫也是重要有功大將。城濮之戰後二年，西元前六三〇年，秦晉相約攻打鄭國，因為鄭國和秦國不接壤，故約定打下鄭國之後，晉國把自己的焦瑕之地給秦國，秦穆公本來同意，但燭之武向秦穆公痛陳利弊，認為鄭國滅亡只會便宜了晉國，而秦晉相接，一旦晉強，秦國就危險了，於是秦穆公留下了幾個大夫，就先回秦國了。自此晉、秦二國結盟開始動搖。

西元前六二八年冬天，晉文公過世，秦穆公不顧老臣蹇叔的哭諫，執意出兵攻打千里之外的鄭國，派了百里孟明、西乞術及白乙丙三位大將率領大軍（戰車三百乘）出征。（《左傳》中不少怪力亂神，記載晉文公過世之後，出殯途中，其棺柩「有聲如牛」，巫師卜偃說：「這是文公顯靈，預告軍情，說將有從西邊來的大軍經過我國境內，我軍出擊，必大捷！」這是預告了對秦作戰的勝利。）

接下來是很多人都知道「愛國商人」的故事：鄭國大商人弦高在滑國遇見秦軍，立即派人奔告鄭國，而自稱鄭國使臣，獻禮犒勞秦師，並向三位秦帥說：「我國君聽說三位將軍率軍而來，特使下臣前來犒勞。」三位秦國大將軍誤以為鄭國已有防備，不敢東進鄭國，就隨手滅掉滑國後，率軍西歸。

話說晉國當時正處於晉文公過世的大喪之中，晉文公之子晉襄公即位，聞秦師千里襲鄭，滅滑而還，當時大臣爭論戰或和，晉襄公決定接受重臣先軫的建議「秦違蹇叔，而以貪勤民，天奉我也，奉不可失，敵不可縱。縱敵，患生；違天，不祥。必伐秦師。」、「秦不哀吾喪，而伐吾姓（鄭、滑均與晉國同為姬姓），秦則無禮，何施之為？吾聞之：『一日縱敵，數世之患也。』謀及子孫，可謂死君乎！」，發布詔令，討伐秦師並聯合姜戎，共同破秦。（本來晉襄公此時服喪，應該穿白色喪服，但如此不利作戰，就將喪服染成作戰時所穿的黑色，後來打勝仗之後，也以黑色喪服來下葬晉文公，此後晉國多以黑色為喪服顏色。）

西元前六二七年，晉襄公帶兵親征。秦軍千里奔襲鄭國，無功而返，士氣低落，人疲馬乏，而晉軍以逸待勞，士氣旺盛，於崤山襲擊秦軍，秦軍不曾預料到晉軍來襲，驚慌失措，晉軍輕鬆獲勝，秦國全軍覆沒，三位大將軍被生擒。

還記得我們說過，晉文公重耳還未即位前，在流浪秦國期間，秦穆公把包括自己女兒文嬴在內的五名女子賜給重耳為妻，晉文公死後，文嬴成為太后，她請求兒子晉襄公釋放秦國三位大將，說「這三個人實在是挑撥晉、秦的罪人，我爸秦穆公一定恨不得吃了他們，您就放他們回去，讓我爸對付他們吧！」，晉襄公答應了。先軫知道後大怒，在朝廷上大罵：「戰士們拼死抓了三位敵將，一個女人說了一下就全把他們放了，晉國的日子不多了」，還當著晉襄公的面往地上吐口水，晉襄公自認理虧，但派人追已來不及了。

同年，狄人趁晉國國喪期間攻打晉國，依然由先軫領兵，但先軫因為先前對晉襄公無禮卻沒有受到懲罰，感到內疚，認為「匹夫逞志於君，而無討，敢不自討乎？」。於是他脫下了頭盔和鎧甲沖入敵陣（免胄入敵師），即刻戰死沙場。狄人將他的首級送還晉軍，《左傳》說先軫的頭顱「面如生」。

東萊博議

東萊先生這篇文章的寫法，很值得參考。

懺悔之心難發亦難持

東萊先生文章第一句就說：「至難發者，悔心也；至難持者，亦悔心也。」

一般人們有了過錯，兇狠者就繼續錯下去，狡詐者就文飾過錯，愚笨者掩蓋過錯，忿恨者執著於過錯，誇誕者諱言過錯，懈怠者安於錯誤。東萊先生問，有誰能跳出這幾種毛病而發出懺悔之心呢？

懺悔之心，沒有萌發前，擔心它不發生，而一旦有了懺悔之心，卻又難以把持，為什麼呢？接下來，東萊先生作心理學式的的闡明：

悔心初發，自厭自愧，自怨自咎，戚然焦然，不能一日安。

如果不能好好把持，則：

自厭者，苟且弛縱，必入於自肆矣；

自愧者，退縮羞藏，必入於自棄矣；

自怨者，鬱積繳繞，必入於自懟矣；

自疚者，憂憤感激，必入於自殘矣。

所以，悔故可以生善，亦可以生不善也。

風浪與駕船的比喻

東萊先生這篇文章也有比喻，當時的船大多靠風力，大海中的大船，如果沒有遇到大風，回不了岸邊，而駕船者如果無法駕馭風力，可能會發生翻船悲劇。舟之所有回者，風也；舟之所以溺者，亦風也。一念之悔，其勁烈，蓋甚於風，豈可不好好加以把持？

先軫之死

先軫的故事讀起來很讓傷感，東萊先生讚揚先軫有懺悔之心，但又對先軫無法控制自己的懺悔之心而悲傷。

東萊先生評論先軫不在禮義上下功夫，而把力氣放在血性意氣上。先軫身為三軍統帥，卻輕棄其身，身死無名，驕敵辱國，這跟在溝渠中自殺沒什麼差別！以前冒犯國君，是悖逆，現在死在敵軍陣營，是狂妄。聽說過以正義掩蓋私利，用善良掩蓋罪惡，但是有用狂妄掩蓋悖逆的嗎？

先軫未能改前日之過，而適所以生今日之過也。先軫意在改過，而反至於生過，其失不在悔，而在於不能持起悔也。

悔與改

東萊先生除了講風浪與駕船外，再用一個挑擔的比喻：挑著擔子回家，很累；回家後把擔子放下，很輕鬆。挑擔很累，所以放下擔子才會輕鬆。悔過就像挑著擔子，改正就像把擔子放下。

悔過之初，厭愧怨咎；改過之後，舒泰恬愉。

先軫大概是只知道悔恨，卻忘了改正吧。

讀史見人心

很多人評論先軫，說他耿正忠誠，最終以身殉義，這種說法感覺有點迂腐。東萊先生以大將之風論大將，把懺悔之心講得很透徹，對於先軫悲劇的評價也很中肯，不是說任意犧牲生命就應該得到最大的讚賞，改正而歸之善，才值得稱許。

先軫顯然是個耿直又性格強烈的大將，他對負面情緒的處理態度太可惜了，他能夠對國君直言不諱，但又一再地情緒失控，不曉得當時的先軫有沒有聽到自己內心的真實聲音。或許，先軫的性格決定了他的人生，如果性格是無法改變的，則正如阿佛列．懷海德（Alfred. North. Whitehead）說的：「悲劇的要素不是悲傷，而是不可避免。任何逃避都是徒勞的。」

古學如何今用

這個世代從小被平等尊重對待，受挫折容忍度降低，形成玻璃心。從小習慣被尊重的人，自我期待感也容易升高，認為別人「全盤接受自己的想法」是正常的，一旦遭到不被接受或是挫折，「惱怒、不滿意」的情緒會高於「設法改進、繼續奮戰」的心理。現代企業對於新入職年輕人的關懷與陪伴，需要更用心設計。

這篇故事是成語「相敬如賓」的起源，東萊先生看歷史的眼光獨到，我的看法就比較是「包裝論」了。

歷史故事

完美的故事

上次講到先軫在對狄人作戰時，免冑入敵師，戰死沙場，隨後晉國能打敗狄人，並活捉其首領，是郤缺的功勞。郤缺能夠被拔擢，則是臼季的舉薦。故事是這樣的：

晉文公（重耳）的父親晉獻公，晚年寵愛驪姬，而驪姬了讓自己兒子奚齊當太子，用計迫害晉獻公長子申生逃亡自殺，另外兩位兒子夷吾及重耳逃亡。西元前六五一年晉獻公病逝後，一陣殺戮，夷吾即位，就是晉惠公，重耳繼續流亡海外。西元前六三七年，晉惠公逝世，太子圉即位，就是晉懷公。西元前六三六年二月，懷公的伯父重耳在秦穆公支持下回國，懷公的心腹紛紛臨陣倒戈，懷公被迫出奔高梁，很快被即位為文公的重耳派人殺死。

郤缺的父親郤芮，原來是夷吾的師傅暨謀臣，幫助夷吾即位為晉惠公，晉惠公死後雖不受懷公重用，但在重耳即位為文公，殺了懷公後，郤芮計畫燒宮殿、殺晉文公，但事跡敗露被殺。郤缺雖未被牽連入罪，但也只能在鄉下種田。

臼季則是晉文公重要大臣，陪同文公流亡十九年，又在城濮之役立功，頗受重用。臼季有次出使在外，經過一鄉間，看到郤缺在耕田除草，他妻子送飯來，兩人「敬，相待如賓」。（相敬如賓的成語從這來）臼季回國之後，向晉文公推薦郤缺，說：「敬，德之聚也。能敬必有德。德以治民，君請用之！臣聞之，出門如賓，承事如祭，仁之則也。」

郤缺的父親郤芮當年可是謀殺晉文公未遂，晉文公當然對郤缺這種黑五類有所顧忌，不過臼季拿鯀與大禹、齊桓公與管仲的例子勸晉文公，晉文公接受了臼季的建議，任用郤缺。郤缺立下戰功後，臼季也因推舉有功而獲賞賜。

東萊博議

心意與際遇

我們一般作文，如果寫這個故事，大概都會把重點放在郤缺的個人修養上，說他平日行事就是恭敬謹慎，所以能遇伯樂，終獲大用。

東萊先生則從臼季的眼光來看這件事。東萊先生這篇評論〈臼季舉郤缺〉文章，架構大概是這樣：人之觀，隨所遇而變。人經過哪個場所，就會觀察什麼，一般要尋求士人，一定會到學校等教育場所去找，跑到野外，大概也就看到農夫。想像中，臼季出使時，一定車馬隨從、光鮮亮麗，志得意滿，當時田裡有多少人在耕種、多少親人在送飯，臼季怎麼這麼厲害，可以看出郤缺是個敬慎、莊重的人？

臼季身為公卿，一定是以求士為首要任務，朝思暮想、出國回國、上班下班都是想這件事，思之既深，故雖田野之間，莽蒼之外，寸長片善，未有不投吾之意，而動吾之目者。我不需要很急迫著去找士人在何處，吾心在於求士，則士自見於吾心也。所以，不是說臼季眼光獨到，而是臼季求賢才的心異於常人。

最後東萊先生感嘆，以前古代，公卿有找不到賢才的憂慮，賢才卻沒有受不到賞識的煩惱；現在做官的人將得到官位當作際遇好，布衣百姓自認際遇不好，無法從污俗中跳脫，沒辦法談論知遇的事了。

讀史見人心

一個經過包裝的故事

我的想法不像東萊先生這麼高明，看故事也想得比較俗氣。

臼季如何從荒郊田野中，看出郤缺的高明？很簡單，不太可能發生的事情，就不太可能是真的！問題就是東萊先生所提出的疑問：當時田裡有多少人在耕種、多少親人在送飯，而剛剛好臼季就看出最優秀的郤缺？

比較合理的想像是：臼季跟郤缺的父親郤芮本來就是舊識，分別輔佐著重耳與夷吾，也歷經了被驪姬迫害的黑暗時代，後來雖然郤芮叛死，但臼季對故人之後（郤缺）有所眷顧，也是人之常情；再說，郤缺畢竟是名門之後，學養本來就不同於凡人，在晉文公建設國家初期能收為己用，當然是一樁好事，因此就有了這一個完美的故事。

這故事創造了三個正面典範：郤缺的自律修養、臼季的識人眼光以及晉文公的寬大心胸。無論在為民、為臣及為君，都可以作出很正面的描述與發揮。只是，一個太完美的故事，總是讓人起疑。

古學如何今用

這個世代已經不服權力，主管過度運用權力的後果，很多時候可能違反法律，造成年輕人掌握更多的籌碼。老闆和主管要開始放下權力的身段，學習「帶人帶心」的影響技巧，讓同仁能夠服氣和信任。「心甘情願」的被領導，才是一種魅力的展現。

真正有影響力的老闆或主管，通常是有實力作為基礎，和同仁分享公司或部門的理念和願景，通常會聊好幾個小時，但是不讓人覺得無聊。無論是用說故事或是雙方對談的方式，都能讓同仁感受到一股魅力，也讓同仁產生想要追隨共同打天下的心態。

我為何而戰？

東萊先生議論古人歷史有一套，尤其看他的罵人文字很過癮的。

東萊先生評論〈齊魯戰長勺〉第一段跟最後一段都是在罵人，當然，要能這樣在文章的始末都罵人，一定是對自己文章的說理有一定的信心，這篇文章的說理，從動物到人類世界，從監獄到戰場，從制度到人性，環環相扣，自成一家之言，確實厲害。

歷史故事

這要從一個有名的「一鼓作氣」故事說起：

西元前六八四年，齊國軍隊攻打魯國。魯莊公將要應戰，曹劌大概認為莊公沒弄清狀況，於是請見莊公。他的同鄉人都說：「讓大官們去管吧，沒你的事。」（肉食者謀之，又何間焉？），曹劌說：「肉食者鄙，未能遠謀。」於是入朝拜見莊公。

曹劌入朝後，先問莊公：「何以戰？」

莊公答道：「衣食所安，弗敢專也，必以分人。」

曹劌說：「小惠未徧，民弗從也。」

莊公說：「犧牲玉帛，弗敢加也，必以信。」

曹劌說：「小信未孚，神弗福也。」

莊公說：「小大之獄，雖不能察，必以情。」

曹劌說：「忠之屬也，可以一戰。戰，則請從。」

莊公和曹劌同乘一輛戰車，在長勺與齊軍交戰。莊公正想擊鼓進兵，曹劌說等等。等到齊軍已經擊了三通鼓，曹劌才說可以進兵了！結果齊軍大敗，莊公準備追，曹劌又說等等，他下了車，察看齊軍車輪的印跡，然後登車瞭望齊軍，說可以了，於是開始追擊。魯軍戰勝之後，莊公問曹劌取勝的原因。曹劌說：

夫戰，勇氣也。一鼓作氣，再而衰，三而竭。彼竭我盈，故克之。夫大國，難測也。懼有伏焉。吾視其轍亂，望其旗靡，故逐之。

東萊博議

東萊先生文章的起手式就先罵那些只會紙上談兵的腐儒。這一段寫得很有畫面感：

迂儒之論，每為武夫所輕。鉦鼓震天，旌旗四合，車馳鼓擊，百死一生，而迂儒曲士，乃始緩士闊步，頌詩書、談仁義於鋒鏑矢石之間，宜其取踞床溺冠之辱也。

東萊先生是罵誰呢？因為有人（唐　柳宗元）認為魯莊公與曹劌的對談，在兩軍對峙的緊急情況下，還大談聽訟斷案之類的言論，何其迂闊而遠於事情耶？

（柳宗元不相信《左傳》中魯莊公與曹劌的對談，他認為：方鬥二國之存亡，以決民命，不務乎實，而神道焉是問，則事機殆矣：既至於戰矣，徒以斷獄為戰之具，則吾未之信也。劌之辭宜曰：君之臣謀而可制敵者誰也？將而死國難者幾何人？士卒之熟練者眾寡？器械之堅利者何若？趨地形得上游以延敵者何所？然後可以言戰。若獨用公之言而恃以戰，則其不誤國之社稷無幾矣！）

東萊先生對此種論調不以為然，認為事情不是你們這些迂腐讀書人想得如此簡單。

文章先用動物來比喻：馬之所以不趕肆足者，銜轡束之也。（馬不敢放開蹄足奔跑，是因為被韁繩所束縛）同樣的，臣之所以不敢肆意者，法制束之也。銜轡敗，然後見馬之真性；法制弛，然後見民之真情。這裡就凸顯東萊先生認為儒家比法家強的地方了，尤其在大敵當前，平日法律制度大多渙然鬆散，真性情就出現了，有恩報恩，有冤報冤，如果不是平常無事之時，用深厚恩惠感動人民，只想用法律制度團結民心，那很危險的！

東萊先生接著說，凡人之易感而難忘者，莫如窘辱怵迫之時，如果人們在牢獄中，得到一點點施捨，可能都會當作金石一般珍貴。如果莊公真如他所說「大小之獄，皆必以情」，那麼人們想報答他的一定很大。獄，死地也；戰，亦死地也。昔居死地，嘗受其賜，今安得不赴死地以答其賜哉！民既樂為之死，則打敗敵人，只不過是小事一樁！

東萊先生認為魯莊公的言談是懇切而且不迂腐，曹劌問「何以戰」，魯莊公三次回答是「惠民」、「事神」及「聽獄」，沒有隻字片語論及軍旅形勢，這反而是真正的回答了「民心，所以戰也。」而柳宗元認為應該回答將帥、功臣、士兵及地形之類的問題，那是「戰」，而不是「所以戰」。

東萊先生文章最後一段直接罵柳宗元，春秋之時，雖不學之人，一話一語，有後世文宗巨儒所不能解者也⋯新學小生，區區持私智之蠡，而欲測古人之海，妄生譏評，聚訟不已，多見其不知量也。

讀史見人心

東萊先生思考「為何而戰」，不是只考慮戰爭的外觀形勢，而是考量「民心」，而在春秋之時，從統治者角度出發，凝聚民心的重點大致上也不出於「惠民」、「事神」及「聽獄」。

無論公司、組織或國家，最難的也是所謂「向心力」，如何透過組織目標來造就有向心力的團隊，也是現代管理學的重要課題。常常看到一些團體強調「我們是一個大家庭」、「我們是一家人」，我是不太以為然，因為通常喊這話的人士自居為「家長」的，所以我們只是「家屬」，家屬對家長當然就只有聽命與尊敬了。在一個沒有建立價值觀的團體，要想建立共識，很困難吧！

「我們是一個大家庭」或「我們是一家人」這種說法，雖然表面上看似增強了團隊的凝聚力，但實際上可能僅是表層的，且可能隱藏著權威和服從的階層關係，其中「家長」代表了領導層，而「家屬」則是普通成員。這種模式可能限制了團隊成員的自主性和創造力，因為它強調的是服從和尊重，而非共同參與和共享價值。

古學如何今用

許多公司的文化，最初都是來自於老闆的想法，只是因為原有的同仁配合聽話，在上行下效的情況下，平常就會覺得「我們一直都是這樣」。所謂的「一直都是這樣」可以是文化，但未必是共識。因為工作的順暢只是種默契或習慣，未必代表大家都會心甘情願地配合，

現在的公司應該要將「一直都是這樣」的做法明確規定，不能只是默契，必須要形成上下都能接受的共識，並應以合法合規方式公布或傳達，才不會在新人陸續加入的情況下，形成不穩定性的連續衝擊。

如何面對個人與國家的榮辱

東萊先生這篇文章講的是一段小戰爭花絮，但故事引伸的道理還真大。

歷史故事

讓人哭笑不得的一場小戰爭

西元前六二七，晉國大夫陽處父出兵攻打蔡國，楚國派子上前往救援，晉軍與楚軍對峙在泜水兩岸。陽處父派使者跟子上叫陣：「你如果要戰，我退三十里，等你渡河，擺好陣勢，兩軍相戰；不然你退三十里，讓我渡河後，要戰來戰。否則，兩軍這樣對峙下去勞師費財，毫無益處。」

子上本來想過河一戰，但被屬下勸告說：「晉人無信，萬一我軍渡河一半就遭受攻擊，後悔都來不及，不如我們退三十里，讓他們過河。」

子上就退軍三十里讓晉軍過河，結果陽處父就到處宣傳楚軍逃跑了，然後就率兵而歸，子上看楚軍回國了，所以自己也就從退三十里進而返回楚國了。

子上回國後，啞巴吃黃連，太子商臣本來就不滿子上（子上先前曾阻止楚成王立商臣為太子），跟楚成王說：「子上一定是接受賄賂才逃跑，不戰而逃讓楚國遭受重大恥辱！」，楚成王就殺了子上。

上面這場小戰爭，楚、晉還未開打就結束，楚國還處死了一位大臣。東萊先生的評論文章就從個人與國家受辱講起。

個人與國家受辱不同：以孔子為例

東萊先生開宗明義就清楚的說：國毀當辨，身毀當容；國辱當爭，身辱當受。

孔子曾被匡人誤認為陽虎而包圍，子路怒欲回擊，夫子竟然先檢討自己：「詩書之不講，禮樂之不習，是丘之過也。若以述先生、好古法而為咎者，則非丘之罪也，命之夫！歌，予和汝。」跟子路一起唱歌苦中作樂。

孔子也曾被衛靈公夫人南子無禮的召見，孔子為了安撫子路的不滿，還發誓說：「予所否者，天厭之，天厭之！」

看起來孔子很能容忍自己個人受到的委屈，但是孔子遇到國家大事可不一樣了：魯定公與齊景公在夾谷舉行盟會時，孔子擔任魯國的代理國相，事先就部署武裝人員，充分準備。盟會現場，表面雙方行禮如儀，但齊國卻暗中使萊人執兵器，鼓噪喧嘩，想要劫持定公。當此危急之際，孔子立即登上階梯，護衛定公下壇。隨後，孔子對著魯國的衛士們說：「你們可以可以殺了萊人。我們兩國君主結盟，萊人敢來鬧事？這種無義失禮的事情，齊君必定不會這麼做。」

齊景公心虛無奈讓萊人退避下去。不久，齊人又演奏起宮中的音樂，還使俳優侏儒嬉戲於前，藉以戲弄定公。孔子更怒了，立刻上前，登階而上，還有一個階梯來不及登，便高聲說：「匹夫熒侮諸侯者，罪應誅。請右司馬速刑焉。」於是斬侏儒，手足異處。齊侯懼，有慚色。

東萊先生說孔子，聖人之心，何其多變也？繞指之柔，忽變而為擊柱之剛；緩帶之和，忽變而為奮髯之怒。

聖人不是喜歡多變或是喜怒無常，實在是「處身」與「處國」的原則不同。污辱個人，聖人可以容忍不計較，但是對國家毀謗污辱，則聖人必定要不顧一切的爭執，不能有絲毫的寬貸。

子上沒弄清楚個人與國家所受的污辱

從孔子的例子就可以很清楚的知道，子上做錯了，最大的錯是你讓國家遭受到了羞辱，楚國與晉國爭霸已久，突然在國際上被宣稱軍隊逃遁，子上竟然一聲都不吭，天下必以為楚師之真遁，皆將雄晉而雌楚。不知而今而後，幾戰幾勝而後可洗此恥耶？

幫子上出個主意

東萊先生文章常常不只是批評，他還幫子上出個主意。

當時情況，兩軍夾河而望，確實先渡河或是先撤退都不妥，真是兩難。東萊先生說，子上應該在撤退之時，就派使者告訴晉國：「我軍聽從貴國指示，先撤退列隊，還請貴國告知何時渡河啊？」如此把球丟還給陽處父，想來陽處父也不敢宣稱楚國軍隊敗逃吧！就算後來晉國退兵而子上追不上晉國軍隊，也怪不了子上，子上更不會陷入被毀謗的僵局。

君子勇於公而怯於私

東萊先生說，君子在公事上勇敢，在私事上多包容。

在家庭，在鄉黨，在田野，含垢忍恥，見侮不校，恂恂愉愉，人百欺之，而不以為忤；在廟堂，在軍旅，在官府，燭奸擿隱，洞見肺肝，凜凜冽冽，雖人一欺之，亦未嘗容。

讀史見人心

東萊先生主張「君子勇於公而怯於私」，但令人感慨的是，我們常常的作為是相反的。我們通常對家人、朋友很能發脾氣、斤斤計較，真的在國家、社會、團體的是非原則上，反而處處講求和諧、重視觀感，難怪孔聖人說：「鄉愿，德之賊也。」

子上所面臨的囚徒困境難題，東萊先生給的建議，從形式上看來，是要拉高格局，重視宣傳。筆者認為與其批評子上心態不佳，還不如惋惜他的智慧不高。再回看歷史，子上當時應該如何面對此進退兩難的困境？有幾個要點：

一、掌握充分資訊。子上要退兵三舍，至少也該部署人員監視晉國過河情形吧，一看到晉國退兵，應該隨即派兵渡河，反過來宣傳陽處父率晉兵敗逃。

二、擔保或承諾。即如東萊先生的建議，派使者去問話。

三、引入第三人監督或見證。如果晉國承諾，則應該找第三人（例如蔡國）當見證人。

這三點方法不僅僅是我們對歷史故事的體認，也是當今社會面對各種困難議題或爭論的解決方案模版。

古學如何今用

許多公司有個習慣，只要同仁離職的時候，幾乎都是遮遮掩掩，不好意思被別人知道。主要的原因在於離職的過程中不見得那麼愉快，造成公司和當事人之間的尷尬，也因此不想讓太多同仁知道，卻造成反效果。以往封閉的時代想遮掩還有可能，但是目前公司已經沒有所謂的秘密，任何類似的事情只要發生，幾乎第一時間就會傳遍全公司。

現在的公司都需要依法行事，過去僅憑公司好惡而請同仁離開的時代，終將成為過去。也因此，「離職資訊公開透明化」的趨勢來臨，所有同仁離開之前把話講清楚，勞資雙方坦承透明，你情我願，甚至由公司公開舉辦歡送會，讓大家歡送要離開的同仁，大家好聚好散，也是可行的雙贏做法。

孔門相術？

很早很早以前，曾經在法院看到一位法官問被告「你結婚了沒？」，被告回答「沒有」，大家都以為是法官要做量刑的判斷，但法官馬上就說：「對嘛，看你的樣子就知道沒人敢嫁給你！」。今天想起來，法官真是用心良苦，一定是想激勵被告歸正向善，找到人生的方向？

以貌取人，從古到今皆然，東萊先生寫了一篇有趣的文章。

歷史故事

西元前六二六年，周襄王派遣內史叔服來魯國參加僖公的葬禮。公孫敖聽說叔服能給人看相，便請叔服幫自己兩個兒子穀和難看相。叔服說：「穀可以祭祀供養您，難可以安葬您。穀的下頷豐滿，後代在魯國必然昌大。」

講到面相，荀子的名篇〈非相〉，很認真的批判「相術」，篇幅不長，也不是太難的文言文，以下為全文：

相人，古之人無有也，學者不道也。

古者有姑布子卿，今之世，魏有唐舉，相人之形狀、顏色而知其吉凶、妖祥，世俗稱之。古之人無有也，學者不道也。

（註：姑布子卿：春秋時鄭國人，據說幫孔丘和趙襄子看過面相。）

故相形不如論心，論心不如擇術，形不勝心，心不勝術。術正而心順之，則形相雖惡而心術善，無害為君子也；形相雖善而心術惡，無害為小人也。君子之謂吉，小人之謂凶。故長短、小大、善惡形相，非吉凶也。古之人無有也，學者不道也。

蓋帝堯長，帝舜短；文王長，周公短；仲尼長，子弓短。昔者，衛靈公有臣曰公孫呂，身長七尺，面長三尺，焉（註：顏、額之意）廣三寸，鼻、目、耳具，而名動天下。楚之孫叔敖，期思之鄙人也，突禿長左，軒較之下，而以楚霸。葉公子高，微小短瘠，行若將不勝其衣然；白公之亂也，令尹子西、司馬子期皆死焉，葉公子高入居楚，誅白公，定楚國，如反手爾，仁義功名善於後世。故士不揣長，不挈大，不權輕重，亦將志乎爾；長短、小大、美惡形相，豈論也哉？

且徐偃王之狀，目可瞻焉；仲尼之狀，面如蒙倛；周公之狀，身如斷菑；皋陶之狀，色如削瓜；閎夭之狀，面無見膚；傅說之狀，身如植鰭；伊尹之狀，面無須麋，禹跳，湯偏，堯、舜參牟子。從者將論志意、比類文學邪？直將差長短、辨美惡而相欺傲邪？

古者，桀、紂長巨姣美，天下之傑也；筋力越勁，百人之敵也。然而身死國亡，為天下大僇，後世言惡，則必稽焉。是非容貌之患也。聞見之不眾，論議之卑爾！

今世俗之亂君，鄉曲之儇子，莫不美麗姚冶，奇衣婦飾，血氣態度擬於女子；婦人莫不願得以為夫，處女莫不願得以為士，棄其親家而欲奔之者，比肩並起。然而中君羞以為臣，中父羞以為子，中兄羞以為弟，中人羞以為友；俄則束乎有司而戮乎大市，莫不呼天啼哭，苦傷其今而後悔其始。是非容貌之患也。聞見之不眾，論議之卑爾。然則從者將孰可也？

東萊先生評論「周叔服相公孫敖二子」一文，對荀子前面這篇文章，先是不以為然，後面又用亦莊亦諧的筆法討論，什麼才是孔門正宗的「相術」。

批評要挑對手

東萊先生文章一開始就說，勢力相當才會互相爭訟。如果勢力大者去對勢力小者爭訟，那麼「大者喪其為大矣」！就像公卿對奴隸、富豪對貧民、儒者對卜者，以強者之姿對弱者爭執，勝之不武，不勝為笑，適以自卑而已。

所以啦，荀卿以大儒而著《非相》之篇，下與卜祝較，何其不自愛也。那些依靠卜卦算命餬口之人，卑冗凡賤，廁跡於巫醫優伶之間，本來對大儒只有遠遠仰望的份，哪敢有絲毫爭勝之心。現在好了，荀卿忽降尊貶重，長篇大論的爭執不休，這文章一出來，面相師的士氣大振，你看，我的道術顯然可以跟大儒相抗衡，不然他為何跟我苦苦爭論？從此之後，占卜者人人互相勉勵，分門別派，蔓延於天下。

本來荀子的文章是要排斥相術的，結果反而幫了他們大忙。東萊先生還笑稱《非相》之篇，吾恐未免為《是相》之篇也。

孔子沒評論過占卜相術

《東萊博議》文章主要是評論《左傳》的，《左傳》的作者有迷信傾向，喜歡寫預言、占卜之類的事，當然也寫過面相術。

《左傳》文西元年記載：西元前六二六年，周襄王的內史叔服到魯國參加僖公的葬禮，魯國公孫敖聽說叔服能看面相，就帶兩兒子去拜見，叔服就說：「大兒子將來會祭祀奉養你，小兒子將來會安葬你。另外，大兒子的下巴豐滿，後代必為大官。」這是以相術預言人之福。

《左傳》宣公四年記載：西元前六〇五年，楚國司馬子良生下一子（越椒），子良的哥哥子文說：「必殺之！是子也，熊虎之狀而豺狼之聲，弗殺，必滅若敖氏矣。諺曰：狼子野心。是乃狼也，其可蓄乎？」。另外昭公二十八年記載：西元前五一四年，晉國叔向娶了一位他媽媽不喜歡的女子，生下兒子後請媽媽去看，媽媽才走到大堂，聽見孩子哭聲掉頭就走，說：「是豺狼之聲也，狼子野心。沒這個人，我們家族不會滅亡。」這都是以相術預言人之禍。

對於這些預言福禍者，數十年後靈驗吻合，有誇口者，有著書者，但孔子可從來沒過問這些事，東萊先生問：豈孔子衛道之心反緩於荀卿耶？

東萊先生說，孔子一定是這樣以為：天下的小道小術這麼多，就讓它們跟蟬、蛙一般的自鳴自止即可，本不足為吾道之輕重，荀獨取其一而辯焉，則天下必以視為術也，至勞聖人與之辯，必其道可與聖人抗，殆將有陷溺而從之矣。

孔門識人法

荀子的《非相》主要論點是：不要以貌取人。觀察人的相貌不如考察他的思想，考察他的思想不如鑒別他立身處世的方法。東萊先生當然不是說這論點錯誤，東萊先生大概是對這位「孔門異端」的儒學有點懷疑，既然荀子號稱傳述孔子思想，怎麼會連孔子門派中早有觀相之書都不知道呢？苟荀卿得孔門之相書，將心醉服膺之不暇，何暇非他人之相書耶？

東萊先生這裡做的文章雖然有點開玩笑，但這可是正正經經的玩笑，東萊先生說，孔子早已傳授如何從人的外表行止來判斷一個人。現代學生直接讀東萊這段原文可能會有點困難，以下整理所謂「孔門相術」的意思及出處：

孔門相術	觀察重點	意義	出處
相容貌之術	申申 夭夭	容貌舒服 顏色愉悅	《論語》述而：子之燕居，申申如也，夭夭如也。
相言語之術	誾誾 侃侃	從容不迫 形容和悅	《論語》鄉黨：朝，與下大夫言，侃侃如也；與上大夫言，誾誾如也。
相步趨之術	躩如 翼如	快步 輕快	《論語》鄉黨：入公門，鞠躬如也；如不容。立不中門。行不履閾。過位，色勃如也；足躩如也；其言似不足者。攝齊升堂，鞠躬如也；屏氣似不息者。出降一等，逞顏色，怡怡如也。沒階趨進，翼如也。復其位，踧踖如也。
相顏色之術	勃如 怡如	莊重 自得	

東萊先生繼續發揮，說曾子、子思與孟子都依照孔子之道發展「相術」理論，這當然也是一個正經的玩笑，整理如下：

孔子傳人的相術理論	理論	內涵	出處
曾子	動容貌	容貌須依禮而動，即不致粗蠻放肆。臉色須莊正而不常易，即近於信實。言談須優雅，可遠離鄙陋俗氣。	《論語》．泰伯：曾子有疾，孟敬子問之。曾子言曰：「鳥之將死，其鳴也哀；人之將死，其言也善。君子所貴乎道者三：動容貌，斯遠暴慢矣；正顏色，斯近信矣；出辭氣，斯遠鄙倍矣。籩豆之事，則有司存。」
子思	動乎四體	從人的四肢動作及威儀，就可以判斷將要來臨得禍或福。	中庸二十四：至誠之道，可以前知。國家將興，必有禎祥；國家將亡，必有妖孽。見乎蓍龜，動乎四體。禍福將至，善，必先知之；不善，必先知之。故至誠如神。
孟子	眸子瞭眊	觀察一個人就觀察他的眼神；眼神沒有辦法遮掩他的惡念。存心正直善良，眼神就明亮；存心邪惡，眼神就混濁不明。	孟子．離婁上：孟子曰：「存乎人者，莫良於眸子。眸子不能掩其惡。胸中正，則眸子瞭焉；胸中不正，則眸子眊焉。聽其言也，觀其眸子，人焉廋哉？」

東萊先生用戲謔的口吻說「孔門相術」，當然不是說孔子及門徒們如何教人看面相，而是說儒者自有一套修身養性的道理，從心正意誠發展到外貌舉止，不但是用來判斷他人，更是自我修練的重要標準。

讀史見人心

吾友劉永沛老師曾說：「批評的成本巨大，真愛才批評。」看東萊先生批評荀子寫非相，說這樣反而拉高了「相術」的地位，玩笑的口吻當然也顯示著東萊心中的感慨。

人類對於命運與未來的好奇心以及對掌控未來的渴望。東萊先生在八百多年前，應該沒預見到現代社會中對於命理、星座、卜卦的專家與大師的興盛，這些往往被他視為「卑冗凡賤」的職業。然而，這些角色的流行和受歡迎程度，恰恰反映出人們在面對不確定的未來時，對於尋找答案和指引的強烈需求。

對世界的理解和人際關係的洞察同樣需要深厚的學問和經驗的累積，「世事洞明皆學問，人情練達即文章」。在當代社會，無論是科技進步還是文化變遷，人們對於掌握知識和技能的需求從未停止。專家和大師之所以受到追捧，部分是因為他們提供了一種看似可以預知未來、解答混亂的方式。

然而，最終的決策和行動的責任仍然在於個人。不論算命或占卜的結果如何，不論大師給了多少建議，最重要的還是個人的選擇和行動。在一個充滿不確定性和多元解讀的世界，個人依然需要依靠自身的判斷和努力來定義自己的道路。

古學如何今用

在過去「人求事」的背景下，應徵者被錄取，必須用盡心力做好一切準備。所以過程中，幾乎都會做下列準備：

一、很認真的寫一份最完美的履歷表。

二、接到公司聯繫，先了解公司的背景狀況。

三、做好面試準備，期待在當天拿出最佳表現。

四、一切以「被錄取」為前提，表現出主動積極的態度。

在目前已轉變為「事求人」的狀態下，已經改成由面試官做這些事了：

一、很認真的做好面試前的一些準備。

二、通知應徵者的時候，先詳讀履歷表，並且列出該問的問題。

三、做好面試的準備，起來在當天拿出最佳表現。

四、一切以「吸引好人才報到」為前提，表現出公司的極大誠意。

當個厲害的事後諸葛

我們面對一件已經發生的事情，常常不區分「決策正確與否」或「天命運氣好壞」。這篇筆記說的是，死前想要吃熊掌而不得的楚成王故事。

歷史故事

熊蹯之變：想吃熊掌的楚成王

西元前六二六年，商臣得知其父楚成王欲改立王子職為太子，憤而包圍王宮，楚成王懇求能否吃個熊掌再死，商臣不允，楚成王被迫自縊死。商臣即位，是為楚穆王。

早先，楚成王原立商臣為太子時，曾問過後來當上令尹的子上意見。子上說了三點意見：

一、國君年紀輕（當時楚成王四十九歲），內宮寵姬多，立了商臣之後，若再改立他人，必有禍亂。

二、楚國立太子，向來選年經的。

三、商臣「蜂目而豺聲」，是個殘忍的人，不可立也。

子上提出建言後，得罪了商臣，接著在一場令人哭笑不得的戰爭後，被商臣陷害而死。

東萊博議

一般人大概都認為，一個方案或主張，在說出來的當下就要清楚判斷正確與否，並不容易；相反的，當事後諸葛可就容易多了，正所謂天下之言，察於利害未驗之前，人皆以為難；察於利害既驗之後，人皆以為易。因此常見「實踐是檢驗真理的唯一標準」的說法。

東萊先生偏偏不以為然，認為利害之未驗，察言者若難而時易；利害之既驗，察言者若易而實難。東萊先生的理由是這樣的：

利害還未被驗證前，我沒有因為利害結果而分心，則考察他人言論的心，自然是正直之心，以吾心之正而察天下之言，其善、其惡、其邪、其正，畢陳於前，而莫能遁，非難而易耶？

而當利害已經驗證後，我之所以會相信他的言論，是受了事情的影響，而不是出於內心的信任。信與疑不出於心，而出於事，其弊可勝既耶？

尤其是，作臣子部屬的向君主建議，如果是作對的建議，君從之則有利，君不從之則有害，後世的人看到事情的發展果然如此，這當然沒問題。

但當臣子指出了君主的過錯，卻也給了錯誤的建議，君主不管聽不聽勸諫都會有害，後世的人常常誤以為「你看，君主果然出禍事了」，只以為禍事果然被驗證，卻忘了如果採用那不太高明的建議，也無法避免災難，這就是東萊先生所說，判斷已經驗證的利害的困難之處。

東萊先生說，後世的人只看到子上預料商臣殘忍這件事靈驗，但忘了子上所提出的第一、二點建議是互相矛盾的：

如果楚王聽了第一點，則國本不建，儲位久虛，得無起覬覦之姦乎？

如果採第二點建議，則嫡庶不明，長幼失序，得無開篡奪之萌乎？

讀史見人心

楚成王在最危急的時刻，乞求吃了熊掌再死，不知道是真的愛吃熊掌，還是企圖拖延時間，等待外援？

依照《左傳》記載，成王死後，商臣即位後給的謚號是不榮譽的「靈」，意指「亂而不損」，成王死不瞑目，改謚「成」（安民立政）才肯閉眼。

大家都知道「關連不代表因果」，但我們在判斷是非對錯時，卻常以結果論英雄，例如將發生或未發生的機率，歸於運氣好或誠心感動天，然後下次類似事件，依然未做好準備，相信會再一次得到上天保佑。

當個事後諸葛也不容易，頭腦清醒的人，至少要能區分決策和運氣。檢討一件已經發生的事，考量到給未來做好準備，或許我們可以假設各種替代可能性，這些可能性或許有用或許沒用，但是一定要做全面性考量，並非常嚴肅的面對所有這些可能性，不被自利性偏差或情緒所左右，這就是東萊先生所說「以吾心之正而察天下之言」的功夫了。

古學如何今用

主管們事務繁忙，情緒很容易受影響，人不是神，許多時候也會不自覺地將情緒轉嫁給部屬，部屬在被錯怪的情況下會反彈很正常，許多主管此時會更加暴怒，認為部屬不應該有這樣的「態度」。

其實主管們不妨想想，過去父母回到家，把白天的情緒帶回家裡是常態。但是現在的父母已經有所認知回到家將情緒分開。在公司不妨沿用同樣的道理，主管如果是因為別的公事有情緒，也學會別遷怒給部屬，畢竟晚上的小孩不該是受氣包，白天的部屬也不應該是。

自省比指責他人重要

最近易生怨言，忍不住指責他人，以為自己做得很好，但別人如何如何，現在想想實在可笑，我要反省：君子之道不在於批評他人，而在於反求諸己。

歷史故事

晉襄公的偽善

西元前六二八年冬天，晉文公過世，晉襄公帶兵打敗了千里奔襲鄭國的秦軍，還生擒了秦國三位大將，而後來又引發了晉國大臣先軫以身殉難。

晉襄公在繼位的第一年，就接連戰勝秦、楚等強國，接著打算找衛國的麻煩，理由是晉文公的晚年，諸侯來朝見晉國，可見晉國是諸侯國中的霸主，但衛成公卻沒有來朝見晉襄公，反而派兵騷擾鄭國，可見其對晉國無禮（晉國先前打了鄭國，後來兩國結盟）。

西元前六二六年，晉襄公舉行完了晉文公的亡故週年祭禮後，通告諸侯，討伐衛國，當時主帥是先軫的兒子先且居。

先且居率兵抵達南陽時，建議晉襄公：「您看衛成公不來朝見，招致禍害。建議您拜見周天子，然後我們好攻打衛國。」

於是，晉襄公去朝見周襄王；接著先且居率兵攻下衛國戚邑，俘虜了大夫孫昭子。

東萊博議

很多人對晉襄公朝見周王一事，很是推崇，但東萊先生不以為然，因為晉襄公朝拜周王的動機，只是為了替討伐衛國找理由。晉襄公的意思大概是：「周是天王，晉是霸主，鄭是小侯。晉國朝拜了周天王，你鄭國小侯竟敢不朝拜我晉國霸主？」。

故朝王之事，名為尊周，而實討衛也。因討衛而後朝周，非因朝周而後討衛也。然則，尊王之善，豈襄公之本心哉？特因衛而發耳！

東萊先生還舉了一個譬喻：有個妄人拜見了自己的父親後，就在街上攔住路人問：「我常拜父，汝何為不拜我？」」。如果天下人會嘲笑這妄人，晉襄之責衛非此類耶？

東萊先生最後討論了《大學》裡的道理：「君子有諸己，而後求諸人，無諸己，而後非諸人。」意思是：君子自己先能做得到善言善行，才有資格要求別人也去做；相反的，自己要先反省沒有不當的言行，才有條件去批評做出不當言行的人。

《大學》的道理？

晉襄公是否符合了「無諸己，而後非諸人」？東萊先生說，不是的。讀書要讀通文章意涵，大學的旨意是「無諸己」，而不是「非諸人」。時常想著自己不做壞事才是重點，難道君子一天到晚總是懷著責難他人的心思？

讀史見人心

晉襄公的「善行」被東萊先生嘲笑為偽君子，所謂稱霸云云，令人齒冷。但若放到今天來看，晉襄公還不是最糟糕的，晉襄公好歹還願意做個樣子，裝一下；今世批評他人時，能先想到「無諸己，而後非諸人」的，大概不多吧？

在當代社會，由於人際互動的頻繁和複雜性增加，確實使得衝突和誤解變得更為常見。這種情況下，很容易產生怨言，人們可能會指責他人，而忽視自身行為的檢視。所謂君子之道，不應專注於批評他人，而應該將注意力轉向自我反省和自我提升。

這種自我反省不僅是個人修養的表現，更是一種高效的決策方式。在面對衝突和挑戰時，如果能首先考慮自己的行為和決策是否恰當，不僅能夠減少無謂的指責和矛盾，還可以更客觀地評估情況，從而作出更明智的選擇。這種方式有助於建立更穩固的人際關係，創造更和諧的工作和生活環境。

此外，「反求諸己」的態度還能促進個人的成長和發展。通過不斷地自我評估和自我改進，個體不僅能提高自己的處事能力，還能逐漸形成一種成熟和理性的人格魅力。這不僅使個人受益，也能對周圍的人產生正面的影響。

因此，當代社會中的每個人都應該學習和實踐「反求諸己」的原則。這不只是為了自我提升，更是為了創造一個更理解、更包容、更高效解決問題的社會。

古學如何今用

許多主管不斷要求年輕人有同理心，但是自己卻做不到「用同理心的方式，讓年輕人學會同理心。」主管可以先練習「把自己放在第二順位」，不要在辦公室習慣扮演「第一順位」，以命令和指責的方式，要求年輕人同理對方。這樣的態度只會讓年輕人覺得「你都不知道我在想什麼了？」有什麼資格要求我「趕快去了解對方要什麼！」

計畫周詳的智慧

殷勤籌劃的，足致豐裕；行事急躁的，都必缺乏。（聖經箴言二一：五）

歷史故事

三思後行的季文子

春秋時代魯國的大臣季文子，思慮謹慎出了名，「三思後行」這句話就是從他來的。

《論語》公冶長二十：

季文子三思而後行。子聞之，曰：「再，斯可矣。」

人家孔夫子都認為想個兩次都行了，想個三次才決定行動，會不會太慢了。

《左傳》中也記載季文子的思慮周密異於常人：

西元前六二一年秋天（應該是七月左右），魯文公派季文子出使晉國訪問，季文子先去把如果遇到喪事的禮儀弄清楚了，才出發，同行者問：「用得著嗎？」，季文子回答：「備豫不虞，古之善教也。求而無之實難，過求何害？」（對意外情形做好準備，是古人的好教訓，準備好了用不著，也沒什麼壞處。）

季文子果然神預測，隨後他去晉國訪問時，還真的就遇到了晉襄公過世。

東萊先生評論季文子的「神預測」，一開始也就說凡事多做準備就沒錯，基本上就是今天大家說的莫非定律：「凡是可能出錯的事就一定會出錯。」文章讀起來不難，可以當作文參考：

天下之患，不發於人之所備，而發於人之所不備。十事而記九，先來問者必其一之不記者也；六經而習其五，來難者必其一之不習者也；四封而守其三，來攻者必其一之不守者也。十而九焉，六而五焉，四而三焉，所備者不為不多矣，然吾敵者，置其九而問其一，置其五而難其一，置其三而攻共一，緣間投隙，專擇吾之不備而徑犯之，何其逆料陰揣，如是之巧耶？

東萊先生接著說，人之所以將萬事預備妥當，也跟自己不可能事事擅長有關：

人之游於世，罕與所長遇，多與所短遇；罕與所精遇，多與所略遇。雖左隄右防，朝戒暮警，偶有毫芒之不盡，則禍必發於此，而不發於其他。

所以，準備不難，難的是準備周全，但君子就不覺得有何難處了：

人以為無，我以為有；人以為後，我以為先。早正素定，使胸中無一之不備。及與事物接，此來則以此應，比來則以彼應，談笑從容，各就條理。

東萊先生做文章，也不會只有像凡人說說「不怕一萬，只怕萬一」，東萊先生最後議論說，「季文子問喪」這件事，不單單是一般人大驚小怪，季文子大概也覺得喪事的禮節算是異常的禮節，依東萊先生的看法，生與死無二理，國際聘問及喪葬之禮本即應合為一體看待，就如同生與死，都是人生自然的道理一樣。

讀史見人心

《左傳》很喜歡寫有人未卜先知或是預言實現之類的事，季文子的神預測，《左傳》的描述不太算是怪力亂神，而是給後世正面的建議：「做好準備不會錯的。」

依我自作聰明的看法，季文子出國訪問前，先把遇喪事的禮儀弄清楚，最有可能就是他得知了晉襄公病重的消息，要不然就是他跟晉襄公的死有點曖昧關係（純粹是我的陰謀論）。

也許，如果真的依照季文子「三思」的個性來看，比較正面的看法是，季文子先前出國經驗豐富（當年夏天出使陳國，還一併在陳國娶妻），各種送往迎來的禮節都學會了，所以也不用再準備一般禮儀了（連娶妻禮儀都會了！），倒是遇到喪事如何因應，可能以前沒碰過，利用這次機會預先學起來。

我們常常明知道有些計畫可能因為自然或人為因素而有各種變數，如果無法完全避免意外，最好的方式就是做好可行的預備方案，而信心或是誠意絕不是這裡所說的最佳預備方案。

古學如何今用

所有「時間管理」的技巧，都是後天學習的，原因是當人碰到來不及的時候，就會自動產生學習方法和機制。問題來了，年輕世代從小幾乎沒有遭遇過「事情做不完」的狀況，嚴格說來不是沒有遭遇過，而是只要一遭遇，就會被父母出手協助解決，也因此喪失了學習時間管理技巧的機會。

新世代覺得一次要做很多事情是討厭的，但是換個角度，他們在玩電競打怪的時候，卻可以一次應付「來自四面八方各種不同的怪」。不妨陪著年輕人練習轉念，把「來自四面八方的事情」，想成「來自四面八方的怪」。主管可以從聊年輕人喜歡的電競遊戲開始，問他們是如何攻略完成，試著轉化在工作上，一邊引導，一邊建立互信的基礎。

矯情的不只是賤人，更是惡人

人在江湖走，哪能不挨刀？雖說小人暗箭難防，但有時名門正派的手段卻更可怕！

歷史故事

看起來光明正大的故事

晉楚相爭時，晉國的陽處父用計讓楚國退兵，間接的讓楚國大將子上被楚王所殺。這個故事跟陽處父也有密切的關係，除了陽處父以外，另外兩位重要人物是：趙盾與賈季。

話說晉文公即位後，在西元前六三二年，將晉國本來的二軍，擴建為三軍；西元前六二九年，為了防禦狄人，擴大軍備為五軍，並以趙衰為統帥，趙衰在西元前六二二年過世後，身為趙衰老部屬的陽處父在晉國地位日益重要，由於念及舊情（或許也真的是欣賞才華），他希望能多提攜趙衰的兒子趙盾。

西元前六二一年，晉襄公在夷地檢閱軍隊，並將五軍裁滅二軍，回復為三軍，並指派賈季為三軍統帥，以趙盾為副手。當時陽處父出使衛國後回晉，聽到賈季被任命為統帥的消息，就改在董地檢閱軍隊，並改趙盾為統帥，把賈季降為副手，並向晉襄公勸說趙盾有能力，「使能，國之利也。」說動晉襄公改變心意。

賈季來頭也不小，他是晉文公的表弟，與父親狐偃、趙衰、陽處父當年都跟隨重耳流亡，本來是晉國政壇重量級人物。陽處父勸說晉襄公以趙盾為三軍統帥後，賈季失勢，自然認為是陽處父所害，因此賈季對陽處父憤恨不平，也在情理之中。

趙盾在晉國掌握大權後，銳力改革，《左傳》說趙盾掌權後，制事典，正法罪，辟獄刑，董逋逃，由質要，治舊洿，本秩禮，續常職，出滯淹。

西元前六二一年八月，晉襄公去世，趙盾與賈季對於由哪位公子繼任國君，意見不同，在一場混亂中，趙盾派人殺死賈季支持的公子樂，又變卦阻礙自己本來擁護的公子雍回國，最終立夷皋為晉靈公。

賈季在這場國君繼承人的混亂中，派人殺死了陽處父，後逃亡到狄國；趙盾處死殺人兇手，但放了賈季一馬，並派臾駢把賈季的妻女護送至賈季處團圓。

事實上，臾駢跟賈季有仇，當初晉襄公在夷地閱兵時，賈季曾經侮辱過臾駢，所以臾駢的部下想殺賈季家屬來報復。

臾駢不同意利用這機會向賈季尋仇，說「敵惠敵怨，不在後嗣」，臾駢還說「趙盾對賈季有禮，我卻藉著趙盾對我的寵信報私仇，這算不了勇敢；只為了個人出怨氣，增加了仇恨，這不算聰明；為了私怨而妨害公事，這算不了忠誠。沒有了勇、智、忠，我拿什麼去服事趙盾？」，最後臾駢依然將賈季的妻兒安全的送到國境。

東萊博議

險惡的用心最可怕！

這故事看起來趙盾跟臾駢都很有度量，也有良心。但是東萊先生卻認為趙盾是最邪惡、最可怕、最自私的人。

東萊先生認為一般人們厭惡自私，不喜歡因私利來相互結交公事，但常常不為人所知，而且更可惡的是「自私中的自私」，也就是受私而矯情以示公，示公而匿機以行私，私中有公，公中有私，深閟險譎，舉世莫能窺，這就是君子最厭惡的私中之私。

首先看趙盾取得上位，這是出於陽處父的私愛，陽處父違反國君命令，擅自改地閱兵以奪取賈季的兵權，這是擺明的不法奪權，假設趙盾存有公正、公理之心，應當要想到君命國法的重要。竊財者謂之盜，受其財者亦謂之盜；擅命者謂之叛，受其命者亦謂之叛。趙盾顯然是為了一時的尊寵而讓自己成為叛臣。

依照東萊先生的看法，如果趙盾當時拒絕陽處父的任命，那才是真正的公正、真正的君子；但是趙盾接受了陽處父的好處，坦然居於上位，再刻意疏遠陽處父，這根本是背棄恩惠，假裝公正，以避免徇私之謗，此種用心好可怕！

《左傳》雖未直接記載趙盾刻意疏遠陽處父，但東萊先生認為賈季膽敢派人殺害陽處父，就是看準了陽處父在晉國失去後援了，而趙盾對於陽處父的受難而不救，就是矯情以示公，讓世人知道，我趙盾沒有因為陽處父對我有恩，我就偏袒陽處父。

趙盾的「矯情以示公」還隱藏著更深的自私心態，趙盾只處死下手殺害陽處父的兇手，但對教唆者賈季卻表現出寬大為懷的態度。但我們看看，趙盾派誰去保護賈季的家屬？趙盾派了跟賈季有仇的臾駢。很明顯的，趙盾內心根本是希望藉著他人之手除去賈季。東萊先生問：全晉國就沒有人可以擔負護送賈季妻兒的責任了？

趙盾一定是想，臾駢如果殺了賈季全家，則不義的罵名是臾駢去承擔；如果保全了賈季，則恩情名聲當然歸於我趙盾，由此可見，趙盾的內心有多險惡！只是臾駢不懂趙盾的用心，還以為趙盾情義深重。全賈季者雖臾駢之美，而非盾之意也。盾示之惡，而駢誤以為善；盾示之邪，而駢誤以為正。

讀史見人心

依照東萊先生的看法，賈季或許是真小人，有仇報仇，不管大局；但趙盾是偽君子，矯情不只是賤人，更是可怕的惡人。

想起相聲瓦舍的〈狀元模擬考〉中有個段子，子曰：「惟女子與小人難養也。」請問「到底是女子難養，還是小人難養？」，劇中的回答是：「都說小人壞心腸，皆道女子費思量，冷眼看盡世間人，虛偽君子最難防。」

善與惡看起來很容易判斷，但我們卻未必能從外在行為發現善惡動機，弄錯了，誤判了，接著而來的可能是大災難。很多情況下，人們的行為可能看起來是正當的，但其背後的動機可能出於自私或有害他人的考量。同樣，某些看似有害的行為，其動機可能是為了達到一個更大的好處或為了保護他人。這種表象與實質的矛盾是評判善惡時必須要考慮的因素。

當我們只顧著評判他人的行為而不考慮其動機、不關心其身處環境時，可能會誤判而導致不公正的處罰、社會關係的破裂，甚至更嚴重的社會和政治災難。

古學如何今用

這個世代的年輕人，從小想要的東西隨時都會出現，想要尋找的資料透過網路就能立即搜尋，這種被即時滿足的習慣早已養成。別告訴年輕人「站著久就是你的」，他們不擅長等待和忍耐，想要的東西沒有獲得滿足，時間到了會毫不留情地轉身離開。

主管要開始有「平等對待」的習慣，對於年輕人提出來的想法，不論是否可行或成熟，必須在第一時間先給予認同和肯定，再慢慢找出他們要的關鍵，緩步而且不帶傷害性的協助解決並且陪著前進。

從閏月談無用之用

沒想到閏月不只是科學問題，也是道德問題。

歷史故事

中國的閏月系統

中國使用農曆，歷史悠久，春秋時期已經成形，不是陰曆也不是陽曆，而是同時考慮月亮及太陽週期的陰陽曆。

就月份來說，月球繞地球轉動一週為一月，每月第一日，月球運行到地球和太陽之間，和太陽幾乎同時出沒，在地球上看不到月亮，稱為「朔日」；每月中旬，月圓之日為「望日」。日食一定發生在朔日，月蝕則必發生在望日，反之則不一定。許慎《說文》載：日食則朔，月蝕則望。除了月亮外，古人也觀察到到太陽有一個約三百六十五日的週期。太陽的週期影響氣候，對農業的影響遠遠大於月球的週期，春秋時已分有春、夏、秋、冬四季，大概到秦漢時，確定了二十四個節氣。

為了同時配合、遷就太陽與月亮的週期，中國農曆曆法引入相對複雜的置閏系統：

十二個朔望月約三百五十四日左右，而一年卻約有三百六十五日，兩者相差十一日左右，因此大約每三年須加一個閏月，準確的說十九年須加七個閏月，十九年和二百三十五個朔望月的日數相當接近，亦即農曆和陽曆日期大約每十九年會相遇一次。（所以大部分人每十九年農曆與新曆生日同一天）

《左傳》：閏三月非禮

既然要置閏，那要在哪一個月份？《左傳》認為應該要將閏月置於年尾歲末，這樣才寒暑不亂，所以春秋經文記載了不是在歲末的閏月，就是「非禮」，是曆法官員的失職。

春秋文西元年（前六二六）經文記載：春王正月，公即位。二月癸亥，日有食之。天王使叔服來會葬。夏四月丁巳，葬我君僖公。天王使毛伯來錫公命。晉侯伐衛。叔孫得臣如京師。衛人伐晉。

《左傳》憑著春秋經文寫二月癸亥有日食，而推算日食必在朔日（二月初一），丁巳是五四天之後，正常應該是在三月中，四月本無丁巳，但春秋經文接著又寫「四月丁巳，葬我君僖公」，可見當年必定閏三月。

《左傳》是這樣評論閏三月非禮的：先王之正時也，履端於始，舉正於中，歸余於終。履端於始，序則不愆。舉正於中，民則不惑。歸余於終，事則不悖。

（先王制訂曆法，端正時令，以冬至為一年開端，測定日影在正北、正南、正冬、正西之時為四季的中間月份，剩餘的日子歸在年終作為閏月。以冬至為一年的開始，時序不亂；定下四季的中間月份，百姓就不會對寒暑感到迷惑；在歲末置閏月，一年的事就不會有差錯。）

東萊博議

討論閏月是有重大意義的

有不少人認為討論哪個月份置閏很多餘（最好閏正月，這樣可以過兩次年），東萊先生評議《閏三月非禮》一文，認為這問題既有聖人學問，亦有科學思考：

天下之事，有若贅而實不可損者，君子之所當察也。

看起來，既然四季已定時周全，則無論把閏月加在春、夏、秋、冬哪個季節，都好像是該季節的累贅，但經東萊先生詢問知曉曆法的人，才知道「閏者實曆數之基本，四時之所待而正者也。」

東萊先生認為，設置閏年是要貫通上界的太極（運轉日、月、星三辰）與元氣（運轉三統曆法與五行）間的變化，如以有常之曆，而追無常之天，長久累積來，曆法上本來是冬天，時節變夏天，那就亂了套。

從月亮及太陽的運轉來看，從調整適當的曆法以利農耕生活而言，《左傳》認為一定要在歲末年中置閏，並不洽當，這不是聖人道德問題，而是陰曆記月要配合太陽節氣的天文科學問題，商朝祖甲之後，閏已不必在歲中，西周初則已歲中置閏，《左傳》的議論不見得有理。東萊先生認為「閏者，曆之樞也」，要求掌管曆法官員妥為考察，確為的論。

讀史見人心

東萊先生當然不是曆法專家，他這篇文章，是從曆法出發，評論很多平常我們嗤笑為累贅無用的東西，未必不是至高真理之所在，例如禮節、學習之道，如果僅將之視為如討論置閏一般的累贅，一省再省、一減再減，最終必為不敬、不學。東萊先生遂感嘆：聖人之教，凡世指為苛細繁委、贅而無用者，皆可以陰養天下之有用也，豈止一閏法而已哉！

講到這，以尊師重道這件事來說，確實令人感慨。我從小學到高中，每節上下課，必有班長喊口令起立，同學們向老師鞠躬敬禮後才開始上課；到大學時，同學們在上課前輪派值日生擦黑板、準備茶水，攙扶年邁老師上下交通車，老師進課堂及下課時均起立致意。這對現在的大學老師來說，應該是作夢吧！聽說現在連小學生都不用起立敬禮這一套了？

形式上，東方社會的禮節或禮貌基本上是從「外表的一致」來要求「內部的一致」，而這「內部的一致」不但隱含著一定的理想或目標，也是增進彼此溝通的「冗餘」，「冗餘」不是多餘，而是系統為了提昇其可靠度，刻意組態重複的零件或是機能。繁文縟節或許有礙社會進步，不過如果一再減省至零，社會可能無法運作。

古學如何今用

想要有強大的破框學習力，必須先做好「破框力的培養」，包含下列三點：

一、大量閱讀有關「專業、興趣、趨勢」的資訊，如果可以，每天至少一到三則內容。

二、練習在工作上對同事，在生活上對家人分享，每天至少一次，有條理地說出吸收到的內容。

三、夾帶創意，碰到困難狀況，絕不說「沒辦法」或「不可能」，反而去思考「所有」可以解決的方法。

勸諫的本心

現今社會的勸諫當然不如古代兇險，不過還是可以思考，面對他人的勸諫，如果總是認為他人是惡意的、他人嫉恨我、他人不如我，可能失去的不只是敵人，更多的是朋友。

歷史故事

西元前六二〇年，宋成公亡故，其子宋昭公將即位，當時國內各重要職位由各公族子弟把持（公子成做右師，公孫友做左師，樂豫做司馬，鱗矔做司徒，公子盪做司城，華御事做司寇）。

宋昭公可能對群公子不滿，也可能覺得權力受到威脅，準備殺死群公子。這時樂豫向昭公勸諫：「公族是公室的枝葉，除掉了枝葉，則樹幹、樹根就沒有了庇護。殺了公族子弟，就如同拿斧頭砍下枝葉，使得國家這個大樹的根本失去了保護，請國君考慮用德行親愛他們，他們就都是左右輔弼之臣，誰敢有二心？又何必殺他們呢？」

宋昭公不聽，依然殺了很多公子大夫，但沒有對樂豫下手。後來群公子族人反彈，攻打昭公，殺了昭公的親信。六卿和公族講和，此時樂豫放棄了司馬的官位讓給公子卬，昭公即位後也安葬被殺的人。

東萊博議

東萊先生對「勸諫」這個主題，表示過很多看法，這當然跟春秋《左傳》中有許多部屬對上君、平輩友人甚或夫妻親人間的勸諫故事有關。

東萊先生在評論〈宋昭公將去群公子〉一文，是針對「勸諫」的心態為闡明。東萊先生先說明一般人在被人怨恨誤解時，跑出來為自己辯解者通常是與自己親近的人，殊不知這會有反效果。因為人正在憤怒、懷疑時，見到與憤怒、懷疑對象親近的人來了，必定先入為主的認為「你一定是來幫那個傢伙說情解釋的！」，此時來勸諫的人處境十分為難：

苟不審勢，不見機，不察言，不觀色，身往辯解，徑犯其疑怒之鋒，則一顧而生百怨，一詰而生百猜；辭多則謂之爭，辭寡則謂之險；貌莊則謂之傲，貌和則謂之侮。進退周旋，無非罪者。

真的，為自己或是自己親近的人來辯解非常困難，想想看自己與另一半或親人間的爭執，到最後往往都不是針對是非對錯，而是在處理態度或心情。

東萊先生讀《左傳》的疑問是：宋昭公是無道的國君，剛即位就要殺群公子，這時親近群公子的人應該都會「遠嫌退縮，而不趕預其禍」吧，而樂豫本身就是群公子之一，怎麼敢「不以自嫌，獨敢辯解於昭公之前？」而宋昭公「雖不從，亦安其言，而不以為憾也？」

東萊先生認為，這一定是樂豫平常雖身在朝廷，但心向山林，「和而不同，群而不黨」，想必樂豫平常不以公子自居，所以……

雖在利害之中，實出利害之外。從容進諫，忠誠懇惻，專悟於君，物莫能間。當是時，豫豈自知身之為公子哉？何獨豫不自知為公子，雖昭公亦豈知豫之為公子哉！惟兩出於不知，此所以兩相安，而不相忌也。

讀史見人心

我不認為樂豫是什麼「身在朝廷，心向山林」，要知道當時樂豫的官職是「司馬」，掌軍政和軍賦，樂豫掌握著槍桿子，說話當然大聲，宋昭公再不滿，也不敢對他怎麼樣，這才是宋昭公表面上「安其言」的原因吧！

當然，我這是小人之心啦，後來宋國六卿與公族大和解，樂豫放棄了司馬的官位，急流勇退，東萊先生評價為「故棄人之所不能棄，然後能言人之所不言」。（雖然我內心還是覺得樂豫的辭職應該是利益交換，因為接替他位置的公子卬，正是宋昭公的親弟弟。）

下對上的勸諫是兇險的，如果東萊先生評價樂豫是正確的，則樂豫值得我們學習的自然是對名利不動心的涵養。正所謂，君子之心不勝其小，而氣量涵蓋一世。

現今社會的勸諫當然不見得如此兇險，我們更可以思考的是我們如何面對他人的勸諫，同樣的，如果總是認為他人是惡意的、他人嫉恨我、他人不如我，可能失去的不只是敵人，更多的是朋友。

古學如何今用

過去同仁為了公司付出一切，寧可在公司扮演一顆「小螺絲釘」。現在的同仁希望肯定自己的價值，找尋發光發熱的舞台，他們更希望扮演「小賈斯汀」。對待小螺絲釘和小賈斯汀，絕對不會一樣。

如同企業開始追求ESG，在扮演企業社會責任更高層次的目的過程中，也要善待這群員工，讓他們獲得比過去更高的報酬和回饋，不只在物質層面，也在精神層面，而這群員工，也才會真心回饋公司更高的獲利。

抱團取暖不見得是好事

一群都帶有負面情緒的人在一起，很有可能引發更大的悲劇，所以別抱團取暖。

歷史故事

這故事跟趙盾引發的一場混亂有關。

晉襄公的接班危機

西元前六二一年，晉襄公亡故，當時晉國面臨秦狄入侵及楚國的戰爭威脅，於是國人希望立較年長的君主，當時晉襄公的嫡子夷皋（就是後來的昏君晉靈公）年幼尚在母親穆嬴的懷中。

大臣趙盾提出的人選是受晉文公喜愛的庶子公子雍，晉文公先前將他送到秦國做官。趙盾認為公子雍面對晉國的國難有四大優勢：立善良者鞏固政權、立年長者順應事理、立先君愛者弘揚孝道、立友鄰國者安定民心。

另一位大臣賈季大概故意要跟趙盾抬槓，你說要安定民心是吧，那應該支持公子樂（當時出仕於陳），因為公子樂的媽媽辰嬴，前後為晉懷公（姪子）及晉文公（伯父）之妻，這不是更得人心？

賈季所提人選被趙盾嗤之以鼻，趙盾派大夫先蔑、士會二人去秦國迎回公子雍，而賈季也派人去陳國迎回公子樂，但趙盾在途中派人殺了公子樂。後來趙盾也跟賈季有更多的恩怨。

先蔑、士會迎公子雍回晉

西元前六二一年，先蔑、士會不但順利了迎回公子雍，剛即位的秦康公還「護送」公子雍回晉國，理由是當年晉文公從秦國回去時，就是身邊護衛不夠，才會有人作亂。

沒想到公子雍回國後，無法即位，因為穆嬴整天抱著晉襄公的嫡子夷皋到朝庭上哭鬧，不但如此，趙盾回家後，穆嬴繼續到趙家叩頭痛哭哀求，穆嬴的說法也很合理：「先君何罪？其嗣亦何罪？舍嫡嗣不立，而外求君」，你們要把這孩子置於何地呢？

趙盾跟其他諸臣被穆嬴鬧得受不了，就順著穆嬴的意思，立晉靈公夷皋為國君了。秦國的軍隊本來是「護送」，這下變成了侵略，趙盾率軍在令狐這個地方擊退了秦國。

先蔑、士會亡秦

趙盾的出爾反爾，害慘了公子雍，也害慘了先蔑及士會二位大夫。《左傳》沒有交代公子雍的下落，在小說《東周列國志》當中，公子雍死於令狐之戰。擔心因迎回公子雍被責難，先蔑及士會都逃往了秦國。

先蔑跟士會在秦國期間，至少三年兩人都沒見過面，士會的屬下問：能和那個人逃亡到這裡，為何不能在這見面呢？士會說：「吾與之同罪，非義也，將何見焉？」，後來一直到西元前六一四年士會回晉國，士會都沒有與先蔑見過面。

東萊博議

士會為何不見先蔑？

東萊先生評論「士會不見先蔑」，先提出一般人的觀點認為：物之易合者，莫如居患難之時。以同舟之人為例，胡、越兩國人語言不通，在船上互不理睬，但大風浪來時，兩人互相救助，這與仁義與否無關，居患難之地，不得不合也。

士會與先蔑同在晉國做官，相識已久，又同因迎公子雍一事獲罪而逃亡至秦國，這正是涸澤之魚相濡沫之時，士會怎麼對先蔑如此無情冷淡？

東萊先生認為受到挫折的人抱團取暖不是件好事，因為同樣有憂愁、怨恨或憤怒的人在一起，不會有什麼好互動的，互相親近只是在發洩自己負面情緒，有什麼計畫大概也都不會是正面光明的：

人知患難之易合，而未知其所以合也。憂同則易合，怨同則易合，忿同則易合。同憂相遇，必相親以謀其憂；同怨相遇，必相親以　其怨；同忿相遇，必相親以逞其忿。其朝夕聚會，握手而語，促膝而議者，豈復有善意哉！非咎人則訾人也，非私計則詭計也。以憂濟憂，以怨濟怨，以忿濟忿，交日深而惡日長矣。其所以易合者，果正耶？果不正耶！

東萊先生說，君子處於患難時，處事態度要這樣：

君子處患難矣，內省不疚者也，反求諸己者也，素其位而行者也。本未嘗憂，何必與人共其憂；本未嘗怨，何必與人共其怨；本未嘗忿，何必與人共其忿。使其人道義可慕，忠信可友，樂易可近，慈仁可依，則未有患難之始，吾固與之合矣，豈必待有患難而與之合耶？

東萊先生認為士會應該就是行君子之道，對於要等到患難才結交這種事，士會大概不忍心去做。

東萊先生先前評論過趙盾是最邪惡的人，而當時趙盾握有大權，所以有人質疑士會有可能是私下與趙盾勾結，不惜賣友以示恩？

東萊先生認為這種想法是以小人之心度君子之腹，這主要是因為士會後來的作為確實稱的上名臣，東萊先生認為一時的狡詐只能騙得了人一時，但像士會一生「光輔五君，而名聞諸侯」，他當時的公心而非利心，顯然是經得起歷史的檢驗。東萊先生認為如果真要批評，士會的公心或許矯枉過正了，如果真的具有公心，則：

以公自處，去國如在國，有難如無難，雖不加親，亦不加疏（疏）。

讀史見人心

依我狹隘的小心眼，士會不見先蔑就是單純對先蔑生氣，當初別人勸你先蔑別去迎公子雍，你就不聽，還把我帶上，現在害我流亡海外，哼！永遠不理你了。

無論如何，東萊先生的文章不但是講君子之道，就算是心理健康層面也是很有啟發。一個人有了憂慮、埋怨、憤怒等負面情緒常常引發悲劇，擴大生活圈可能有點幫助，如果有人與我們相互支持、相互陪伴，是值得珍惜的。

但要注意的是，盡量不要抱團取暖，一群都帶有負面情緒的人在一起，很有可能引發更大的悲劇。

古學如何今用

許多老闆或主管將小團體視為洪水猛獸，其實大家靜下心來想，就會發現這些年輕同仁的集，少數與個性環境背景有關，更多數都是「被文化逼出來的」。同仁小團體的形成，絕大多數是來自於「公司的溝通文化」和「主管的帶領風格」所造成的結果。在執行目標的過程中，主管和同仁一定會有想法不一致的地方，如果不一致的過程中，主管很容易溝通，每個同仁都能和主管說出想法，敢於向主管爭取而不會有後顧之憂，怎麼會形成「阻抗型小團體」？

任何的公司都不會沒有小團體，主管的重點是，如何將這些團體引導成「支持型小團體」，也稱為「正向型小團體」，方法包括：

一、帶領同仁描繪願景，而非告知願景。
二、讓同仁知道公司目標的由來原因。
三、引導同仁討論，而非給予指令。
四、讓同仁覺得是夥伴，而非奴才。
五、做決策前開放同仁參與。

奪妻之恨與兄弟天性

兄弟親情是天生的，但骨肉相殘呢？

歷史故事

奪妻之恨的故事

魯國大夫穆伯（即公孫敖）先前在莒國娶戴己為妻，戴己的妹妹聲己陪嫁，後來姐姐戴己生了文伯，妹妹聲己生了惠叔。

姐姐戴己死後，穆伯仍想娶莒女為妻，就跑去莒國聘問，但莒國人認為聲己可繼為夫人，拒絕了他的求聘。穆伯就幫未婚的堂弟襄仲做主，為襄仲在莒國行聘定親。

西元前六二〇年冬天，徐國攻打莒國，莒國派人到魯國請求結盟援助。穆伯到莒國參加盟會，同時準備替襄仲把夫人給迎娶回去。但是，當穆伯來到莒國，登城見之，美，自為娶之。

襄仲大怒，請求魯文公允許他討伐穆伯，魯文公本想答應，此時叔仲惠伯進諫說：

兵作於內為亂，於外為寇。寇猶及人，亂自及也！今臣作亂而君不禁，以啟寇讎，若之何？

意思是國內內鬥、自相殘殺，將使外寇有機可乘。

文公採納了惠伯的建議，阻止了襄仲。惠伯又從中調解，勸襄仲放棄那位莒國的女子，也要穆伯把她送回莒國。最後，穆伯、襄仲二人和好如初。

東萊博議

東萊先生認為在聖人門下，是否報怨這件事要看情形：

小者忘之，大者報之；輕者忘之，重者報之。

東萊先生雖沒進一步說何者為大怨？何者為小怨？但他確實認為襄仲對穆伯的奪妻之恨，不能算是小怨。那麼惠仲如何能化解此大怨呢？東萊先生認為關鍵在於天生的兄弟情：

怨之小大，在他人，可言耳，兄弟之間，非較小大之地也；怨之輕重，在他人，可言耳，兄弟之間，非較經重之地也。合以人者，有時而離；合以天者，無時而離。兄弟之屬天也，人願不足以害之。

總之，東萊先生認為襄仲與穆伯能夠化解恩怨，並不是因為惠仲多能說，而是因為兄弟間天生親情與生俱來，不可分離。

讀史見人心

愛哪有那麼簡單

東萊先生講兄弟親情，應該只是理想，是東萊先生希望人們如此做罷了，而歷史的現實往往跟理想差距甚大。就在襄仲與穆伯和好的第二年，穆伯趁著前往弔唁周襄王的喪事，半路就帶著弔喪用的禮物逃到莒國，跟隨那位莒國美女而去，後來在莒國又生了兩個兒子。再後來，穆伯死在了齊國，幾經波折，他的棺木得以回魯國，但以罪降格安葬。這時襄仲也不打算去弔唁，後來還是在惠仲勸說之下，勉強去了。

骨肉至親往往相殘

有時候親人間的紛爭，因為親情容易化解，但有時候更因為親情而骨肉相殘。聖經在創世紀篇章就有三則兄弟相爭的故事：該隱殺害亞伯、雅各欺騙以掃及約瑟受兄弟妒恨。兄弟相殘之事，在古今中外歷史，屢見不鮮。為了爭權勢？爭功名？為了爭寵愛？為了爭利益？有時候什麼都不爭，就因為演化的原因，天生就必須競爭？越想疑問越多！

古學如何今用

對於習慣擁有決定權的年輕世代，主管們更應該運用「以影響力取代權力」，與其要求他們非執行不可，不如先開個部門會議，把相關人員找來，可以運用下列三種手法：

一、引發好奇心：主管先談到這件事情的有趣面，或許是接觸不同的客戶、或許是了解不同的產業、引發同仁們想嘗試和參與的好奇心。

二、激發企圖心：營造好幾組人爭取的氛圍，在會議之前不妨安排樁腳預作部署，在主管宣布後先後發言，激發年輕人想要的企圖心。

三、營造求勝心：年輕人常常會有自己心中的潛在競爭對手，並且在表現上不想輸給對方，主管不妨善加運用正向競爭的力量，讓部門出現團隊士氣的善循環。

妄議中央還是用心良苦？

從《左傳》故事學東萊先生的辯論與文章。

歷史故事

趙盾與賈季一直處不好，本來趙盾的父親趙衰跟賈季都是晉國重臣，賈季一度還是趙盾的頂頭上司，趙衰死後，晉襄公重用趙盾，賈季失勢，當然不好受。晉襄公死後，趙盾與賈季對於由哪位公子繼任國君，意見不同，在一場混亂中，趙盾派人殺死賈季支持的公子樂，又變卦阻礙自己本來擁護的公子雍回國，最終立夷皋為晉靈公，賈季逃亡到狄國。

這故事是發生在西元前六二〇年，狄國侵擾魯國，魯文公求助於晉國。剛成為晉國三軍統帥的趙盾派剛剛失勢的副手賈季處理，賈季到責問教訓狄國後，狄國的掌政大臣酆舒就跟賈季聊起來了，酆舒問賈季：趙盾跟他父親趙衰二人，誰比較賢能？賈季說：

趙衰，冬日之日也；趙盾，夏日之日也。（杜預注：冬日可愛，夏日可畏。）

東萊博議

很多人認為賈季對趙盾的評價，不是什麼好話，顯然是出於私怨，妄議中央。不過東萊先生不以為然，不要什麼事都用懷疑論去看：

天下之物，不可以疑心觀也。

天下萬物，本來就不一樣，鴨腿短、鶴腳長，繩子直、鉤子彎，堯仁慈、桀殘暴，區別彙分，本無可惑。疑心一加，則視鴨如鶴，視繩如鉤，視堯如桀。這些都不是事物本身有何過錯，而是有先入為主的疑心造成的。

內疑未解，外觀必蔽，不求知於心，而求之於目，難矣哉！

我們認為別人居心不良，常常是因為自己偏頗

賈季仇恨趙盾，沒有誰會懷疑，所以話從仇敵的口中說出，人們必定先以疑心去聽。假設賈季說趙盾好話，人們會說這是明褒暗貶吧：

使季譽盾之清耶，人必曰「陽譽其清，而陰譏其陋」也；使季譽盾之剛耶，人必曰「陽譽其剛，而陰譏其狠」也。

我們真心讚美別人，就算言詞清楚明白，還是常常被疑心者揣摩猜度。

夏日之日不見得有何褒貶之意

賈季用冬天的太陽跟夏天的太陽來比喻趙衰及趙盾父子，當然會讓我們想冬陽與夏陽的居別，但不要因為我們知道賈季與趙盾素有隔閡，就急著評斷賈季是在毀謗趙盾。不論賈季與趙盾再怎麼不對盤，當時兩人面臨的是晉國對外侮的立場與態度。

兄弟鬩於牆，外禦其侮，古之人未嘗以私　忘其家也。

賈季與趙盾真的會因為私人恩怨而損害國家利益嗎？趙盾都敢派賈季出使狄國，賈季會在狄人面前毀謗本國統帥？會這樣想的人，只是後世淺薄用心罷了。

賈季說趙盾如夏日之日，其實是在拉高趙盾的威嚴地位，用這個來警告狄人，如溫暖冬陽的統帥趙衰已經離開人間了，現在的統帥趙盾是個嚴厲的領導，你們狄人再胡鬧，會有可怕的後果。

所以，就當時賈季出使到狄國的身份地位來說，賈季對狄國掌政大臣酆舒所的話，是聰明而且恰當的。賈季未嘗憂趙衰而劣趙盾，激言之者，所以使酆舒知趙盾威靈之不可犯。換句話說，賈季不是妄議中央，而是用心良苦啊！

讀史見人心

東萊先生說：「天下之物，不可以疑心觀也。」對「物」恐怕未必正確，畢竟科學真正的出發點是懷疑，科學進步的動力，不就是對過去的智慧產生懷疑嗎？就自我成長而言，也是如此，令人煩心的不是往日美好的日子已經過去，最可怕的是怯於面對自己的困境。

東萊先生想強調的或提醒的應該是，我們對「人」的態度。東萊先生不見得毫無條件的全面擁護「用人不疑」原則，而是君子之心，要先求自我端正。

我們要保持儆醒，所謂「清明以養吾之神」！自我心靈得到　化和明晰之後，人才能夠達到高度的覺察和理解，能夠看透事物的表象，達到真正的不被偏見和先入為主的觀念所影響的狀態。在這種狀態下，一個人在用人和信任他人時，能夠更加謹慎和公正，避免因為偏見或錯誤的第一印象作出錯誤的決策。

古學如何今用

主管想給的任何獎賞，除了公平，最好能夠事前宣布，有一定的遊戲規則，清楚的追求目標，才能引起同仁「願意奮戰」的心態。如果只是主管自己想製造懸疑，營造「自己覺得驚喜的感覺」，很容易造成誤會，反而變成更多同仁的驚嚇。

從容的說服術

這是一個急事緩說的例子。

歷史故事

晉文公晚年時，各國諸侯都到晉國朝見，惟有衛成公非但不去朝見，還派人攻打鄭國；西元前六二六年，晉襄公即位後派兵攻打衛國，把衛國屬地戚邑畫入晉國疆界。六年後，西元前六二〇年，此時剛即位的晉靈公尚在襁褓之中，晉國由趙盾主政，這一年趙盾先打敗了來犯的秦軍，隨後主持了晉國與齊、宋等七國的會盟，儼然又一霸主出現在歷史的舞台。

在趙盾權勢正旺之時，晉國大夫郤缺來向趙盾進言。郤缺說的是六年前晉國所佔取衛國土地戚邑之事。郤缺先說了主旨：「日衛不睦，故取其地。今已睦矣，可以歸之。叛而不討，何以示威？服而不柔，何以示懷？非威非懷，何以示德？無德何以主盟？」

郤缺跟趙盾所說的當然就是大家現在覺得老生常談的王霸之術，但郤缺說完這段後，接著也不說利害關係，也不講國際情勢，開始說起了傳說中的典籍「九歌」有「六府」（水、火、金、木、土、穀），再加上「三事」（正德、利用、厚生），說這些事合於道義而行之，就是德、禮，沒有德與禮，就沒有什麼可歌頌的，也就不快樂，接著就會出現叛亂了。

趙盾接受了郤缺的建議，第二年晉國就把佔領的土地歸還衛國了。

東萊博議

一般人會感覺，佔領或歸還國土的大事很急迫，也重要，怎麼郤缺不分析國家利益或國際利害，卻講起了古書的陳腔濫調？

東萊先生的文章首先說：「急人之聽者，必以言之緩為大戒，然其所以終不合者，非傷於緩也，傷於急也。」我們有急事想請人家幫忙，常常最後事情沒辦成，不是因為說太慢，反而是因為說太快了！不論我們如何的激昂、熱烈，但結果往往是，態度越迫切，所得效果越差，律師跟老師一定能充分體會這點。所以東萊先生說「強人之聽者，固不若使人自聽也。」

東萊先生對郤缺的勸諫之道很推崇，首先不是因為郤缺說的以仁服人那一套，而是郤缺從容優雅的態度，郤缺不把趙盾放在利害考量的範圍內，反而把趙盾從是非利害之地抽離，跟他聊聊「聖人之法語大訓、仁聲正樂」，如同帶領著趙盾會見舜、禹一般，想必此時趙盾如見聖人，「胸中洞然，曠無畛域，至此豈復知有晉疆衛界之辨乎？」

當然，作文不能只講「說服人的三個技巧」，還是要有理念堅持的。東萊先生最後強調，郤缺在只重視利益爭奪的春秋時代，看似胡扯一下六府、三事、九歌這種古人之言，竟能輕易說動主政者，這不只是郤缺真的優秀，而是因為雖然時代有遠近，但真理沒有古今的分別啊！人說情歌總是老的好，同樣的，九歌在唐虞之時不算新鮮，在晚周聽到也不老舊，「愈言愈深、欲聽愈感」，一個念頭觸動，可以讓人回到唐虞之世，又豈僅僅歸還土地一事呢？所以真的發生實質影響力者，聖人之言也！

讀史見人心

有個格言這麼說：「緩事宜急幹，敏則有功；急事宜緩辦，忙則多錯。」東萊先生除了教我們要從容不迫外，還要用真理內涵去面對，對上位者，不是只有灌迷湯、阿諛討好而已，而應用聖人理想去觸發其感悟。

我看《左傳》這個故事，顯然趙盾就是心中想當霸主，郤缺順著這個意思，表面拿舜、禹給趙盾當榜樣，其實是暗示趙盾也可為王稱霸，感覺還是在傳授帝王學。不過有個好的學習目標總是好的。

從待人處事看，清楚的說件事情、有效的溝通觀念，方法很重要，言之有物同等重要！

古學如何今用

職場上有效的「手把手」的引導，可以用時下流行的健身說明。受歡迎的健身教練，通常會有三個讓客戶很愛戴的地方：

一、先很溫和的和客戶聊聊希望達到什麼境界。（相當於和年輕同仁先談好共同希望的目標）

二、視客戶的接受程度，再慢慢增加運動強度。（也就像手把手地帶著同仁，讓他完成第一階段，再進行第二階段）

三、優先尊重客戶的想法，但是也委婉堅定地請客戶完成指令。（就像主管和同仁討論完之後，同仁會更甘願地在主管監督下完成）

當個忠臣好難

你們務要警醒，在真道上站立得穩。（哥林多前書一六：一三）

歷史故事

春秋時宋國內亂，宋昭公是無道的國君，西元前六二〇年剛即位就要殺群公子，宋昭公的祖母宋襄夫人非常不滿，且宋昭公也不以禮相待祖母，宋襄夫人就聯合其他親族殺害宋昭公的黨羽，企圖削弱宋昭公權勢（祖孫相殘，禮崩樂壞！），當時宋國的重臣之一蕩意諸則逃往魯國，西元前六一六年國內局勢穩定，蕩意諸再回國輔佐宋昭公。

蕩意諸的官銜是「司城」，本來這個官是蕩意諸的祖父公子蕩在做，公子蕩死後，應該是兒子公孫壽接任，但公孫壽看到宋昭公的荒唐，不願接任，要兒子蕩意諸去當官。當時公孫壽說：「君無道，吾官近，懼及焉。棄官，則族無所庇。子，身之貳也，姑紓死焉！雖亡子，猶不亡族！」。簡單說，公孫壽要兒子代替自己去做官，萬一失去了兒子，還不至於賠上全家族。（我身為一位現代的父親，完全無法理解公孫壽的思維。）

西元前六一一年，宋襄夫人打算殺了宋昭公，蕩意諸勸宋昭公逃往別國，但宋昭公此時有骨氣起來了，說我不能得到祖母及國人的支持，哪有諸侯會接納我呢？「且既為人君，而又為人臣，不如死。」就把財產分給手下，準備赴死。此時宋襄夫人派人勸蕩意諸先離開宋昭公，但蕩意諸說「臣之而逃其難，若後君何？」，於是蕩意諸追隨宋昭公殉難。

我們如何評價蕩意諸這個人呢？東萊先生先說「待人」與「論人」不同，這段文字值得全文抄錄：（喜歡對仗式寫作者可以參考）

待人欲寬，論人欲盡。

待人而不寬，君子不謂之恕；論人而不盡，君子不謂之明。

善待人者，不以百非沒一善；善論人者，不以百善略一非。

善待人者，如天地，如江海，如藪澤，恢恢乎無所不容；

善論人者，如日月，如權衡，如水鑑，昭昭乎無所不察。

待人應當寬厚，這是老生常談了。論人應當詳盡，則不是苛刻，而是要「借人之短，以攻我之短；借人之失，以攻我之失」，換句話說，評論是為了檢討、檢驗自己，而非攻擊、詆毀別人。

回到蕩意諸此人，在宋國內亂初始逃往魯國，但最終還是為宋昭公殉死，東萊先生認為就其節義沒什麼好批評的，而且他的行為「風雨如晦，而雞鳴不已」，可為亂臣賊子的警惕，就算蕩意諸曾有一次善行不完全，我們怎忍心苛責他？

不過話說回來，蕩意諸血緣上是公室親族，職位上是國家高官，如果坐視王君無道、親族相殘，恐怕蕩意諸就有值得檢討之處了。東萊先生說蕩意諸「上則不聞有正救之諫，中則不聞有調護之功，下則不聞有擊斷之勇。見亂而始去，去何晚也？見弒而始死，死何補也？」。

依照東萊先生最常用的誅心論，蕩意諸是不是心裡想著父親的話，沒有禍難就忍受恥辱以庇護家族，遇到禍難就捐棄性命以洗刷恥辱，這樣後世君子必能體諒我用心良苦啊！但東萊先生認為「殊不知君子不忍一日置其身於可愧之地，今日為善，尚恐他日為惡，詎有身居可愧之中，預指他日之節以贖今日之非乎？」當然，這不是用來苛刻的評論蕩意諸，而是君子自我警惕的感悟。

讀史見人心

東萊先生的文章雖然不免有「先寬其罪，後誅其心」的議論，但對君子的要求一點也不過份，君子豈有先委屈於不公不義之下，再祈求以往後的「義行」得以贖今日罪過？孔子說：「鄉愿，德之賊也。」也是這個道理。

蕩意諸真是個悲劇人物，他要保全家族，他要效忠君主，在當時混亂的宋國，真要他能有「正救之諫、調護之功，擊斷之勇」，恐怕蕩意諸的智慧與才華都不夠，也因此他只能在歷史上選一條悲劇的道路了。

古學如何今用

許多主管有強大的專長，但是通常最欠缺的就是「溝通的耐性」。傳統的主管總認為效率重於一切，所以不用跟同仁說太多，只要直接給結論就好。可惜現在的年輕世代，最抗拒的就是「別人直接給我不想要的結論」，許多主管應該慢慢地會發現，這反而成為年輕人想離開的理由之一。主管有一天終究會了解，在磨練年輕同仁的過程中，最終也在訓練自己。

嫉妒是雜草，不應該澆水

歷史故事

一次得罪了五個小人的故事

晉文公、襄公過世後，靈公年幼，各卿大夫相爭相殘。西元前六一九～六一八年，箕鄭父、先都、士穀、梁益耳、蒯得等五位卿大夫作亂，後來這幾位作亂者都被殺。

《春秋》僅記載晉人殺了幾位作亂者，《左傳》則記載了這幾位卿大夫作亂的原因，是因為當時的晉國中軍佐先克得罪了他們。

話說西元前六二一年，晉襄公在夷地檢閱軍隊，並將五軍裁減二軍，回復為三軍，當時本指派賈季為三軍統帥，以趙盾為副手。當時陽處父出使衛國後回晉，聽到賈季被任命為統帥的消息，就改在董地檢閱軍隊，並改趙盾為統帥，把賈季降為副手，並向晉襄公勸說趙盾有能力，「使能，國之利也。」說動晉襄公改變心意，後來也引發了賈季與趙盾間的恩怨。

其實在晉襄公決定由賈季與趙盾率領中軍前，晉襄公是打算提升箕鄭父及先都的官職，並讓士穀、梁益耳共同率領中軍，但先克向晉襄公勸說：「賈季與趙盾的父親都是晉國的功臣，這兩家的功勞不可忘啊！」，使得箕鄭父及先都無法升官，士穀及梁益耳也無法率領中軍。等到賈季出奔他國後，先克晉升為中軍佐，箕鄭父等四人對先克更為忌恨。

而在西元前六二一年秦國來犯晉國，先克輔佐趙盾打敗了秦國，而在征戰途中，先克以中軍佐的權力奪取蒯得的田地，先克也因此得罪了蒯得。

箕鄭父、先都、士穀、梁益耳、蒯得這五人派人暗殺先克，但沒多久這五位作亂的卿大夫均被殺。

東萊博議

東萊先生對《左傳》就先克之死的寫法很不以為然，來看看東萊先生評論「箕鄭父殺先克」如何做文章。

追究得禍的原因未必妥當。東萊先生說古今的通病是「見人之禍，必思求其得禍之道」，但世界上確實有純粹因為不幸而遇到災禍的人，如果把所有遇到的災禍，都要找出受害者自身的原因，這是不公道的。世上的人因為「王綱殞絕、忿欲橫流、以私仇公、以邪戕正」而無緣無故惹禍上身的，恐怕不只一、二人吧？

《左傳》筆法可議。《左傳》記載公卿大夫遇難，必定探求其招致禍害的原因，東萊先生認為這是「今記載春秋衰亂之世，見人之遇禍者，則吹毛求疵，捃質其過，以證其罪。不憫君子受禍之不幸，而惜小人殺人之無名。」以先克之死為例，《左傳》先寫先克如何讓箕鄭父等人無法升官率軍，再寫先克奪取蒯得的田地，好像就累積這兩件事情來說明先克招惹禍害致死的原因，而且讓後世人覺得箕鄭父等人作亂不是沒有原因的，而先克之死也不是無辜的。

但以先克勸諫襄公選任將領一事來看，先克一點都沒有對不起國家：

謀帥，大事也。國之興衰，民之生死，所由繫者也。先克身為近臣，親見晉侯謀帥之未當，詎肯坐視耶？匿情而不言，不可也；畏禍而不言，大不可也。

於是上不敢順主欲，下不敢恤眾仇，奮然請於晉侯而更之，可謂不負其君矣。

至於搶奪蒯得的田地一事，東萊先生認為這是為了軍事需要，又不是為了先克的私利，先克盡忠職守，有何可批評呢？

東萊先生感慨：

既乃無一言直先克之枉，屑屑然（瑣碎的意思）若為箕鄭父輩解殺人之謗者，此吾所以身為左氏惜也。

讀史見人心

東萊先生講的是作為一個君子的光明面，不要畏懼，不要擔心，勇敢的做正確的事情。

我從另外一面來看這個故事。一般人得罪一個小人就可來引來災禍，先克在短短的時間內得罪了五個大臣，想想真的很可怕！

不要低估嫉妒的威力。有句話說：「嫉妒是雜草，不應該澆水。」如果先克當時注意了這些雜草，他會不會預先將雜草拔除呢？

古學如何今用

許多高層送出一份好的獎品，往往會希望在員工不知情的情況下獲取，讓員工出現一個驚喜，並且可以接受周遭同仁的祝福。如果接到獎賞，並且希望得到其他同仁「完全的祝福」，必須有個前提，就是得獎的員工「非他不可」，必須有這個獎項的專屬性，比如說「終身成就獎」。假如同仁自己也有機會得獎，卻讓別人先獲得，此時引發的正面效應通常不大，反而引起的是議論紛紛或是嫉妒言語，反而讓出發點很容易會打折扣。

旁觀者清

一個小故事，沒那麼複雜，不過東萊先生倒是大做文章。

歷史故事

西元前六二一年，晉襄公亡故，經過了一番波折，西元前六二〇年，在穆嬴整天抱著晉襄公的嫡子夷皋到朝庭上哭鬧後，趙盾跟其他諸臣，就順著穆嬴的意思，立晉靈公夷皋為國君了，這一年趙盾率軍擊退了來犯的秦國。

接著幾年，晉國由趙盾掌權，而國內卿大夫們彼此爭鬥。

西元前六一八年，這年晉靈公才四歲。楚國大夫范山向楚穆王進言：「晉君少，不在諸侯，北方可圖也。」於是楚國出兵攻打鄭國，囚禁了鄭國多位公子。魯國會同晉、宋、衛、許出兵救鄭，但行動緩慢，到了鄭國，鄭國已經被打到與楚國求和了。接著楚國又攻打歸服晉國的陳國，陳國打了一場勝仗，害怕楚國報復，還是趕緊跟楚國求和。

東萊博議

東萊先生評論「范山說楚子圖北方」這件事，就是四個字：近敝遠明。

文章一開頭寫得很清楚：

觀人之道，自近者始。一言之誤，一行之愆，同室者知之，同里者未及知也；同里者知之，同國者未及知也。

這是一般人的觀念，地方愈遠，知道的愈晚

大家後來知道了，晉靈公長大後是個昏君，喜歡在高台上用彈弓射行人，觀看他們躲避彈丸的樣子，還曾因為熊掌燉得不夠爛，就把廚師殺了。

但東萊先生的疑問是，這時候晉靈公還年幼，也沒有什麼「晉靈公失德」的消息傳出（趙盾勸諫而惹禍那是十年後的事），楚國離晉國這麼遠，楚國大夫范山是怎麼知道可以輕視晉靈公？更勸楚穆王圖謀北方呢？

東萊先生的解答是：

以地以勢，則近者詳而遠者略；以情以理，則近者蔽而遠者明。

東萊先生再舉評論官員為例，如果你向官員的隨從探聽官員的政績，一個說好，一個說不好，根本弄不清楚，但你到深山林間與農夫樵父議論可能還能辨別黑白，這是因為遠處人的耳目沒有受到愛憎的影響。

所以東萊先生對范山說「晉君不在諸侯」，感慨很深，認為范山評論晉國「置其形而索其神，遺其跡而察其心」，真是善於觀察國家之人！

讀史見人心

我倒不覺得范山有東萊先生說的那麼神，我們看看晉靈公在襁褓中即位後的晉國內部狀況就知道了，國君尚幼，內部紛亂，卿大夫互相殘害，任何一個路人應該都可以知道晉文公稱霸時的晉國已經不在了，這當然是楚國前進中原的大好時機！這哪需要預測晉靈公未來失德？

不過東萊先生還是提出了值得參考的觀點：旁觀者清。

這也是一種自我成長與鍛鍊的技術：以一個第三人的視角，旁觀自己。

我們在做某件事情時，試著跳出自己，來觀察自己：我是不是生氣了？我是不是太感情用事了？我是不是反應過度了？要自己給自己提供即時反饋，這當然不容易。尤其是要求我們在投入全部身心的情況下，仍然能在心裡保持一個冷靜的聲音，給自己提個醒，這不但是謙卑，還要很高的智慧。

古學如何今用

當部屬提離職時，主觀可以先別執著於要不要離職，可以聊聊對工作目前的感受。最好的方式就是以「旁觀者」的角度，協助當事人客觀分析，而不要主觀的批評好壞。例如可以關心：「最近工作的狀況如何？能不能讓我知道，哪些地方對你造成困擾？哪些地方是你覺得比較有成就感的？」不論年輕人如何回答，都不要急著給答案，引導正面思考，往工作有成就感的地方去思深入擴大這個部分，讓同仁覺得「好像沒那麼糟糕！」。

為何鬼神之說不可採

記得倪匡的衛斯理系列中《天書》，女主角從那本《天書》裡發現，自己不但死於非命，還將屍體腐爛，她想要跟命運抗衡。這篇筆記跟衛斯理無關，但跟如何看待鬼神之說及預言有關。

歷史故事

《左傳》很喜歡預言誰會早死、不得好死或出事，文公十年就記載楚國的巫師矞似曾經預言楚成王及兩位大夫子玉、子西都會不得好死（「三君將強死」）。結果當然就是預言成真，三人都橫死！

子玉在城濮之役戰敗自殺。子玉在楚國掌握權位之後，到處出征，「嗜勝不止，貪以遇大敵」，但在城濮之役，晉文公打敗楚國，子玉羞愧自殺。除了子玉，城濮之役時楚國的另一位大將是子西，楚成王在城濮之役戰敗後，想到了巫師的預言，趕緊派使者阻止子玉自殺，結果晚了一步，又趕忙阻止子西自殺，子西剛好上吊的繩子斷裂，撿回一命。

城濮戰後，楚成王貶子西為商公。後來子西偷入郢都被發現，於是再被貶為工尹。

西元前六二六年，商臣得知其父楚成王欲改立王子職為太子，憤而包圍王宮，楚成王被迫自縊死。商臣即位，是為楚穆王。

西元前六一七年，子西意欲謀弒穆王未遂而被殺。

東萊先生的文章首先就批評一般世人「嗜怪而從偽」久矣：

凡人之情，厭常而嗜怪，駭正而從偽，此古今之通病也。

東萊先生說，楚國巫師的預言，想必楚成王、子玉及子西都有聽說。楚國在城濮之役打了敗仗，楚成王急忙赦免子玉及子西，不是因為他心存善念，而是擔心預言成真，他自己就危險了。楚成王晚了一步，子玉還是自殺，但救了子西一命。這時候楚成王前有「神妖之說」引誘，後有子玉之死印證，但楚成王仍不警惕，溺愛奪嫡，引發宮廷人倫慘案，自殺身亡。

此時，楚國巫師的預言已經應驗二次了，子西本來更應該「朝警夕戒，擇地而行，身圖自免之術」，子西怎會又叛逆作亂，自招殺身之禍？東萊先生說，子西相信巫師之言，是出於私心，子西要作亂，也是出於私心。

始怵於妖而信之，終怵於利而忘之。以私奪私，互為消長。

難怪子西會突然忘記他本來相信的巫妖之言！

接著東萊先生就開砲了，先抨擊巫師之說絕不足採：

世衰道微，邪說暴行。有作張詭幻禍福之說，以誑脅愚俗。

有人以為巫師之說有助教化，因為可能可以引人向善、阻止作惡。東萊先生對此頗不以為然，東萊先生認為人的本心才是重要的，就像築牆之初，有一劘土沒有夯實，必將在風雨來時見牆頹敗，人的心念也是如此，念頭初動，就有些許虛假，則出事時，人心的敗壞也是必然的。今日用鬼神之說來欺騙、威脅，或許收到了暫時的效果，但他日又有其他利害來欺騙、威脅，有辦法不被改變嗎？所以東萊先生說：

有實理然後有實心，有實心然後有實事，豈有借虛說而能收實效者耶？

本心不堅，事物攻之者四面而至，固可以拱手而俟其敗，何必親與之角（指爭鬥）哉！

讀史見人心

東萊先生強調的是一種基於理性和敬業的倫理觀，而不是依賴於宗教或超自然力量的命運觀念。他對於使用鬼神來影響人們行為的方式持批判態度，認為這種做法不僅是對人的欺騙或脅迫，也是對道德自主性的蔑視。在他看來，任何依賴於外部威脅或引誘的行為改變，都不能算是真正的道德行為，因為這樣的行為缺乏內在的道德動力和自主的道德選擇。

「明理居敬」這個原則顯示了東萊先生希望人們能基於對事物真正理解的基礎上行動，並以一種恭敬的態度對待生活中的每一件事。這不僅是一種對知識和理性的推崇，也是一種對個人責任和自我修養的要求。他認為，真正的道德應該建立在對正確與錯誤深刻理解的基礎上，而不是簡單地依靠外部的命令或是害怕懲罰。

古學如何今用

在過去的時代，即使公司出現重大制度的改變，同仁也不會輕易離開，一方面是工作難找，二方面是為了溫飽。目前的時代已然不同，尤其對年輕人來說，工作的面貌多元，加上不用為經濟煩惱，「想走就走」已經成為常態。公司的主管應該要調整心態，任何制度的改變要以「同仁能夠接受」為重大考量。

僥倖獲取名聲會帶來災害

美國好萊塢電影〈蜘蛛人〉，劇中扶養蜘蛛人長大的班叔叔（Uncle Ben）告訴他，「能力越大，責任越重」（With Great Power Comes Great Responsibility）。東萊先生除了告訴我們「名聲越大，責任越大」外，也警告我們「不要追求與自己實力不符的名聲」。

歷史故事

楚國大夫申舟，芈姓，文氏，名無畏，字子舟，因被封於申，以邑為氏，別為申氏，又被稱為文之無畏、毋畏、文無畏。他是楚文王的後代，擔任楚國的左司馬。申舟在《左傳》出現兩次：

西元前六一七年，楚穆王率陳、鄭、蔡，準備攻打宋國。宋國未打先降。楚穆王之後在孟諸打獵，要宋昭公跟鄭穆公在兩邊幫忙圍陣。哪知宋昭公違背了命令，申舟就鞭打了宋昭公的隨從，並在全軍示眾。

當時有人勸申舟不要隨便污辱他國國君吧，申舟說：「我按照司馬的職責辦事，有什麼強橫？」，還引用詩經：「剛亦不吐，柔亦不茹」（不怕強硬，也不欺負軟弱），「毋縱詭隨，以謹罔極」（不要放縱狡詐的人，使放蕩的行為得到約束），申舟說自己是不怕強橫，不敢因愛惜生命而有虧職守。

到了西元前五九五年，這時楚穆王的兒子楚莊王掌政，打算繼續擴大勢力，稱霸中原，其中一場關鍵戰役是「楚圍宋商丘之戰」，此戰迫使宋國訂立城下之盟。「楚圍宋商丘之戰」的導火線，是宋國殺害了楚國出使齊國的使者申舟。

當時楚莊王同時向宋、鄭兩國挑釁：派遣申舟到齊國聘問，要求他不要向宋國借路；並同時派公子馮到晉國聘問，也不許他向鄭國借路。申舟由於前面說到羞辱宋昭公之事，自知得罪了宋國，便對楚莊王說：「鄭國是明白人，但宋國糊塗。公子馮去晉國沒有危險，但去宋國的我死定了。」楚莊王則說：「要是宋國殺了你，我就攻打宋國。」

果然申舟到達宋國後，宋國人不讓他繼續前進。宋國的大臣華元說「過我而不假道，鄙我也。鄙我，亡也。殺其使者必伐我，伐我亦亡也。亡一也。」楚國不打招呼就經過我國境，明顯是看不起我啊，是把我宋國當作滅亡了吧，我殺了申舟，楚國攻打我，大不了也是滅亡，於是就殺了申舟。

《左傳》記載，楚莊王聽到申舟被宋人殺害的消息後，勃然大怒，連衣服、鞋子都沒有穿好，佩劍和車子也都沒有準備好，就急著召集大臣們商議攻打宋國的事宜了。這年秋季九月，楚莊王發兵攻打宋國，晉國三年前才對楚國用兵失利，不敢救援宋國，宋國被逼到「易子而食，析骸以爨」，都不肯屈服，一直到次年五月，楚軍準備撤退了，申舟之子申犀在楚莊王馬前叩頭說：「我父親申舟知道必死也不敢廢棄君王的命令，君王卻食言了。」楚莊王無言以對，最後楚莊王採納了申叔時的圍城辦法，宋國才無奈屈服。

東萊博議

東萊先生評價申舟，並不認為申舟真如其名「無畏」，而是一個僥倖獲取名聲，實際懦弱的小人。我們來看看東萊先生如何做文章。

東萊先生一開始就直接說結論：

名不可以幸取也！（名聲不可以靠僥倖來獲取）

以僥倖而獲取名聲，當然可以欺騙一時，但真實情況一顯現，沒有不立即失敗的。尤其一時僥倖成功，卻引來終身的憂患，這是聰明人會做的事嗎？

求名易，保名難；取名易，辭名難。受名之始，乃受責之始也。

值得當代網紅型人物警惕

東萊先生說，君子如果沒有紮實的內涵，不敢求取名聲的：

昔之君子，內未有其實，則避名如避謗，畏名如畏辱。

看看申舟，他當眾羞辱宋昭公，是依靠著楚國的強大，這本來沒什麼可拿來說嘴的，只不過申舟是臣屬，外表看似以下犯上，勇猛無比，但事實上以楚加宋，以強凌弱，人之所甚易。這申舟只能算是倚靠國勢而竊取自我的名聲。

（申舟）挾六千里之楚，而折一與國之君，前無權勢可懼，後無憂患之可虞，從容談笑，而冒不畏強禦之名，天下之所謂幸（倖）者，有過與此乎？

好，申舟既然有了無畏無懼的名聲，楚王打算去挑釁宋國時，不派你申舟要派誰呢？這時候申舟才想到以前的「名聲」真給今日的自己帶來了災禍啊！

看到申舟向楚王哀嗚乞憐，不禁令人問申舟，「您以前的義正辭嚴、剛強意氣到哪去了？」，以前豪壯的說「敢愛死以亂官？」，現在竟膽怯的說「我則必死！」。

無事則為不畏死之言，有事則為畏死之語，真情本態，至是盡露矣。

這就是名聲不可僥倖獲取的原因啊！

讀史見人心

追逐名利是一般人難以捨去的誘惑，想起了電影〈魔鬼代言人〉，貪圖名聲還常常跟追求正義扯上關係。

很多人也認為我有了名聲，接著就會有利益，所為「求名必得利」，於是我們看到許多人不擇手段的追逐名聲，毫無底線。在資訊發達的網路社會，更容易看到一個人迅速的成名，又迅速的崩壞，

讀到東萊先生寫道「求名易，保名難；取名易，辭名難。受名之始，乃受責之始也。」腦海中馬上浮現好多真人實事的例子，戒之！惕之！

古學如何今用

假如年輕人對於「個人」的在乎多於「團體」，不妨順著這個觀念，激發他們的意願，最好的方法就是協助年輕人培養「個人品牌」。

所謂「個人品牌」是將個人的特色以及優勢發揮到最強，讓自己在競爭當中脫穎而出。年輕的同仁不喜歡被命令該做哪些事情，但是如果主管用的是「可以幫助你變得更好」，以建立「個人品牌」的前提，同仁的接受度也會大大增加。

落後使人驕傲

羅素說：這個世界的麻煩就是傻瓜非常自信，而智者總是充滿疑慮。

歷史故事

《國語》中的〈魯語〉卷記載：春秋時期，吳國攻打越國，摧毀了會稽城，同時出土了一根要用車拉的大骨頭。吳國使者向孔子請教，孔子說，古時大禹召集諸侯到會稽山開會，大會開了三天，卻還沒見防風氏（可能是因為幫忙治水而延誤了）；等他趕來後，禹大怒，將其殺死。防風氏的骨頭大到要用車拉才行，可見他有多高大！

依照孔子的說法，防風氏在虞、夏、商為汪芒氏，在周就是長狄族。長狄人仗著身材優勢，經常入侵騷擾中原，依照《左傳》文公十三年記載：長狄族建鄋瞞國，早在春秋前（西元前七五〇年間）長狄人先祖緣斯就攻打宋國，被宋武公俘獲；西元前六一六年，長狄人接連侵犯齊國、魯國，長狄酋長橋如被魯國殺了，頭還被埋在城門下；西元前五九四年，晉國俘獲僑如的弟弟焚如，長狄人又進攻齊國，這次齊國把焚如的弟弟榮如殺了（一樣把頭埋在城門下），榮如的弟弟簡如逃到衛國被抓，長狄鄋瞞就此滅亡。

東萊博議

東萊先生評論前面這段《左傳》故事，很有意思。文章一開始就說：

防風氏身橫九畝，不能免於會稽之誅（防風氏三丈三尺高的巨人又如何，大禹仍然可將之誅殺！）

接著，東萊先生說了一段他的自然造物觀：大自然因為陰陽的變化，萬物被賦予了各種形貌，人與萬物隨生長環境的不同，也有了不同的外觀。賦予形體的造化主，沒有憎惡或偏愛之心，我們這些接受形體的人與萬物，也不需有太多恩怨之心。如果私自將天地所賦予的形體，視為理所當然而獨佔，已經就得罪了造物主，有豈敢依靠形體來做殘暴之事？

東萊先生舉了幾位歷史上外表瘦弱，但成就大事業的名人，例如：晉文公，弱不禁風，成就了晉國的霸業；張良，貌如婦人，輔佐劉邦建立漢朝；裴度，個子矮小，但能平定蔡州之亂。這些英雄人物，在形體上沒有什麼可依靠的，有時柔弱者未必非福，壯偉者則為必非殃。

有形不能使，而反見此於形，可不為大哀耶！（長狄人會不會就是自恃身強體壯，因而屢敗屢戰，愈挫愈勇，至死方休？）

最後，東萊先生告訴我們，許多人外表相同，但卻是由內心決定了他是誰。孔子與陽貨容貌相仿，一為聖、一為狂；舜與項羽均有雙瞳，一為仁、一為暴。就算是巨人好了，長狄人如果能控制自我的內心，又何至於身首異處？傳說周文王身高十尺，應該也是西夷狄人，但他小心翼翼，徽柔懿恭，誰說夷狄中無善人？

讀史見人心

很多歧視來自於過度自信，而過度自信往往跟自我本身條件優異有關。東萊先生這篇文章雖然不是從正面去講謙虛的價值，但從反面來警惕我們自信爆棚的悲劇，讀起來更是興味盎然。

心理學上有個「鄧寧–克魯格效應（Dunning–Krugereffect）」的說法，簡單說就是自我評估的偏差程度，跟能力密切相關：愈沒能力的人，愈高估自己的能力，越進步的人越虛心，越落後的人越驕傲，因為那些能力低的人，沒有辦法合理判斷自己的水平。

如果把學習當作一個探索過程，我們是在探索我們的無知之境，找尋界線；在很多情況，我們「不知道什麼」比「知道什麼」還重要。納西姆·尼可拉斯·塔勒布（Nassim Nicholas Taleb）在《黑天鵝效應》說人們往往過高估計自己已知的東西，同時低估了自己不知道的東西，而容易出事的卻往往是你不知道的東西。為了克服這個思維誤區，我們應該經常提醒自己有很多不知道的東西。

塔勒布說我們需要一個「反圖書館」。沒讀過的書比讀過的書更有價值，我們家裡本來就應該多放沒讀過的書。我們的知識越多，「反圖書館」就應該越大，書架上那一排排想讀又沒讀過的書，時刻提醒自己的無知。同樣的，塔勒布說能不能有一種「反學者」——專門琢磨自己不知道什麼的學者，和「反簡歷」——專門列舉自己沒做過什麼的簡歷。

不知道自己不知道，很可怕！

古學如何今用

年輕人碰到錯誤或挫折，很容易玻璃心或一蹶不振，過去的主管總認為「多作多錯，就會進步」，但是現在更常碰到的是「只要做錯，一旦被罵，就會想走」。比較好的方法是，主管應該拿掉過去的觀念，別看著他錯下去，最好能夠做到「掌握年輕人的進度，但是不打草驚蛇」。

真的發現錯誤得越來越明顯的跡象，主管也千萬不要猶豫或客氣，可以用輕鬆的諮商或聊天的方式去關懷年輕人的進度，並且用旁敲側擊的方式，讓年輕人發現目前的做法是錯誤的。

是非對錯的抉擇

是非對錯的判斷不易，東萊先生評論「隨會料晉師」一文，讓我陷入深思。

歷史故事

西元前六二一年，趙盾在處理晉襄公的繼承接班危機時，因為出爾反爾，使得當時大臣士會逃亡至秦國。

西元前六一五年冬，秦國發兵攻打晉國，秦康公問這時待在秦國的晉國舊臣士會：「用什麼辦法作戰？」士會回答說：「趙盾最近提拔下屬臾駢，他應該會打持久戰，讓秦軍疲乏。不過晉襄公的女婿趙穿，受到趙盾的寵信，年輕不懂作戰，勇猛但狂妄，他不滿臾駢擔任上軍佐。如果派出一些勇敢而不剛強的人對晉國上軍加以襲擊，或許可用激將法戰勝趙穿。」

後來趙穿差點中計，打算獨自出戰。趙盾擔心趙穿被俘，率領全軍出戰，雙方剛一交戰就都退兵了。

到了西元前六一四年，晉國實在擔心秦國任用士會，就用計謀讓秦國把士會歸還給晉國。士會回晉國後，仍受重用，頗有一番作為。

士會是晉國人，卻為秦國獻計；而另一位春秋人物—公山不狃，他與叔孫輒本是魯國季孫氏家臣，西元前四九八年，因為反對孔子的改革而造反失敗，先逃到齊國，再逃到吳國。西元前四八七年，吳王夫差要攻打魯國，叔孫輒支持。叔孫輒告知公山不狃，公山不狃不同意，告訴叔孫輒為不能因個人恩怨來傷害祖國故鄉，並要叔孫輒推薦自己帶兵。吳國出兵時，公山不狃就故意引導走險路，後來吳國與魯國議和而歸。

以「維護祖國」的情操來說，公山不狃顯然比士會「高貴」多了，但東萊先生硬要反轉，就算是有點勉強，但還是覺得有點道理，這就是《東萊博議》文章厲害之處了。

舉一隅而反三隅

東萊先生先說，看一件事情、聽一句話，要能夠觸類旁通，領悟萬事：

見一事而得依理，非善觀事者也；聞一語而得一意，非善聽語者也。理本無間，一事通則萬事皆通；意本無窮，一意解則千語皆解。

士會跟公山不狃的善與惡，難道就只在「特謀宗國」或是「特全宗國」而已嗎？如果我們能舉一反三，把他們的行為得失好好的思考一番，才能對我們終身受益無窮。

士會雖有為秦國圖謀祖國之過，但他對晉國的貢獻仍是一個優秀的大夫，因此我們學到，平日的操守不可忽視。公山不狃雖有保全祖國的善行，但他還是魯國的叛臣，因此我們知道小節不足恃。以士會的賢能，卻突然有叛國行徑，我們知道了人心惡念的難防；以公山不狃的不肖，卻突然有愛國情操，我們知道了人心善念的易發。

士會與公山不狃是君子還是小人？可以從一時的事件看，也可以從終身的評價看；對我們後世人來說，從善惡兩端推論，有可以追慕的，有可以懲罰的，有可以遵循的，有可以警惕的，都應該集中起來考察、思考。

一心一意的士會

東萊先生認為，士會當時的心態是：

一心可以事百君，百心不可以事一君；在晉則當忠於晉，在秦則當忠於秦。苟於秦伯之問，而不以實對，明則有隱於秦伯，幽則有愧於鬼神矣。

士會的想法看起來沒錯，不過他忘了姜太公的「反葬之義」（姜太公被封於齊，但直到第五代子孫都送返周地埋葬），此時孔子還沒出生，士會也不知道孔子的「遲行之風」（孔子受排擠離開魯國時，遲行不忍離開父母之邦）。士會本意是想要正直，但最終卻陷於不正直的名聲，可見善行難以抉擇，或許也是因為正確難以判斷。

懷有二心的公山不狃

公山不狃勸告叔孫輒，不要讓吳國攻打魯國，這沒問題。如果當時公山不狃直接辭謝吳國之請，不負於舊君，也不負於新王，也許忠義名聲將響徹兩國間。但公山不狃卻欺瞞吳國，讓吳國的軍隊引向險地，開始是正直的心意，但卻從事詭詐之事。

今身為吳帥，而心為魯用，懷二心而事人，庸非聖門之罪人乎？

更可見善行不易抉擇，有時候愈抉擇愈有差錯。

讀史見人心

東萊先生這篇文章用到做學問上，是要提醒我們，不要以為兩件事的表象不同，就簡單的做出結論，要知道：

類而通之，區而別之，直而推之，區而暢之。

《左傳》對於秦晉二國的這場戰爭描述，有點特別，對於晉國三軍，描寫詳細，但對於秦國方面描寫簡單，就強調「士會之謀」，而士會還是晉國人！有學者就懷疑，若不是秦國沒人才（這不太可能），就是《左傳》作者對晉國事特別熟悉？日本學者平勢隆郎就認為《左傳》作者應該是三家分晉後的韓氏（反對意見也眾多）。

回到東萊先生引用的《左傳》二則故事，舊主與新王到底要如何抉擇？對誰效忠？為誰而戰？從古到今，確實是一大難題，都不是單純的理性可以決定。當自我價值的追尋、認同，與群體或國家利益情感相衝突時，有無妥協、退讓或平衡的空間？這可以讓我想很久很久！

古學如何今用

許多大公司過去的榮耀來自於「捨我其誰」、「以公司為己任」的文化，但是如今各個內部大廠卻遭受離職率上升的影響。對屬於「精神型」的年輕世代來說，錢不是不重要，但是如果碰到了和「感覺」牴觸的狀況，不管薪水再高，年輕人還是會義無反顧地離開，可惜大人始終不懂。過去引以為傲的企業文化，勢必須要從瞭解跨世代差異開始而改變、調整。

成大事者不拘小節？

二〇二〇年一月美國職棒大聯盟證實：太空人隊至少從二〇一七年就非法利用球場科技設備偷暗號（當年還獲得世界冠軍）。

想拿冠軍錯了嗎？為了更大利益，使用一點卑劣小手段，錯了嗎？

歷史故事

晉國的士會逃亡到秦國，還幫秦國謀畫，差點打敗了晉國。東萊先生就士會到底要維護祖國還是對新主忠誠，頗有一番議論。

到了西元前六一四年，晉國實在擔心秦國任用士會，加上還有一位大臣賈季也流亡在狄，朝中議論要把這兩位大臣弄回晉國，後來認為賈季罪孽重，不如士會「能賤而有恥，柔而不犯，其知足使，且無罪。」就用計謀讓秦國把士會歸還給晉國。士會回晉國後，仍受重用，頗有一番作為。

晉國用的計謀是這樣：晉國先前就已經滅了魏國，這時找來魏國後人壽餘，讓壽餘假裝領導魏人叛亂，再逃到秦國求援。壽餘在秦國朝堂上還刻意踩了士會的腳，暗示一起回晉國。這時秦軍在黃河西岸，魏人在黃河以東，壽餘跟秦康公說能否派個能跟東邊說得上話的人跟我一起過河，秦康公當然就派士會了。士會此時還推辭，說如果晉國人不讓回秦國，怕留在秦國的士會妻兒會被殺，經秦康公保證士會妻兒的安全後，壽餘就跟士會渡過黃河了，士會一回去晉國就果然不回秦國了，秦國也遵守諾言把士會妻兒送回晉國。

溫嶠的故事

東晉初年，手握重兵的王敦不滿晉元帝司馬睿破壞「王與馬共天下」，遂在西元三二二年元月起兵造反。王敦攻下建康後，一直沒有去見司馬睿，本來想殺太子司馬紹又未能得逞。四月，王敦返回武昌，仍然遙控朝政，十月，在建康建立留守府。

十一月，司馬睿在憂憤中去世，太子司馬紹即位為晉明帝。

司馬紹即位之後，任命溫嶠為中書令，王敦不滿，請朝廷派遣他做自己的左司馬。溫嶠到任後勤勉恭敬，為王敦出謀劃策，漸漸取得王敦的信任。自返回武昌後，王敦仍然一直未停下篡位的計劃，與朝廷的角力劇烈。

西元三二四年，守備京師的要職丹陽尹出缺，經過周旋，王敦命溫嶠赴任以監視朝廷的動向。溫嶠還假意推辭，甚至出發前，與王敦話別到聲淚俱下，幾次出了閣門又返回，與王敦難捨難分。

溫嶠返回建康後，立即將王敦的謀劃與虛實盡數報告司馬紹，並與庾亮等計劃討伐王敦，王敦聽說後大怒，聲稱要親自拔掉溫嶠的舌頭。後來，王敦病重，再一次敗戰後病亡，叛軍瓦解。

東萊博議

東萊先生比較了相距九百多年的兩位歷史人物：士會與溫嶠。這兩位當時都身陷敵方陣營，而用了一些詐騙手段回國，這算不算背棄信義？難道君子在不同時空環境，對於誠信和仁義會有不同標準？東萊先生說：

忍棄其所不可棄者，必有大不可棄者也。

有人拿刀砍我們，我們會拿手去擋，也顧不得手指會被砍斷，這不是說我們不愛惜手指，而是我們更不能放棄我們的生命。這個比喻放到君子身上，東萊先生這麼說：

君子之於信義，與生俱生，猶手足體膚之不可須臾捨也。一旦幡然棄之，自處於信義之外，豈得已哉？其必有說矣。

東萊先生說，要論到士會的信義，把所有晉國的公卿數盡，也沒人可超越。士會欺詐秦國而回晉，策略上大概也沒什麼問題，而且當下的機會可能失去就不再有了。不過東萊先生指責士會是為了自己著想而背棄信義，不知輕重，更不可取。

自古皆有死之說，則歸與不歸固有命矣，不然身將歸晉，吾恐其心放而不知歸也。為身謀則工，為心謀則拙，會也亦不善處輕重之間矣。

東萊先生批評士會「為身謀而棄信義」不足取，接著問「為國謀而棄信義」可以嗎？這就說到東晉的溫嶠了。看起來，溫嶠之所以欺騙王敦，是為了國家君父，好像比士會為了自身安全高尚，但東萊先生仍不以為然。

信義不可須臾棄也！

如果說我當君子，平日不曾欺詐，因為君父有危難就要行詐，這麼說來，欺詐是因為君父而生，正等於是君父行欺詐之事。

免君父於難，而納君父於詐，有忠孝之心者忍為之乎？

東萊先生認為，溫嶠如果在王敦處盡力仍無法救國而殉死，則滅亡晉朝的是王敦，今天溫嶠以背棄信義的手段拖累君父名聲，與王敦只是五十步笑百步。

東萊先生批評一般世俗觀念，認為只要國家君父有難，可以圖謀保全，任何詭異邪狂手段都可使用，這絕對是自重自愛的君子所不能接受的。說嚴重一點，拿自己鄙視的作為來愛國、愛君父，這只是讓自己跟國家君父被人鄙視而已。

讀史見人心

我相信大多數人一定覺得東萊先生的道德標準太高了，幾近迂腐，更何況無論是士會或是溫嶠，當時情境都是被逼著無法回國，他們當時的「欺詐」手段，說來也沒傷害任何人，真要以這麼高的標準要求，感覺過苛了。讀書難，寫文章難，做人更難。

不過，我想東萊先生本意不是要用道德綁架什麼人，而是提醒君子們，信義二字不是放在嘴邊說說而已，也不是變來變去的工具，信義仁愛是君子要當作與生俱來不可分離的一部分，尤其是當我們思考以下問題時：

為了救國建國而欺詐或暴力不行嗎？為了正義而用私刑不行嗎？為了大我的和諧或繁榮而犧牲他人小我不行嗎？

古學如何今用

企業的會議無所不開，想要讓會議確實有效，請務必達成「增加彼此互動、激勵同仁前進」的進階功能，其中「隱惡揚善的激勵」可以參考。

在會議結束前，別忘了提醒最近表現不太好的「行為」並表揚最近表現比較好的「同仁」，讓同仁「開完會後，願意全力前進的激勵效果」，才是一個有效而成功的會議。

不負責將失去權柄

我們先前討論過，把重要的職位當獎賞或是安撫工具並不妥當，這在組織領導時須特別留意。本篇文章討論領導者不當責的後果，值得警惕。

歷史故事

西元前六一三年周頃王亡故，子匡王即位，當時周王朝的兩位大臣周公閱與王孫蘇爭著奪權，連天子過世的訃告都未發。周匡王無法擺平周公閱與王孫蘇兩人的爭鬥，這兩位周王室的大臣竟然跑到晉國，請當時權傾天下的趙盾主持公道，趙盾調停成功，兩人回到原點，各自擔任原先的職位。

東萊博議

東萊先生評論「周公王孫蘇訟于晉」一文精彩，簡單介紹其思路。

東萊先生先引用史記中記載商朝時虞、芮二國來請當時西伯姬昌（周文王）決訟，這正是商朝王道衰退的開始。

西伯陰行善，諸侯皆來決平。於是虞、芮之人有獄不能決，乃如周。入界，耕者皆讓畔，民俗皆讓長。虞、芮之人未見西伯，皆慚，相謂曰：「吾所爭，周人所恥，何往為，只取辱耳。」遂還，俱讓而去。諸侯聞之，曰「西伯蓋受命之君」。

《史記．周本紀》記載，虞、芮之人還未見到西伯，就被周的民風感動，相互和解退讓而回。東萊先生說，虞、芮爭訟不找商王，可知商紂王當時在酒池肉林中也安坐不久了。

周匡王主政期間，同樣發生國內大臣爭權，周王自己不能擺平，國家如同無君主一般，可見早已失去權柄，此時周朝的危險可能已經超過商末的危險，周朝的頹敗顯而易見。

東萊先生提出一個問題：為何這時候晉國沒有取周而代之？

答案很簡單：晚周的衰微已使其失去任何聚斂獲殘酷的機會，根本無人聽其指揮，各國對周王室沒有憎恨愛惡，就是無感！不是周朝不滅亡，而是沒有什麼可滅亡了，晉國不是不奪取，而是沒什麼值得奪取得。此時周王朝等於左手被廢、右手遲鈍，奄奄一息，再計算說周的國祚有多長久也沒有意義了！

讀史見人心

現代管理不輕忽衝突，遇到內部衝突，不能拖延甚至無奈接受，聰明而有效率的解決才能讓組織前進。東萊先生本篇文章雖多屬感慨，且當時周王就算想調解內部紛爭，也是心有餘而力不足。但從另一個角度看來，歷史很明確的警告領導者，該你出面負責，就要勇於當責；沒有擔當、沒有能力處理內部紛爭，最後你不但會永遠失去處理的機會，你還會失去全部。

古學如何今用

過去在權力的體制下，年輕人永遠是弱者，但是未來可能發生的狀況是，大人將反轉變成弱者。越來越可能發生的趨勢是「大人將慢慢玩不過孩子！」。

年輕世代只會服「懂我在說什麼」的人，想要讓年輕人接受主管給的提議，主管就必須「降低權力，拿出實力」。

現在的年輕人，只欣賞有實力的主管，因為在他們「平起平坐」的心目中，主管只是「早進來的人」或是「比我老的人」。針對同仁所提出的問題，主管不但能聽得懂，而且能夠針對困難的小細節也瞭若指掌，並且給予正確的指導，才能贏得同仁的佩服。

可疑的改過

東萊先生在評論先軫之死時，曾說過悔過與改過：悔過之初，厭愧怨咎；改過之後，舒泰恬愉。這篇文章則藉由評論「趙盾納捷菑於邾」，討論我們如何看待悔過之晚、改過之早。

歷史故事

西元前六一三年，在位五十一年的邾文公過世，這時邾國國君的繼承出了點問題，邾文公的長子貜且是元妃齊姜之子，次子捷菑是二妃晉姬之子，邾國國君之爭隱約成為齊國及晉國的政治角力了！

邾國人立貜且為邾定公，捷菑則出奔晉國。這時勢力龐大的晉國實際執政者趙盾與七國諸侯會盟於新城，率諸侯八國聯軍共八百輛戰車，送捷菑回邾國奪國君之位，但邾國人對趙盾說：「我們立貜且為國君，是因為他年長（嫡長子）。」趙盾認為這說的有理，如果不聽從則不祥，於是就退兵回國。

東萊博議

東萊先生評論「趙盾納捷菑於邾」一文，就在討論前述趙盾的作為。

東萊先生的文章有個起手式：一般人覺得如何如何，不能怎樣怎樣，但君子就偏偏可以做到一般人所不能做的。

文章一開始就說，一般人以為許多事物不能並存，總是要選擇一樣。例如對一個人的一件事褒貶並存，總是要選擇一個觀點。不過若是君子（東萊先生應該是如此自詡），只要能說出一定的道理，是非褒貶都可以並存並立，既相異又相同，既背離又迎合。

前面說到趙盾出兵的事，東萊先生總結：

晉趙盾以諸侯之師納捷菑於邾，鳴鐘擊鼓，至其城下，屈於邾人長少之義，徒手而還。責之者，咎其知之晚；獎之者，歎其改之勇。

趙盾率軍干預邾國內政之事，當然不對，您趙盾怎麼愚昧到人家門口了，被人以長幼大義相責才醒悟？但話說回來，趙盾知錯能改，沒有執迷不悔，不也是很值得讚賞的嗎？

東萊先生認為，趙盾太晚發現了錯誤，應受責備，但犯錯後有改過的勇氣，則應該讚賞。這兩種說法缺一不可：犯了過錯尚淺之人，可用前者警示自己，不至於執迷不改；而犯錯很深之人，可以用後者來鼓勵改過，不至於自暴自棄。

我們再看看趙盾應該悔恨的事：接受捷菑陳情時不確實查問，發布命令時也不深謀遠慮，內興車甲，外勤諸侯，跋履山川，傳其國都而後反。

趙盾雖然回心轉意，但勞民傷財，後悔不已，千金難買早知道。

悔於邾，不若悔於晉；悔於郊，不若悔於郡；悔於朝不若悔於室。

但這些悔恨更可突顯趙盾改過的力量。趙盾以明主之令，八百乘之賦，反見阻於蕞爾小國，不但消耗大批資源，還會被各幫國諸侯恥笑，如果趙盾決心硬幹，倚強凌弱，邾國或其他各國又能說什麼呢？這就顯得趙盾過人之處！

不過，東萊先生認為：

吾嘗歷考世變，冒甚厚之名，必就甚厚之實；辭甚厚之實，必避甚厚之名。其避其就，不出名實之兩端而已。

東萊先生最後要我們思考趙盾出兵跟退兵究竟求的是什麼？避的又是什麼？

讀史見人心

東萊先生的文章雖然說對趙盾納捷菑於邾一事，採取褒貶並重的態度，但行文過程可以知道，趙盾願意改過，而非將錯就錯，這改過的勇氣確實令人佩服。不過東萊先生不願全然給予正面的評價，尤其對於趙盾的退兵，東萊先生暗示他的意圖恐怕不是全部出於良知善意吧？只是史料不足，誅心論也只好點到為止。

邾國人的「長幼之義」說詞或許刺痛了趙盾的傷口。就在八年前，西元前六二一年，晉襄公亡故，當時晉襄公的嫡子夷皋（就是後來的昏君晉靈公）年幼尚在母親穆嬴的懷中。趙盾本有意讓晉文公的庶子公子雍即位，沒想到從秦國迎回公子雍後，公子雍仍無法即位，因為穆嬴整天抱著晉襄公的嫡子夷皋到朝庭上哭鬧，不但如此，趙盾回家後，穆嬴繼續到趙家叩頭痛哭哀求，穆嬴的說法也很合理：「先君何罪？其嗣亦何罪？舍嫡嗣不立，而外求君」，你們要把這孩子置於何地呢？趙盾跟其他諸臣被穆嬴鬧得受不了，就順著穆嬴的意思，立晉靈公夷皋為國君了。

好了，晉國八年前的國君之爭，最後就是以立嫡長子解決爭議，今天相同的狀況在邾國重演，如果趙盾這時支持捷菑，不是自打嘴巴了嗎？他在國內如何面對原來支持公子雍的勢力呢？更又該如何面對日益成長的嫡長子晉靈公？

當然，如果從陰謀論或是實力論出發，說趙盾突然良心發現，似乎也不太合理，回頭看趙盾出兵前還會盟邀集各諸侯聯軍，至兵臨城下而回，有可能是各諸侯的利益分配擺不平？也有可能是趙盾因退兵而得到了極大的好處（賄賂）？歷史給我們留下的想像空間很大。

古學如何今用

各種突然的變化都可能影響公司，而無論公司目前決定如何，領導者必須快速做出決斷，並且在第一時間對全體同仁做出布達，穩定同仁的軍心。

許多高層擔心做錯決定怎麼辦，寧可左思右想長吁短嘆，然而危機處理的歷史告訴我們，遲遲不做決定觀望的代價，比做錯決定卻能立刻更正的代價要高出許多。

禮與儀

「禮物」，雖然我們送的是「物」，但表達的是「禮」；「禮儀」，我們先看到了「儀」，實際重要的是「禮」。

歷史故事

西元前六二七年，齊國上卿國莊子到魯國來聘問，從郊外迎接到贈禮送行，始終禮節周到。魯國大夫臧文仲對魯僖公說：齊國有國莊子執政，齊國仍是有禮之國，國君還是去朝見吧，因為「服於有禮，社稷之衛也」。

西元前五三七前，魯昭公去晉國聘問，也是從郊外迎接到贈禮送行，始終禮節周到。這時晉平公問屬下，魯侯算是知禮吧？晉國司馬女淑齊說：「魯侯根本不知『禮』，這只是儀式的『儀』而已。禮是用來『守其國，行其政令，無失其民者』，今天魯國政權旁落私家，有閒才卻不能任用，外失盟國，內失民心，災難快來到自己身上了，不注重『禮』的根本，卻瑣碎的重視外在形式，說他懂『禮』，還差得遠！」。

西元前五一七年，把持晉國國政的趙簡子接見鄭國執政大臣子大叔，趙簡子大叔請教「揖讓、周旋之禮」，子大叔回答：這是儀式，而非「禮」。然後引用他前輩子產的話：「夫禮，天之經也，地之義也，民之行也。」接著說了一大串天地的規範云云，結論是「禮，上下之紀、天地之經緯也，民之所以生也，是以先王尚之，故人能自曲直以赴禮者，為之成人。」

上面三段對話，看起來情況相同，為何臧文仲的說法跟女淑齊及子大叔不同？難道臧文仲見識不如另二人？

東萊先生說，其實「禮」、「儀」是不能區分的，未嘗有禮外之儀，亦未嘗有儀外之禮，服儀端正與專心學習本來就不是兩種途徑，灑掃應對與存心養性本來就不是兩種說法，所以古人並未將禮與儀當作兩回事。臧文仲處在春秋初期，這禮儀不分離的道理還在，臧文仲自然沒有必要區分議論。

到了女淑齊及子大叔的時代已是春秋中晚期，道德衰退，人們只看到形式上的「儀」，卻看不到內在至高的「禮」了。所以東萊先生認為女淑齊及子大叔兩人拆分「禮」及「儀」，實在是不得已的。女淑齊及子大叔並不是在玩文字遊戲或鑽研學術，硬要說「禮」跟「儀」不同，實在是感慨當時君不君、臣不臣的禮崩樂壞，重視外在儀式的人根本不在乎更重要、更深切的「禮」。

東萊先生再舉孔、孟對異端學說的態度為例，東萊先生認為孔子對異端學說採取較寬容態度（顯然東萊先生認為《論語．為政》「攻乎異端，斯害也已」的「攻」指的是攻擊；但如果採取朱熹集注的見解，此處的「攻」是「治」之意，孔子對異端的態度就很嚴厲了。）

但孟子對於非儒家思想就展開猛烈攻擊，《孟子．滕文公下》「天下之言不歸楊則歸墨。楊氏為我，是無君也；墨氏兼愛，是無父也。無君無父是禽獸也。」聽說這是最早罵人畜生的開始。

東萊先生說孟子並不樂於與孔子不同，孟子是不得已的（「予豈好辯哉？予不得已也」），因為時代不一樣了，在君子的角度，當然更願處在孔子的時代，而不是孟子的時代。

讀史見人心

從人與人交往間自然的行為或互動來看禮儀，因為有了一些讓自己與對方舒服的舉動，因而減少或降低交易成本，使人們順利溝通或合作。有時候外表看起來的繁文縟節未必都是負面的，在節制延緩可能的衝動、表達善意、展現重視程度或爭取更多協商的時間與空間，行禮如儀都有其必要性。

東萊先生評論禮崩樂壞的春秋中晚期，區分「禮」與「儀」，實在是不得已，是為了讓人知道內在的「禮」比外在的「儀」更重要，或是說，不能只一味追求外在形式的「儀」，而忘了內心的「禮」才是核心。

這當然不是說，我們就完全忽略外在了，不要忘了蘇洵〈辯姦論〉說：「夫面垢不忘洗，衣垢不忘浣，此人之至情也。今也不然，衣臣虜之衣，食犬彘之食，囚首喪面，而談詩書，此豈其情也哉？凡事之不近人情者，鮮不為大奸慝。」

講到不得已，很巧的，最近看到明末清初的散文大家魏祥一篇文章說：「非不得已而為之者，是皆擾害於天下者也。」真是值得所有管理者牢記。

古學如何今用

如果公司真的因為種種考量而需裁減人力，務必確認要調整或釋出多少人力，並且在最短時間內完成，並且明確公告，減少眾人猜疑。公司能做好調整人力的計劃時，務必一次到位，最忌諱分太多批進行。

許多企業認為面臨不得已時，先做第一階段，等到真的不行，再進行第二和第三階段，這種做法表面看來仁厚，其實最傷害人心。因為只要有人異動，其他還在的人，並不會覺得安心，大家都會擔心「下一個是不是我」，這種猜忌傷害的過程，即使公司不是出自有心，也會造成重大傷害。表面上老闆會說撐到最後一刻，但是擔心的結果，還不用撐到最後一刻，人員就會大量離職。

憤怒與勇敢

中國春秋的故事常被拿來說是日本武士道精神的起源，但未必所有的英勇都要用生命來實踐。

歷史故事

西元前六二七年四月，晉軍在崤山進攻秦軍，晉國將士狼瞫勇猛作戰，晉襄公讓狼瞫升官為「車右」；到了同年八月，狄人進攻晉國，晉襄公雖然在箕打敗了狄人，但晉國的中軍將先軫認為狼瞫不夠勇敢，革除了狼瞫車右的職位，以他人代之。

狼瞫對此十分憤怒。狼瞫的友人問：「你為什麼不去死？」狼瞫答道：「我還沒找到死的地方。」友人說：「我和你一起發難，殺了先軫。」狼瞫拒絕了，他說：「《周志》有這樣的話：『有勇卻殺害了上級，死後不能進入祖廟。』死而不義，非勇也，能恭敬的為國家所用才是勇敢。我既然以勇敢獲得了車右的職位，又因為不勇敢而被廢黜，也還好。如果長官不了解我，那麼廢黜的得當就算了解我了。您姑且等著吧。」

過了二年，西元前六二五年，晉軍在彭衙抵抗秦軍的入侵，擺開陣勢後，狼瞫帶著部下衝進秦軍陣中，最終戰死。晉軍跟著攻上去，大敗秦軍。

左丘明給狼瞫很好的評價，認為狼瞫「怒而不亂，而以從師，可謂君子矣。」

看到這裡，大家應可回憶，狼瞫的長官先軫，還先一步為了對晉襄公發火而在戰場尋死。

東萊博議

愛做翻案文章的東萊先生評論狼瞫，雖然覺得不忍苛責烈士，但仍應講出狼瞫的過錯。

東萊先生先說讚譽別人所毀謗的，未必是厚道；毀謗他人所讚譽的，也未必是刻薄。雖然君子常常在眾人中的毀謗中找善行，而不願把讚賞變回毀謗，不過東萊先生認為如果狼瞫地下有知，應該會贊同他的意見。尤其，狼瞫「回犯上之氣而為殉國之勇」，顯然不是一般人做得到的，一般人多希望被寬恕，但狼瞫不是一般人，以他的義烈，不會可憐兮兮的求人寬恕，那樣的寬恕是侮辱！東萊先生認為狼瞫希望聽到的是責備，而非寬恕。

狼瞫不為長官先軫所用，感到憤怒，但他把私人的怒火爆發在國家的戰爭，死在秦軍中，就名聲而言，是忠於晉國，但實際上是要讓先軫感到羞愧。批評狼瞫的人通常在這點做文章，認為這樣的殉國行動，不符合禮儀法度，但東萊先生說春秋時候亂臣賊子因為怨恨自己不為所用而逐君逐王者，在所多見，就此而言，對待狼瞫不需要這麼嚴格。

狼瞫做錯的是這樣：人心當知所止。職當戰則戰，當守則守；職當先則先，當後則後。心止於事，事止於心，非可出其位也。狼瞫任職車右時，如果殉國赴死，當然可以，但現在既然不是這個職位，可以停止這樣做了。狼瞫的思慮超出了他的職位，而這思慮不正而邪，雖然他所完成的功績壯偉勁厲，獲得眾人讚賞，但他的心堆滿憤怒怨恨，抱恨而死，雖得千百年之虛譽，豈能救其心之擾哉？我實清淵，人以我為污渠，於我何損？我實土堆，人以我為高山，於我何加？君子當自觀吾之所以為吾者如何耳，人之毀譽何有焉？

讀史見人心

狼瞫不滿先軫而在被罷黜二年後戰死殉國，但就是在狼瞫升官車右的那場戰爭，秦軍三位將軍被俘，在晉太后文嬴求情後，晉襄公把人給放了，先軫大怒，在朝廷上大罵：「戰士們拼死抓了三位敵將，一個女人一下就全把他們放了，晉國的日子不多了」，還當著晉襄公的面往地上吐口水。在狼瞫被罷黜那年的狄人攻晉之役，先軫領兵，他自愧「匹夫逞志於君，而無討，敢不自討乎？」。於是他脫下了頭盔和鎧甲沖入敵陣（免冑入敵師），即刻戰死沙場。狄人將他的首級送還晉軍，《左傳》說先軫的頭顱「面如生」。

東萊先生讚揚先軫有懺悔之心，但又對先軫無法控制自己的懺悔之心而悲傷。先軫不在禮義上下功夫，而把力氣放在血性意氣上。先軫身為三軍統帥，卻輕棄其身，身死無名，驕敵辱國，這跟在溝渠中自殺沒什麼差別！以前冒犯國君，是悖逆，現在死在敵軍陣營，是狂妄。聽說過以正義掩蓋私利，用善良掩蓋罪惡，但是有用狂妄掩蓋悖逆的嗎？

狼瞫戰死的時候，先軫都死了兩年，如果說當時狼瞫依然憤怒，恐怕更多的是對晉襄公吧，晉襄公既然把狼瞫升官，卻又讓先軫將之罷黜，要說無識人之明者，不正是晉襄公嗎？以心中不平而戰死沙場殉國來看，先軫算是狼瞫的前輩跟榜樣了。不過，無論對先軫或狼瞫的評論，東萊先生都是又同情又責備，對英勇死者雖然不忍苛責，那是因為結果沒出亂，寶貴的生命更不應該毫無意義的浪費。

古學如何今用

許多主管只要在辦公室內聽到非正面或自己不想聽到的言論，就會想加以制止。然而大多數的制止都會失敗，原因不是主管的制止，而在於「制止的態度」。主管為了表現自己的高度，很容易在切入年輕人對話的時候，就用不屑的語氣和指正駁斥的口吻。表面上是想用輕描淡寫的態度，這種自以為是卻傷人的字眼，卻更容易引發同仁負面的反彈。

不妨先說「哇，你們講的這個詞也太有趣了吧！」先以認同的口吻切入，再私下了解這些口頭禪的來由。有些同仁發覺主管會在意，他們接下來表達的時候就會略作修正，減少影響部門的機會。

一場厲害的政治表演

面對失敗與挫折，不但要有好心態，也要有好姿勢。

歷史故事

西元前六二七年，晉國在崤山擊敗秦軍，秦國全軍覆沒，百里孟明、西乞術及白乙丙三位大將被擒，後來靠著晉國太后，也就是秦穆公的女兒文嬴的巧妙話術，三位大將才得以回到秦國。

秦國打敗仗後，秦國大夫都說百里孟明要負責，應該將他處死。不過秦穆公說我來扛，是我自己貪得鄭國，才讓將軍們受到禍害，依舊讓百里孟明執政。西元前六二五年，百里孟明再度率兵攻打晉國，秦軍再度大敗而回。（我們介紹過晉國狼瞫的「回犯上之氣而為殉國之勇」，就是在這兩場戰役中發生的）

秦國打了兩場大敗仗，秦穆公仍然讓百里孟明繼續執政。百里孟明此時痛定思痛，「增脩國政、重施於民」，為明年（西元前六二四年）戰勝晉國（秦國攻佔了晉國幾個城池，但晉國堅壁自守，拒不出戰），並稱霸西戎，奠下基礎。

西元前六二三年，晉國反擊秦國，仍然不讓秦國向中原突破。同在這一年，楚國逐漸北上，並把秦附近的小國「江國」給滅了，或許是因為江國也姓嬴，所以秦穆公為了江國的滅亡改穿白色素服，離開正寢，減少膳食，撤去音樂。秦國大夫勸諫他，這超過了哀悼的禮數了。秦穆公說：「同盟滅，雖不能救，敢不矜乎？吾自懼也！」，意思就是秦穆公認為自己要好好警惕。

東萊博議

東萊先生評論秦穆公對楚人滅江國的反應，先從「懼怕」的來源著手。東萊先生說，天下只有置身於利害之外之人，才能感受到事情的可怕。風濤浩蕩，舟中之人不知懼也，而舟外之人為之懼；酣醉怒罵，席上之人不知懼也，而席外之人為之懼。

春秋時代，君王的恩澤不再，弒君弒父，乃至亡國，都是慘烈可怕的事。但春秋時的國君看到各種亂象不以為意，對於世代努力的國家突然被暴凌，繫其君、俘其臣、墟其宮、遷其社、砍其墓、堙其井，甚至聖賢千年所培養者芟滅無餘，國君們也不以為懼，依舊享樂如常，這道理很簡單，因為他們處於危亂之中，而不知懼之可懼也。

用這觀點來看秦穆公，看到了江國被楚所滅之後的各種戒慎恐懼行為，應該是超脫於危亂之外，深刻的見到了真正的恐懼。當時春秋的國君們都處在危亂中，為何秦穆公獨出於危亂之外？東萊先生認為這是因為秦穆公打了兩場大敗仗後，虛氣俱盡，正心徐還。回視前日之所誇者，今皆可慚；回視前日之所安者，今皆可怪。他人安睡時，我害怕的發抖；眾人祝賀時，我恐懼的眼花。換句話說，這是秦穆公從挫折失敗中的正面反應，與其譏諷他懼怕，更要看看他用此懼怕之心，終成為西戎之霸。

東萊先生還認為如果秦穆公能推廣充實這恐懼之心，用來對全天下諸侯，國一滅則心一警，心一警則政一新，後來的功績恐不只是西戎之霸而已。（不過，二年後，西元前六二一年秦穆公就死了）

讀史見人心

就如何面對失敗來說，秦穆公算是個好榜樣，不但不怨天尤人，不推卸責任，更用行動展現。秦穆公看到江國被滅，他知道光是自己心裡警惕沒用，所以要大動作的表演哀傷恐懼，讓臣民知道，你們再不振作、再不努力，接下來滅亡的就是我們了。秦穆公不但心態成熟，手法更高明。

東萊先生的文章氣勢大，但這篇文章說理我有點小意見。東萊先生所舉舟中之人不知懼的例子，在許多現實中，恰恰相反，許多當局者迷惑、恐懼，等他走出來一看沒什麼大不了。我用一個心機重的角度來看秦穆公，很難說秦穆公是「仁」還是「智」，如果秦穆公真有畏懼滅國之心而振作，則又該如何解釋他死後要一百七十七人（包括不少賢臣）殉葬？

古學如何今用

主管想要公私分明是個理想，執行起來其實有莫大的困難，尤其在同仁這麼容易私下討論的時刻。過程中記得「公私分明，委婉而堅定」，委婉的是態度，堅定的是立場，主管先把自己的拿捏做好，同仁才會跟著拿捏好。

易喜者必易厭

好文章值得一看再看，好音樂值得一聽再聽，君子值得始終追隨，都是一樣的道理。

歷史故事

晉楚相爭時，陽處父用計讓楚國退兵，間接的讓楚國大將子上被楚王所殺。陽處父也提攜老同事趙衰的兒子趙盾，使趙盾被任命為統帥，但因此得罪了另一位老同事賈季。後來在晉國國君繼任紛爭中，賈季殺了陽處父，流亡狄國。

故事發生在陽處父被殺的前一年。西元前六二二年，陽處父出使到衛國，返國經過晉國甯邑，甯邑的大夫甯嬴對陽處父一見傾心，決定跟隨陽處父，但走不到二十公里，到了溫山，甯嬴就不跟而回家了。

甯嬴回到家，妻子問他怎麼了？甯嬴說：「陽處父太剛強了，又華而不實，恐怕會招聚仇怨，我跟隨他可能還未獲利，就遭到災難。」（天為剛德，猶不干時，況在人乎？且華而不實，怨之所聚也。犯而聚怨，不可以定身。余懼不獲其利而離其難，是以去之。）。《左傳》很喜歡這樣寫快要倒楣的人，然後讀到下一年，就看到陽處父被賈季殺了。《左傳》文公五年記載的這段故事，給後人貢獻了「華而不實」這句成語。

東萊博議

東萊先生評論「甯嬴從陽處父」一文，很有深意。

東萊先生首先說：易喜者必易厭。

一本書或一首歌，如果讓人一讀一聽就很喜歡，則多次重複閱讀或聆聽，就會令人生厭，像這種書或歌，大概是第一次閱讀或演奏就窮盡其趣味，外表很令人喜歡，但內在沒有東西。

東萊先生認為，善於著書之人，要把趣味藏在無趣之中，那麼這趣味就無窮盡了；善於做樂之人，要把美聲藏在無聲之中，則美聲也是無窮盡。最好的著作，無悅人之淺效，而有化人之深功；最好的音樂，無娛人之近音，而有感人之餘韻。說到天下的道理也是如此，沒有嚐得真理的滋味時，無法感覺；一旦獲得真理的滋味後，就捨不得離去了。

以孔子為例，子貢、子路初見孔子，以孔子之德行也無法在一天之內感悟弟子，但最終使這兩位弟子終身跟隨。您陽處父是何人？一個早上就吸引了甯嬴跟隨，但不到幾天就放棄了，這喜歡跟厭煩的速度都極快啊。

東萊先生猜想陽處父應該是這樣的：

處父之剛，盡發之於外而中無留者，溢於聲音，浮於笑貌，泛於步趨，流於寢食，平生之神氣，皆發露於眾人耳目之前。外雖震厲，而中無所蓄；外雖暢茂，而中無所根。其始見也，其美易見，其德易親，所以易使人喜也；其既見也，索之易窮，探之易盡，所以易使人厭也。

總之，東萊先生認為，陽處父可能是外表聲勢驚人，但缺乏令人欣賞的內涵，所以無法令人長久跟隨。

讀史見人心

東萊先生倒不見得是真的要批評陽處父如何華而不實，他提醒我們的是，我是不是想立即討人歡心，卻也很快讓人厭惡？我現在做的，是不是嘩眾取寵？是不是只求吸引人注意？

我自己愛看書，發現愛讀的書真的是一讀再讀，怎麼讀都有趣味；而有些書一讀就嚇一跳，覺得情節比扯鈴還扯，但這種書看完就送二手或回收。我們做人做文章都要謹慎，外表的光鮮亮麗或引人注目，未必可以得到久遠的價值。唯有堅實的內在，才是真正的倚靠。

古學如何今用

早期新鮮人初入職場，一些傳統知名大企業，頂著光鮮亮麗的招牌，吸引不少求職者爭相上門應聘，往往徵才訊息一登出，應徵信件就如雪片般飛來。尤有甚者，還有大型企業徵才，必須以學校為考場，前來應試者成千上萬，只為爭取幾百個工作名額，簡直一位難求。當年大批優秀人才爭先恐後，搶進公司的盛況，無形之間竟讓這些企業養成「不怕沒有人來」的刻板印象。

然而，隨著時空轉移，社會變遷，如今已經出現「事浮於人」的現象，工作職缺越來越多，參與的人卻越來越少，甚至出現大量缺工。現如今社會已經進入「不但缺人，也缺人才」的時代，想要維持最佳競爭力的企業，必須拿掉過去的睥睨心態，不但要全力搶人，而且不能放掉任何一個優秀的人才，否則無可計算的人力成本將不斷消耗流失。

正直忠誠還是用心險惡？

一般認為魯國的季文子正直忠誠，但東萊先生認為他用心險惡。讀史有趣，就在於同樣的故事可以有各種不同的體悟。

歷史故事

西元前六〇九年魯文公去世，當時實質掌管魯國國政的是季文子、叔孫莊叔和東門襄仲等三位大臣。西元前六〇九年，東門襄仲引進齊國勢力殺了魯文公的兩位嫡子，立魯文公的庶子公子俀為魯宣公。魯文公的夫人姜氏一下子死了丈夫及兒子，幸好還能幸運的返回娘家齊國，返齊途中，哭罵東門襄仲，市人隨哭，後來魯人都叫他哀姜，這是哀姜哭市的典故。

魯宣公剛即位，旁邊的小國─莒國也發生內亂，莒紀公疼愛次子季佗，想廢掉太子僕，太子僕就殺了父親莒紀公，帶了珠寶玉石逃來魯國。魯宣公收了寶玉後，命人賜給太子僕城邑，還說「今日必授」。沒想到，這時魯國大臣季文子讓人把太子僕趕出魯國境內，還說「今日必達」！

魯宣公問原因，季文子則派史官克去回覆魯宣公，說了長篇大道理，大意是說太子僕殺父殺君，比盜賊還惡劣，他拿的寶玉就是贓物，如果為了保護他而用了他的器物，那就是窩贓，這絕不能作為治民的法則。季文子還說，舜建立了二十種大功才成為天子，我現在雖然還未能舉薦一好人，但幫國君趕走一兇頑之徒，不能算是罪過吧！

東萊博議

一般後世都認為季文子既正直又忠誠，不過東萊先生不以為然，反而認為季文子陰險狡詐。以下是《東萊博議》評論〈季文子出莒僕〉的主要脈絡：

魯宣公得位不正，權勢不穩之際，季文子或許可以考量取而代之，但這似乎不是上策，因此季文子趁著莒太子僕來魯這件事，借其名，蔽其術，沒收一國之權於掌中，而人不悟。可見季文子的計謀有多深！

魯宣公貪財而想收留弒君的莒太子僕，魯國群臣當然應該爭執，但季文子直接更改君命把太子僕驅逐出境，這用心顯然不單純。季文子大概是這樣想的，如果國君對我生氣，我算是忠憤愛君之徒，而若國君聽我的，則魯之大柄自是歸我矣。退不失譽，進不失權。自古想竊取政權者，都想著成功而不要失敗，但季文子的計謀，就算失敗了，他還保留了耿直的好名聲，這計謀真是超出古人之上。

季文子派史官克去跟魯宣公說的長篇大論中，歷數太子僕之罪，其實正是譏諷魯宣公篡弒得位，魯宣公再笨，應該也聽得出來這話中的嘲諷與威脅。而季文子現在大義凜然，那麼不久前東門襄仲殺害嗣君太子，你季文子沒看見嗎？怎沒看見你忠誠正直了？

讀史見人心

東萊先生對季文子的評價不高，當然跟季文子開啟了三桓專政，長期使魯國國君大權旁落有關。從講究春秋大義、君臣分際而言，我可以理解為何東萊先生說季文子用心險惡、深遠計謀。不過《史記．魯世家》記載魯襄公五年：「季文子卒。家無衣帛之妾，廄無食粟之馬，府無金玉，以相三君。」看來季文子也不是個大奸臣。

我不認為季文子是用計謀，趁機竊取國政，因為魯國國政大權早已旁落。季文子根本不怕魯宣公，所以直接命令將太子僕趕走，藉著這件事，不但立名，更要立威。季文子確實是心機深，他不怕魯宣公，而藉著這件事，更可以告訴魯宣公、東門襄仲甚至是魯國人，現在在位的國君得位不正，而無父無君的奸臣當然就是滿手血腥的東門襄仲，如果真要實現正義，魯宣公跟東門襄仲都不能脫罪。

從策略的講度來看，在魯宣公即位之初，季文子未必有足夠的力量對抗得到齊國奧援的東門襄仲，要苛責季文子沒有及時仗義執言，當然無可厚非，但或許也體諒季文子在國家瞬遭大變的無可奈何。藉著斥責莒太子僕一事，季文子在魯國國內取得道德制高點，讓本已獲大權的季氏，更有好名聲，並且打擊東門襄仲，確實是個好策略。

古學如何今用

現在的企業出現變化，公司的年輕人可說是科技的原住民，挾著網路和通訊軟體的協助，有能力第一時間打探「高層人士的動態和想法」，並且快速分享給同仁，「領導班子想的和說的」如果不一致很快就會被發現，不如選擇明快做出決策，並且立刻進行溝通和討論，反而可以得到更多支持。

親疏有別的學問

如何看待親疏有別，有可能影響成敗。

歷史故事

西元前六〇七年，鄭國接受楚國命令攻打宋國，宋國由華元、樂呂兩位大臣帶兵抵抗。大戰前夕，華元殺羊犒賞士兵，所有人都吃到，但就他的車夫羊斟沒有吃到。

大戰當天，華元搭乘羊斟駕駛的戰車上戰場，這時羊斟說：「前天的羊，由你作主；今天的打仗，是我作主。」竟然就驅車進入鄭軍，造成宋軍大敗，樂呂死亡、華元被俘。

《左傳》說：「羊斟，非人也，以其私憾，敗國殄民」，「殘民以逞」的羊斟，就是詩經中所說的「人之無良」（人類惡行中最大者）。

後來宋國人打算用一百輛兵車及四百匹駿馬，向鄭國贖回華元，僅送去一半，華元就逃回來了。華元回國後，見到羊斟，還很委婉的說：「當天是馬失控了吧？」，羊斟回答說：「不是馬，而是人失控了。」羊斟之後逃到魯國。

華元繼續主持宋國國政，有天巡視逐城工程時，工人還把他被俘的事編成歌謠，嘲諷華元。華元聽了也不生氣，也不跟工人計較。

一般評論華元與羊斟的故事，除了痛罵羊斟外，很多人認為華元對待羊斟不夠厚道，甚至有苛刻之嫌，連一碗羊肉都捨不得給部下，才造成這麼大的災禍。

東萊先生有不同意見。所謂對人厚薄，不是光憑表面上所見而判斷，以宴席上同有子弟與鄉人為例，飲酒吃肉當然是先鄉人後子弟：

其待鄉人，物至而情不至；其待子弟，情至而物不至。

眾人都認為華元虧待了羊斟，事實上，華元正是把羊斟當作自己最親的人，才會這麼做。今天我宴請士兵，你羊斟又不是一般士兵，會以一碗羊肉來估量自己地位的輕重？華元本來表現出你我親近為一體的厚重情意，沒想到真心換絕情，換到了羊斟辜負華元、更辜負國家的小人惡行。

看看《左傳》記載華元脫險歸國後，對羊斟仍然保持樂易慈祥的氣度，對僕工的嘲諷也迴避不計較的態度，這樣的人不太可能對自己的貼身部屬刻薄寡恩吧。

東萊先生認為華元有錯，但絕不是刻薄寡恩，他有三個錯誤值得檢討：

一、每天跟羊斟相處，竟不知其小人肺腑，還把他當君子。

二、與為了一點吃的就翻臉變心的人共乘，甚至將性命託付給他。

三、你的情意還未被信服，就忘記彼此之分。

總之，華元的聰明不足以洞察姦佞，誠信不足以感動部屬，如此豈能不遭禍害？東萊先生評論華元是「有君子之資而未嘗學也」。

讀史見人心

名偵探柯南故事中，有各種奇葩的殺人動機，有妻子覺得丈夫比較喜歡葡萄酒而覺得受辱殺夫、覺得建築物不對稱要炸大樓的、不爽前男友分手後染髮而殺了他的……，這些動機再怎麼怪異，也未必不是一種執著或偏執的表現。

無論是職場或是一般人際關係上，我們有時候對於較疏遠的人表現照顧體貼，而對自己較親近的人，看似不夠關心，甚至容易不耐煩、易怒。這正跟前面說的華元一樣，我們心裡通常想的是，親者應該更能理解我啊！我們的交情與關係不至於讓你為這事計較吧？而且你應該更能理解我體諒我吧！

錯了，一般人的心裡想的是：我們的交情如此好，你怎會忘了我？就算沒忘，但你在外人面前對我的冷淡（或不親熱），就是在羞辱我，如果你還對我發脾氣，那更是罪該萬死了。

是的，「對待客戶如家人」與「對待家人如客戶」同等重要。

古學如何今用

新世代很在乎兩大情感，一個是歸屬感，一個是成就感，兩者至少要維持一項，才能夠有繼續工作的動力。工作的一開始，很少有不枯燥單調的，因為許多的基本功都在最初的方寸之間。

企業可以考慮給予新進員工學習的提點和拉拔，以一般服務業為例，如果在容許變化的情境，主管可以鼓勵讓他學會「每天做同一件事，用不同的方法」，假如公司規定必須「讓客戶有賓至如歸的感覺」，但是如何賓至如歸，每一個客戶，可以嘗試不同的做法，也鼓勵年輕人培養各種問題解決的手法和能力。

給予恩惠的學問

給予恩惠，不僅僅是兼顧物質與精神，也要讓彼此認清事實。

歷史故事

被列為春秋五霸之一的楚莊王，也就是《史記》中自稱將一飛衝天、一鳴驚人的那位楚國君主。他攻打中原各國取得勝利，甚至有「問鼎中原」的故事。在他的大小戰爭中，西元前五九七年攻打蕭國的小插曲，可以看出來楚莊王受到軍民的擁戴。

西元前五九七年這一年，楚國幾乎全年都在征戰，春季花了三個月攻克鄭國，夏季又在邲之戰中一舉擊敗當時楚國以外最強的諸侯晉國。同年冬天，楚莊王帶兵攻打宋國的附庸蕭國，大臣跟楚莊王說：「軍隊的人很冷啊」，楚莊王僅憑巡視三軍，安撫慰勉，戰士感到溫暖，就像披上了絲棉，沒幾天就攻下蕭城。

當時蕭國大夫還無社可能是想投降，與楚國大夫申叔展搭上了線，還約定了還無社先躲在枯井等候搭救。

東萊博議

一般評論這段故事，大多從民心士氣出發，你看楚國「衣雖寒而三軍之士不寒」，而蕭國卻「城未破而臣之心先破」。所以恩惠不需靠物質，國防守備也不是靠城池。這樣的言論而容易推導出和善的語言比布帛還溫暖，所以物質獎勵皆可廢除；人心比金城湯池還重要，所以可以不顧城池。

東萊先生說不是這樣的，給予恩惠要有名有實，不可偏勝，名實相資，恩惠才可靠；國防策略要有本有末，不可獨遺，本末並用，國防才堅固。

楚王能靠三言兩語而非物質獎勵鼓舞軍士，那是因為楚王在行軍路上，如果他今天在國內，左府右庫，卻眼睜睜的看軍士受凍，難道三軍將士們像嬰兒般好騙嗎？所以君子的議論不要太天真，以為誠意夠了，物質完全不重要。

東萊先生接者舉唐德宗的例子，西元七八三年唐德宗因國內兵變而逃到奉天，派士兵偵查敵情，偵查兵寒冷請多發褲子，德宗雖表同情但仍沉默對之，偵查兵仍體諒奉命前往，世人就說德宗用誠意感動士兵。東萊先生說這跟本不是「以名使人」，而是「以實使人」，士兵只是知道了現實的不得已。看看唐德宗為何逃到奉天？不就是因為犒勞軍隊的米糧稍有粗劣，就引發兵變。

讀史見人心

冬天中的楚國三軍或是唐朝沒褲子穿的偵查兵，都是權力結構的最底層，除了爛命一條，幾乎沒別的可依靠，當下抗命或聽命只不過是選擇罷了，抗命立即惹來災禍，但聽命不儘可能逃出生天，更有可能謀得富貴，如何抉擇，恐怕與國君的語言是否溫暖沒太大關係。

激勵人心的手段或方法有很多種，但要達到真正的效果，關鍵在於順應時勢、因地制宜，以及深入了解對方的需求和心理。送禮作為其中一種方法，是一門極需智慧與巧思的學問。所謂「送禮送到心坎裡」，意味著選擇的禮物不僅應具有一定的物質價值，更應精心挑選，完全符合接受者的喜好與需求。這樣的禮物能夠觸動對方的情感，產生「心裡共鳴」，讓收禮人留下深刻的印象；而收到禮物的人，如果也能適時回饋心得，更能增進彼此情誼。這不僅是一種物質上的交流，更是一種情感和理念上的交流，有助於建立或加深彼此之間的聯繫。

最近有個例子，自覺送禮跟收禮者有很好的互動。我在母親節前夕到某公司開會，公司女性董事長送給每位與會者一束康乃馨，讓大家回家可以轉送家中的母親，我拿回家後，內人將康乃馨放入花瓶再加上我母親出遊撿的落羽松葉，讓我拍照後再傳給董事長，謝謝她送的花，也祝賀她母親節快樂。

古學如何今用

古代忠誠度高的士兵，會因為君王的某些表示，就感受被激勵。如今企業的員工，除了精神上的福利，也很看重物質的給予。站在心理學的立場，發現要能夠激勵人心，通常都包含以下四點：

一、成就感：指的是人們在工作上的表現，如果工作已經不值得投入，甚至表現越來越不如預期，成就感高的人就會離去。

二、歸屬感：指的是人們對於工作單位和組織的認同感，包括和同仁的互動，如果被同仁排擠，歸屬很強的人就會離去。

三、自主性：指的是人們在工作上的被授權以及職位升遷，如果只能聽命行事沒有自己的意識，自主性強的人就會離去。

四、物質性：指的是人們在工作上所獲得的薪資報酬，是否可以滿足的基本的需求。如果不能被滿足，物質性強的人就會領取。

現在的企業，必須針對這四項，給予員工均衡的滿足，雖然需求有高有低，主管必須找出同仁需求的關鍵密碼，才能讓職場的上下關係趨於和諧。

國家圖書館出版品預行編目(CIP)資料

破局：東萊博議教你洞察盲點的職場智慧與人情世故／
吳尚昆，李河泉著. -- 初版. -- 臺北市：暖暖書屋文化事
業股份有限公司，2024.08
　面；　公分
ISBN　978-626-7457-05-4（平裝）
1. CST：東萊博議　2. CST：研究考訂
621.737　　113009832

破局

東萊博議教你洞察盲點的職場智慧與人情世故

作者　吳尚昆、李河泉
總編輯　龐君豪
責任編輯　林振煌
版面設計　菩薩蠻數位文化有限公司
封面設計　菩薩蠻數位文化有限公司

發行人　曾大福
出版　暖暖書屋文化事業股份有限公司
發行　暖暖書屋文化事業股份有限公司
地址　台北市大安區青田街5巷13號
電話　886-2-2391-6380　傳真　886-2-2391-1186
出版日期　2024年08月（初版一刷）
定價　450元

總經銷　聯合發行股份有限公司
地址　231新北市新店區寶橋路235巷6弄6號2樓
電話　02-2917-8022
傳真　02-2915-8614

印刷　成陽印刷股份有限公司